京师同创乡村振兴公益讲堂用书

乡村人才振兴概说

张子睿 著

中国农业科学技术出版社

图书在版编目(CIP)数据

乡村人才振兴概说/张子睿著. --北京：中国农业科学技术出版社，2022.12
　　ISBN 978-7-5116-6178-4

　　Ⅰ.①乡… Ⅱ.①张… Ⅲ.①农村-社会主义建设-人才培养-研究-中国 Ⅳ.①F320.3

中国版本图书馆 CIP 数据核字（2022）第 249275 号

责任编辑　李　娜　史咏竹
责任校对　马广洋
责任印制　姜义伟　王思文

出 版 者	中国农业科学技术出版社
	北京市中关村南大街 12 号　　邮编：100081
电　　话	（010）82105169（编辑室）　　（010）82109702（发行部）
	（010）82109709（读者服务部）
网　　址	https://castp.caas.cn
经 销 者	各地新华书店
印 刷 者	北京建宏印刷有限公司
开　　本	170 mm×240 mm　1/16
印　　张	13
字　　数	238 千字
版　　次	2022 年 12 月第 1 版　2022 年 12 月第 1 次印刷
定　　价	56.00 元

◆◆◆ 版权所有・翻印必究 ◆◆◆

前　言

中国共产党第十九次全国代表大会工作报告明确提出了实施乡村振兴战略，并强调要按照"产业兴旺、生态宜居、乡风文明、治理有效、生活富裕"的总要求，建立健全城乡融合发展体制机制和政策体系，加快推进农业农村现代化。实施乡村振兴战略是以习近平同志为核心的党中央在新时代对"三农"工作作出的重大决策部署，符合中国社会发展方向和发展目标。

实施乡村振兴的战略部署在2021年以中央一号文件《中共中央　国务院关于全面推进乡村振兴加快农业农村现代化的意见》形式被进一步明确，同时在中共中央办公厅、国务院办公厅印发《关于加快推进乡村人才振兴的意见》中提出"坚持把乡村人力资本开发放在首要位置"的观点。上述文件的出台，使我们进一步认识到加强乡村人才队伍建设是实现乡村振兴伟大事业的重要组成部分，也是全面建成小康社会的重要推动力量。加快乡村人才振兴，提升"三农"工作领域涉及所有人员的整体素质，推动乡村长足发展，已成为中国特色社会主义乡村建设的重要课题。目前，在中国农业农村发展滞后的原因复杂，其中最根本的原因是乡村人才队伍发展瓶颈的制约，这就为"三农"领域围绕乡村人才振兴开展农村人力资本开发提出了新的课题。

开展包括自然科学和社会科学在内的广义科学技术传播是在"三农"领域围绕乡村人才振兴开展农村人力资本开发的重要渠道。基层公务员是乡村人才振兴的执行者，要做好工作就需要分析乡村振兴战略对人才的诉求，了解乡村人才振兴工作体系建设的思想资源，理解乡村人才振兴战略工作体系建设的基本内容，探索乡村人才振兴战略工作体系建设的实践路径和运行机制。为了进一步理解上述理念，为基层公务员朋友提供开展工作的借鉴，笔者将个人在党的十九大以来，学习"实施乡村振兴战略"的精神后，结合人文和科学技术领域科学传播工作的探索，进行总结，完成本书。本书由以下六个部分构成。

第一部分，扶贫思想回顾与乡村振兴战略概述。首先，回顾乡村振兴战略提出前的农村发展政策，尤其是脱贫攻坚政策，并分析乡村振兴与脱贫攻坚的联系与不同；其次，介绍乡村振兴战略的总要求，即产业兴旺、生态宜居、乡风文明、治理有效、生活富裕。

第二部分，乡村振兴战略的社会作用与时代特征。重点分析实施乡村振兴战略与经济、国家政策、文化及社会生活的关系，进而分析实施乡村振兴战略在马克思主义哲学时代化及生态建设两个领域理论创新的意义，并在此基础上介绍乡村振兴的典型案例。

第三部分，乡村人才振兴战略及其思想渊源。首先，在对人力、人才、人力资本、人才资源等概念进行阐述的基础上，揭示乡村人才振兴的重要性。其次，主要从经典马克思主义的相关思想、中国化马克思主义和中国传统文化中的相关思想、国外学者的相关思想等几个视角阐述乡村人才振兴战略提出的意义。

第四部分，实施乡村人才振兴工作的主客体关系。从哲学角度去阐释实施乡村人才振兴工作的主客体及其矛盾关系。

第五部分，乡村人才振兴工作体系建设。介绍可以在实施乡村人才振兴工作使用的历史上的一些有效工作模式，并在此基础上提出乡村振兴人才培养的一体化讲座培训模式。

第六部分，乡村振兴人才非技术能力开发对策。以往的研究和工作中，乡村振兴人才能力提升更多关注生产所需的自然科学知识和实用技术，而对与实施乡村人才振兴工作目标密切相关非技术素养关注很少。本部分重点介绍乡村振兴人才的思维、写作、表达、创业等能力的提升对策。

本书是作者结合科学传播工作实际开展研究的成果小结，也是作者对实施乡村人才振兴战略，开展"三农"领域工作者素质提升工作探索的阶段总结。由于作者水平有限，研究写作时间仓促，书中不当之处恳请领导、专家以及阅读本书的朋友们批评指正。

作　者
2022 年 8 月 16 日

目 录

1 扶贫思想回顾与乡村振兴战略概述 ·· 1
   1.1 改革开放以来扶贫思想回顾 ·· 1
   1.2 乡村振兴及脱贫攻坚的关系 ·· 9

2 乡村振兴战略的社会作用与时代特征 ···································· 19
   2.1 乡村振兴战略的社会作用 ·· 19
   2.2 实施乡村振兴战略的理论创新与典型案例 ···················· 28

3 乡村人才振兴战略及其思想渊源 ·· 48
   3.1 乡村人才振兴基本问题概述 ······································ 48
   3.2 乡村振兴战略与乡村人才振兴的思想源泉 ···················· 60

4 乡村人才振兴工作的主客体关系 ·· 72
   4.1 乡村人才振兴工作主体 ·· 72
   4.2 乡村人才振兴工作客体 ·· 79
   4.3 乡村人才振兴工作主客体的辩证关系 ·························· 88

5 乡村人才振兴工作体系建设 ·· 99
   5.1 可供乡村人才振兴工作借鉴的历史经验 ······················· 99
   5.2 基于乡村振兴人才培养的一体化讲座培训模式构建 ········ 111

6 乡村振兴人才非技术能力开发对策 ···································· 129
   6.1 乡村振兴人才创新能力提升对策 ······························· 129
   6.2 乡村振兴人才综合表达能力提升对策 ························· 149
   6.3 乡村振兴人才创业能力提升对策 ······························· 170

参考文献 ·· 195

1　扶贫思想回顾与乡村振兴战略概述

乡村人才振兴的提出是中国特色社会主义伟大实践不断推进形成的新治国理政理论成果，是习近平新时代中国特色社会主义思想的重要组成部分。

国务院扶贫开发领导小组办公室成立于1986年5月16日，当时称国务院贫困地区经济开发领导小组，1993年12月28日改用现名。相关省、自治区、直辖市以及地（市）和县级政府也设立了"扶贫开发领导小组办公室"（以下简称扶贫办），负责本地的扶贫开发工作。东部的一些经济发达地区，在脱贫攻坚阶段由于本地没有贫困人口，主要是从事对口帮扶工作，协助合作地区脱贫攻坚。以北京为例，在全国开展脱贫攻坚期间，这部分工作归属于北京市对口支援和经济合作工作领导小组办公室，主要开展对相对低收入人群的扶助工作，具体工作由各区行政部门与市区对口帮助单位共同完成。

2021年2月25日，国家乡村振兴局正式挂牌。部分地区的扶贫办先后更名为乡村振兴局。没有贫困人口并且没有本地脱贫攻坚任务的地区，乡村振兴工作和协作地区帮扶工作往往归属于两个部门。以北京为例，协助合作地区开展工作的领导部门更名为北京市扶贫协作和支援合作工作领导小组办公室，而本地开展乡村振兴则由北京市农业农村局主管，加挂"北京市乡村振兴局"的牌子。

因此，不难看出，不同地区负责乡村振兴战略实施的职能部门，历史上的工作重心差异是很大的。因此，理解扶贫工作与乡村振兴关系十分必要，只有在回顾改革开放以来扶贫思想的基础上理解乡村振兴的总体要求，才能更好地理解扶贫工作与乡村振兴关系，尤其是令人瞩目的脱贫攻坚工作与乡村振兴的关系，做好乡村人才振兴工作。

1.1　改革开放以来扶贫思想回顾

要研究乡村人才振兴，就需要从乡村振兴战略的源头开始分析，这样才能理解乡村振兴战略、历史上的"三农"政策与乡村人才振兴的关系。2020年，中国实现现行标准下9 899万名农村贫困人口全部脱贫、832个贫困县全部摘帽、12.8万个贫困村全部出列，脱贫攻坚战取得全面胜利。上述成绩是在习近平总书记提出的精准扶贫思想指导下取得的。国家农村工作中心从脱贫攻坚向乡村振兴过渡之时，研究改革开放以来中国共产党的扶贫思想意义重大。

1.1.1 从改革开放到十八大召开，重要扶贫思想回顾

改革开放之初，邓小平同志从社会主义本质角度阐述了摆脱贫困的重要性，他指出："落后国家建设社会主义，在开始的一段很长时间内生产力水平不如发达的资本主义国家，不可能完全消灭贫穷。所以，社会主义必须大力发展生产力，逐步消灭贫穷，不断提高人民的生活水平。""搞社会主义，一定要使生产力发达，贫穷不是社会主义，我们坚持社会主义，要建设对资本主义具有优势的社会主义，首先必须摆脱贫穷。"在此基础上，邓小平同志首次阐述社会主义的本质是"解放生产力，发展生产力，消灭剥削，消除两极分化，最终达到共同富裕"。在深刻总结中华人民共和国成立以来历史教训之后，邓小平同志又指出："短期内要摆脱贫困落后状态很不容易。必须一切从实际出发，不能把目标定得不切实际，也不能把时间定得太短。"

邓小平同志明确指出："我们坚持走社会主义道路，根本目标是实现共同富裕，然而平均发展是不可能的。"上述论述的理论创新在于，实现摆脱贫困的目标需要打破平均主义的思维惯性，使"先富带动后富"成为可能。邓小平同志同时指出："先进地区帮助落后的地区是一个义务。""社会主义的目的就是要全国人民共同富裕，不是两极分化。如果我们的政策导致两极分化，我们就失败了；如果产生什么新的资产阶段，那我们就真是走了邪路。"基于上述思想，邓小平同志精心设计分"三步走"消除贫困、实现富裕的战略步骤："我们的第一个目标是解决温饱问题，这个目标已经达到了。第二个目标是在20世纪末达到小康水平。第三个目标是在下个世纪的五十年内达到中等发达国家水平。"

邓小平同志明确指出："改革以前，大多数农民是处在非常贫困的状况，衣食住行都非常困难。"针对中国农民人口多、比重大的实际情况，邓小平同志认为消除贫困的重点在农村、农业和农民，并指出："不管天下发生什么事，只要人民吃饱肚子，一切就好办了。""农村不稳定，整个政治

局势就不稳定,农民没有摆脱贫困,就是我国没有摆脱贫困。""因为中国人口的80%在农村,如果不解决这80%的人的生活问题,社会就不会是安定的。工业的发展,商业的和其他的经济活动,不能建立在80%的人口的贫困的基础之上。"上述论述是邓小平同志提出中国的改革要从农村开始,激发农民的积极性和主动性,解放农村生产力的重要原因。解决"三农"问题,实现农民富裕、农业发展、农村繁荣成为中国改革的突破口。在推动农村改革的同时,邓小平同志认为只有通过改革开放,解放和发展生产力,才能最终解决贫困人口问题,并指出:"要发展生产力,就要实行改革和开放的政策。不改革不行,不开放不行。""中国不走这条路,就没有别的路可走,只有这条路才是通往富裕和繁荣之路。""坚持改革开放是决定中国命运的一招。""中国要谋求发展,摆脱贫穷和落后,就必须开放。"我国正是通过在各个领域进行深层次的体制改革,不断扩大对外开放的步伐和领域,实现与发达国家的交流和合作,才极大地促进了生产力的发展和综合国力的不断提升,才使得很多贫困人口在改革开放创造的就业岗位上实现脱离贫穷,从而过上小康生活。

江泽民同志提出"三个代表"重要思想,强调:"我们的党是以全心全意为人民服务为宗旨的,我们的政府是人民的政府,帮助贫困地区群众脱贫致富,是党和政府义不容辞的责任。""全党同志和各级领导干部要关心扶贫,过问扶贫……诚心诚意为群众谋福利,是我们党的根本宗旨。""打好扶贫开发攻关战,是对各级干部,特别是领导干部,能不能坚持党的宗旨,实践党的根本工作路线的重大考验。""当前,农村贫困群众最盼望、最着急的就是吃饱穿暖,进而过上比较富裕的日子。帮助贫困群众实现这个愿望,是党的为人民服务宗旨的最实际的体现。"

从尊重和保障人权出发,江泽民同志提出解决贫困地区摆脱贫困是其他人权得以实现的基本前提和保障,并指出:"不首先解决温饱问题,其他一切权利都难以实现。""中国确保十二亿多人的生存和发展权,这是对世界人权进步事业的重大贡献。""我们依靠自己的力量,解决了几亿贫困人口的温饱问题,他们的生存权和发展权得到保障,为他们享受各项权利创造了有利条件。这是我们党和政府在发展人权事业方面取得的最伟大的成果,也是对世界人权事业的重大贡献。"

从改革、发展和稳定角度,江泽民同志强调解决贫困问题的重要性,并指出:"历史的经验证明,贫困往往成为一个国家、一个地区政治动荡和社会不稳定的重要根源。如果不能逐步消除贫困,一个国家就难以长期保持社会稳定；没有稳定，根本谈不上经济和社会发展。"根据中国很大一部分贫困人口集中在少数民族地区和边疆地区的实际情况，他又指出："如果这些贫困地区特别是民族地区和边疆地区的贫困问题长期得不到解决，势必影响民族团结、边疆巩固，也会影响整个社会的稳定……而且是关系到国家长治久安的政治问题，是治国安邦的一件大事。"根据中国经济发展的情况，江泽民总书记倡导"开发式扶贫"方式，即"以市场需求为导向，依靠科技进步，开发利用当地资源，发展商品生产，不仅能解决温饱，而且可以脱贫致富"。并指出："多年的实践证明，贯彻这个方针，把贫困地区干部群众的自身努力同国家的扶持结合起来，开发当地资源，发展商品生产，改善生产条件，增强自我积累、自我发展能力，这是摆脱贫困的根本出路。""搞扶贫开发，是扶贫工作的一个根本性转变，是一个重大创造，这个方针必须长期坚持。"

胡锦涛同志提出科学发展观，并强调："科学发展观无论对发达地区还是欠发达地区，都具有十分重要的指导意义""做好新阶段扶贫开发工作，必须……深入贯彻落实科学发展观。"本着调动贫困人口在摆脱贫困过程中积极性和创造性，发挥他们的聪明才智并成为脱贫主要力量的思想，他指出："坚持尊重扶贫对象主体地位、激发贫困地区内在活力。"

从构建社会主义和谐社会角度出发，胡锦涛同志强调："扶贫开发是建设中国特色社会主义事业的一项历史任务，也是社会主义和谐社会的一项重要内容……帮助贫困地区尽快脱贫致富，需要党和政府以及社会各方面共同努力。""没有农村的和谐，就不可能有整个社会的和谐。"2005年党的十六届五中全会提出的建设社会主义新农村的战略，确立了"多予、少取、放活"和"工业反哺农业、城市支持农村"的方针，进一步丰富了胡锦涛同志的扶贫思想。

1.1.2 习近平总书记的扶贫思想

党的十八大以来，习近平总书记将扶贫工作上升到治国理政的新高度，并结合国情和时代特征，提出了一系列理论和对策，形成了中国取得脱贫攻坚伟大胜利的指导思想。本文主要从以下六方面简述习近平总书记的扶贫思想。

第一，习近平总书记从战略高度阐述治理贫困的重大意义。首先，习近平总书记阐明治理贫困是社会主义的本质要求。习近平总书记明确指出："消除贫困、改善民生、实现共同富裕，是社会主义的本质要求。""贫穷不是社会主义。如果贫困地区长期贫困，面貌长期得不到改变，群众生活长期得不到明显提高，那就没有体现我国社会主义制度的优越性，那也不是社会主义。"

其次，习近平总书记强调治理贫困是中国共产党的重要使命。结合中国共产党立党为公、执政为民、全心全意为人民服务三个根本宗旨，习近平总书记指出："让老百姓过上好日子是我们一切工作的出发点和落脚点。""消除贫困、改善民生、逐步实现共同富裕，是社会主义的本质要求，是我们党的重要使命。我们党一贯高度重视扶贫开发事业。"

最后，习近平总书记明确治理贫困是全面建成小康社会最艰巨的任务。党的十八大提出的两个一百年奋斗目标中，贫困问题是全面建成小康社会（第一个百年目标）最短板、最艰巨的任务。习近平总书记高度重视贫困地区的扶贫工作，指出："实现全面建成小康社会目标，要扎扎实实打好扶贫攻坚战，尽快使全国扶贫对象实现脱贫，让贫困地区群众生活不断好起来。""全面建成小康社会，最艰巨最繁重的任务在农村，特别是在贫困地区。没有农村的小康，特别是没有贫困地区的小康，就没有全面建成小康社会。"

第二，习近平总书记创造性地提出"精准扶贫"的思想。2013年11月，习近平总书记在湖南省湘西土家族苗族自治州花垣县十八洞村考察时首次提出"精准扶贫"新理念。他明确"精准扶贫"需要解决"扶持谁""谁来扶""怎么扶"三个问题，并将这一思想概括为"扶持对象精准、项目安排精准、资金使用精准、措施到户精准、因村派人精准、脱贫成效精准"六个精准。从精准识别、精准帮扶和精准管理三个方面确保扶贫工作质量，并提出通过"发展脱贫一批，易地搬迁安置一批，生态补偿脱贫一批，发展教育脱贫一批，社会保障兜底一批"，即"五个一批"的分类方法帮助农民脱贫。

第三，习近平总书记提出"扶贫先扶志"的思想。习近平总书记强调要改变一部分贫困群众和干部存在的"等、靠、要"思想，帮助贫困地区干部、群众激发斗志，树立在党和政府的帮扶下，通过自己努力脱贫致富、改变贫穷落后面貌、过上小康生活的信心。习近平总书记在《摆脱贫困》一书中就提到，"弱鸟可望先飞，至贫可能先富，但能否实现'先飞''先富'，首先要看我们头脑里有无这种意识，贫困地区完全可能依靠自身努力、政策、长处、优势在特定领域'先飞'以弥补贫困带来的劣势。如果扶贫不扶志，扶贫的目的就难以达到，即使一度脱贫，也可能会再度返贫。""根本改变贫困、落后面貌,需要广大人民群众发扬'滴水穿石'般的韧劲和默默奉献的艰苦创业精神,进行长期不懈的努力,才能实现。""'摆脱贫困',其意义首先在于摆脱意识和思路的'贫困',只有首先'摆脱'了我们头脑中的'贫困',才能使我们所主管的区域'摆脱贫困',才能使我们整个国家和民族'摆脱贫困',走上繁荣富裕之路。"

第四,习近平总书记提出"扶贫必扶智、治贫先治愚"的思想。在脱贫工作中,习近平总书记高度重视提高贫困地区人口的文化教育程度和人的素质问题,并提出"扶贫必扶智,治贫先治愚"理念。他大力倡导发展教育,提高贫困地区的教育水平和质量,并在《摆脱贫困》一书中指出:"越穷的地方越难办教育,但越穷的地方越需要办教育,越不办教育就越穷。这种马太效应,实际上也是一个'穷'和'愚'互为因果的恶性循环。"

第五,习近平总书记提出"扶贫工作内生外生动力有机结合"的思想。在激发贫困地区干部、群众斗志的基础上,习近平总书记指出:"贫困地区发展要靠内生动力……内在活力不行,劳动力不能回流,没有经济上的持续来源,这个地方下一步发展还是有问题……内外结合才能发展。"这样,就可以发挥充分挖掘贫困地区人民自己的内生动力和帮扶的外生力量两方面的作用,解决单纯靠外在力量进行"输血式"扶贫模式存在缺乏持续性和长久性的问题,从根本上保证脱贫工作效果。

第六,习近平总书记高度重视脱贫攻坚队伍的作用。向深度贫困地区派驻有能力的干部,加强脱贫攻坚一线的组织和领导工作,关系到扶贫工作的效果。习近平总书记指出:"深度贫困地区脱贫攻坚,尤其要加强工作第一线的组织领导。打攻坚战的关键是人,这些年我们在贫困村选派第一书记、驻村工作队,有的还增加了大学生村官。深度贫困是坚中之坚,打这样的仗,就要派最能打的人,各地要在这个问题上下大功夫。否则,有钱也不成事。要把夯实农村基层党组织同脱贫攻坚有机结合起来,选好一把手、配强领导班子,特别是要下决心解决软弱涣散基层班子的问题,发挥好村党组织在脱贫攻坚中的战斗堡垒作用。还要依法打击村霸黑恶势力,严防他们干扰基层政权运行。各级党政机关要积极向贫困地区选派干部,向贫困村选派第一书记和驻村工作队,让干部在脱贫攻坚中锻炼成长。在脱贫攻坚一线工作的基层干部非常辛苦,今年元旦我在新年贺词中专门问候他们,就是要发出一个信号,要求地方党委和政府要关心、关爱、关注他们。要把深度贫困地区作为锻炼干部、选拔干部的重要平台。扶贫干部要真正沉下去,扑下身子到村里干,同群众一起干,不能蜻蜓点水,不能三天打鱼两天晒网,不能神龙见首不见尾。这方面,各级党组织和组织部门要管好抓紧,确保第一书记和驻村干部用心、用情、用力做好帮扶工作。"

1.1.3 改革开放以来中国共产党扶贫思想的启示

2021年3月6日,中共中央总书记、国家主席、中央军委主席习近平在北京出席"决战决胜脱贫攻坚座谈会"并发表重要讲话,指出:"保持脱贫攻坚政策稳定。对退出的贫困县、贫困村、贫困人口,要保持现有帮扶政策总体稳定,扶上马送一程。可以考虑设个过渡期,过渡期内,要严格落实摘帽不摘责任、摘帽不摘政策、摘帽不摘帮扶、摘帽不摘监管的要求,主要政策措施不能急刹车,驻村工作队不能撤。要加快建立防止返贫监测和帮扶机制,对脱贫不稳定户、边缘易致贫户以及因疫情或其他原因收入骤减或支出骤增户加强监测,提前采取针对性的帮扶措施,不能等他们返贫了再补救。"

2020年中央发布文件,明确2021年国家将在脱贫攻坚工作目标胜利完成后,开始全面推进十九大报告中提出的乡村振兴战略。2021年中央一号文件、《关于加快推进乡村人才振兴的意见》文件先后出台,2021年2月25日全国脱贫攻坚总结表彰大会召开,当天下午国家乡村振兴局正式挂牌,乡村振兴与脱贫攻坚无缝对接。学习改革开放以来中国共产党扶贫思想,不仅是为了更好地领会马克思主义中国化理论新成果,更是为了做好今后农村工作。

笔者认为:学习改革开放以来中国共产党的扶贫思想,尤其是精准扶贫的思想,对巩固脱贫攻坚工作成果,实施乡村振兴战略工作主要有三点启示。

首先,一切理论创新都是以原有理论为基础的创新,创新是开拓工作局面的源泉。

在习近平总书记提出的"精准扶贫"思想指导下,在全体扶贫干部和群众的共同努力下,中国取得了脱贫攻坚工作的伟大胜利。"精准扶贫"思想是马克思主义中国化最新成果,这一思想的提出既是习近平总书记在以往中国共产党扶贫工作经验基础上的凝练,也是基于他以往工作实践的总结。"扶贫先扶志""扶贫必扶智""治贫先治愚"的思想就源于他在福建省宁德地区任书记时的工作实践。"扶贫干部要真正沉下去,同群众一起干"理念更是源于他在七年知青岁月中亲身实践的总结。陕西省延川县赵家河村村民赵胜利在回忆习近平同志帮助村民改变卫生观念时,曾经这样说:"近平自己修了一个厕所。他住的窑洞外不远处有个厕所，这个厕所是公用的，住这排窑洞的人，还有路过的人都会用这个厕所。但是这个厕所非常小，也非常简陋。当时陕北农村生活很艰苦，对于上厕所就更不讲究。挖个坑，周围随便用木头、秸秆、土坯一挡，上面盖个草棚子，就当厕所了。所以俗称'茅厕'。男人站在里面方便，有时外面路过的妇女都能看见。近平来了不久，就动手修了一个男女分开的公共厕所。他把旧的厕所拆掉，重新用砖和石头砌，扩大了面积，又加高了围墙，一间男厕，一间女厕，都是分开的，宽敞多了，而且隐秘性比较好。大家一看，这样确实很方便，就纷纷效仿。在他的带动下，村里的社员们也都纷纷改造自己家的厕所。不久之后，赵家河的厕所基本都改成了砖石结构的。"

其次，只有深入到群众中去，才能做好服务群众工作。

巩固脱贫攻坚工作成果、实施乡村振兴战略最根本的保障只有两条：一是党的领导，二是人民群众的力量。做好群众的宣传发动和思想引导，积极开展调研了解民意，发现并解决好群众的实际困难和问题，是强化群众观念、改进工作方法的重要手段。

做好服务群众工作，就要克服短期行为。要有锲而不舍的毅力，付出艰辛的努力，才能为群众办好实事。因而，应围绕群众的长远利益、根本需求，解决群众的实际问题，避免形式主义。

做好服务群众工作，关键是做好经济工作。巩固脱贫攻坚工作成果、实施乡村振兴战略重要的落脚点在发展经济。用改革推动经济发展，处理好改革开放和扶贫的关系，用开放意识推动扶贫工作，在扶贫工作上运用开放政策，实现可持续发展。

做好服务群众工作，要做到廉政与勤政有机结合。要努力学习马列主义的理论和方法，向书本学习、向实践学习，从而掌握分析、解决问题的科学方法，做到勤政为民、廉洁自律。同时，引导好社会舆情和思潮，团结广大人民群众一起投身到巩固脱贫攻坚工作成果、实施乡村振兴战略的工作中去。建设好农村基层党组织，形成一线的核心力量，带领群众实现乡村振兴的战略目标。

最后，处理好解放思想与统一思想的辩证关系，是把握工作思路的关键。

解放思想的基本要求是实事求是、与时俱进，也就是从主观认识上把握工作对象的客观规律，并随着客观实际情况的不断变化，在主观认识上得到及时反映，并拿出相应的对策，达到驾驭时局、促进发展的效果。解放思想需要深厚的理论功底、严谨的探索精神、敏锐的洞察能力,以及不图虚名、求真务实的良好心态。解放思想需要克服超越客观实际的教条主义和落后于客观实际的经验主义,实现的是主观和客观相一致,认识和实践相统一。

统一思想是对一个群体或领导班子而言的。主要指将某一团队、某一部门或某一领导人的真正属于解放思想的成果,经过既定程序,扩展为一个群体或领导班子的共识。基于这一共识,产生正确的决策,并能步调一致地贯彻落实。统一思想不是禁锢思想、武断决策。统一思想需要广泛民主、以理服人、集思广益、群策群力。

学习并践行精准扶贫思想,有效衔接乡村振兴与脱贫攻坚无缝工作,需要深刻认识解放思想与统一思想之间存在的关系,并注意如下三点:一是解放思想是统一思想的前提和基础,没有解放思想的统一思想,会使人们囿于陈旧观念,陷入经验主义和教条主义;二是统一思想是解放思想的关键环节,没有统一思想的解放思想,不能形成强大的合力和推动力;三是在解放思想中统一思想,在统一思想中解放思想,达到解放思想和统一思想的有机结合,就能形成核心推动力。

1.2 乡村振兴及脱贫攻坚的关系

从系统论理论出发,系统包括自然系统和人造系统。自然系统是由自然过程产生的,其组成要素为自然物,自然形成的系统如海洋系统、生态系统等。人造系统则是人们将有关元素按照其属性和相互关系组合而成的系统,人造系统可分为人造自然系统和社会系统。人造自然系统是人类对自然物质加工并制造出各种人造物而组成的系统,如机器、大型工程等。社会系统是人类根据社会发展需求所组成的系统。

习近平总书记在2020年年末的中央农村工作会议上指出,在"向第二个百年奋斗目标迈进的历史关口",要"举全党全社会之力推动乡村振兴"。因此,乡村振兴战略是党和国家根据社会发展需求设计的社会系统。在当前要理解乡村振兴战略,一方面要全面理解乡村振兴战略的总要求,另一方面要了解乡村振兴及其脱贫攻坚的关系,做好两项工作的衔接工作。

1.2.1 从社会系统看乡村振兴战略的总要求

正如前文所说,乡村振兴战略是党和国家根据社会发展需求设计的社会系统。因此,理解社会系统本质,更有利于理解乡村振兴战略的总要求。

1.2.1.1 社会系统

把社会系统作为一个问题讨论，是因为人或人群生存在自然与社会两大环境当中，人作为自然系统的重要因素和改造自然的主体参与各项社会活动，而成为社会结构和秩序的重要因素；而且，社会活动也是在组成社会的各个元素之间的特定关系中产生的，实践证明这些关系最终是依靠基本的物理相互作用维持，同时也遵从生命现象和心理现象的规律，属于完全客观的自然过程。因此，社会现象、社会结构和秩序也不是偶然的，演变和发展也必须遵从不以任何人的意志为转移的客观规律。我们可以认识到社会构成并非早期社会学者所认为的社会是人或人群构成的集合，而是大自然这一大系统的延伸，完全符合系统规律的客观的系统，同样，将社会技术系统作为技术系统中的一个子系统研究，更有利于社会的发展和创新。

（1）社会系统存在的依据

说社会是一个系统是完全符合"系统"定义的。因为社会系统是一个非常综合的概念，不仅社会是由很多元素相互联系和作用构成的整体，而且有许多不同的系统都被纳入其中，这些系统又含着各种各样的子系统。按照系统分类原则，系统有物质、运动和思想三种类型。就物质而言，人必须符合生物学定义，人不仅是社会构成的重要因素，而且是社会重要的主体。社会构成不能只有人，人作为生物个体是开放系统，需要补充生活资料；为了获得生活资料，必须从事生产活动，生产活动需要生产资料和劳动对象，所有这些资料即为社会的物质财富，也应当包含在社会系统之中。就运动而言，人的活动以及由人的活动带动的各种物的运动，包括生产活动、经济活动、消费活动、科学活动、政治活动、军事活动、文化活动……每种活动又可按照社会分工，划分为难以计数的专门系统。就思想类型而言，人的生活、生产和其他社会活动，都需要一定的知识和技能，他们也必须作为思想系统包含在社会系统中，并和社会的其他部分存在着互动关系。所以社会作为一个整体是一个非常复杂的大系统，也是人类认识到的最复杂的运动形式。在这个系统中，各种元素的物理本性存在着巨大差别，生命的、非生命的、物质的、非物质的、有意识的、无意识的，彼此相关、错综复杂。由于成员众多难以计数，因此统计规律及相关技术在社会生活中起着重要作用。

（2）社会系统的基本性质

社会系统具有综合性质，在具体问题中只能根据实际状况抽出某些侧面，分别建构各种不同类型的子系统，层次结构是社会系统的显著特色。由于社会系统中的子系统不仅有横向的纷然杂陈，如生产的各个部门，而且逐渐演进形成特定的层次结构。这种层次结构不仅要遵循层次过渡的普遍规律，同时也具有社会运动的特点。

社会系统的各个部分处在不断变化之中，社会系统的各个部分，尤其是人的思想能力结构，绝不是一成不变的，而是处在不断地调整和进化的过程中，因此可以说社会系统增加了一个时间维度，存在时间中的复杂性。

（3）社会系统的一般范围

一个特定的社会系统在现实条件下，大体上就是一个主权国家。主权国家（含托管地、联邦成员国）并不赋予其通常的内涵，只作为表达社会的界限：人口、土地、资源等。在社会系统中，国家只是一个特定的空间范围，以一个自主系统来考察，在一个国家内部有省、部、城市等行政机构；也可以划分为更小的系统（低一级子系统）来考察，其前提是它们必须有相对独立的意义（如行使管辖权等）。国家与国家的关系及国际关系，则属于社会系统之间的外部关系，与决定社会的结构与秩序（如政治制度、管理体制、经济等）的内部关系有着重要的区别。

关于社会系统范围的界定，有些是精确的，如人口、户籍等，无需特别说明；有些则是含糊的，如资源储量、外海疆域、外围空间等。但这些不会构成原则的困难，因为这些国家存有支配权，运动也不复杂，不会出现自然与社会现象混淆的问题。至于思想系统与意识形态方面，把未必具有真理性的宗教信仰也纳入系统之中，不仅显示了社会系统的包容性，更在于他们对一定范围的人群的思想和行为起支配作用，有其不可忽略的现实作用。意识形态还包括占主导地位的社会思想，也包括不同理念的社会文化、知识水平、科学文化和文化教育。科学文化都具有发明权或发现权，不是由本国发明或发现但已为民众掌握的知识，特别是自然科学知识同样应列入社会系统的范围。所以，社会系统中思想系统部分表示为社会范围的知识或信息储存者，如图书馆、资料库和互联网中可分享的信息等。

（4）社会系统的类型与构建

社会系统的类型与构建，主要包括社会管理系统（组织系统）、生产技术系统、经济系统、后经济系统（交易与市场）、政治系统（政治、法律、行政……）和思想系统等相关定义及范围，在此不做详细介绍。

（5）社会与自然界的关系

从根本上说人类社会是从自然界发展起来，属于自然界的部分。但从另一个角度，在社会的生产活动中，自然界又是人类开发的对象，它又"隶属"于人类社会。表面看来自然界与人类社会是你中有我、我中有你的镶嵌关系，而实质上是表明应当区分的两种自然界的概念。包括人类社会和人类自身的自然界，可称为广义的自然界；而作为人类开发对象的自然界范围较为狭隘，称为狭义的自然界。逻辑上狭义的自然界不应包括人类自身，而是人类的生存环境。虽然有时也说人类的自我开发，如智力、能力、体力等，尤其是智力开发，本质上是发展，和向自然界索取性开发（如开采等）意义是不同的。狭义的自然界，不等于已开发的自然界，而是要开发的自然界，如海洋、宇宙空间等。

1.2.1.2 乡村振兴战略的总要求

党的十九大报告在明确提出实施乡村振兴战略时指出："农业农村农民问题是关系国计民生的根本性问题，必须始终把解决好'三农'问题作为全党工作重中之重。要坚持农业农村优先发展，按照产业兴旺、生态宜居、乡风文明、治理有效、生活富裕的总要求，建立健全城乡融合发展体制机制和政策体系，加快推进农业农村现代化。巩固和完善农村基本经营制度，深化农村土地制度改革，完善承包地'三权'分置制度。保持土地承包关系稳定并长久不变，第二轮土地承包到期后再延长三十年。深化农村集体产权制度改革，保障农民财产权益，壮大集体经济。确保国家粮食安全，把中国人的饭碗牢牢端在自己手中。构建现代农业产业体系、生产体系、经营体系，完善农业支持保护制度，发展多种形式适度规模经营，培育新型农业经营主体，健全农业社会化服务体系，实现小农户和现代农业发展有机衔接。促进农村一二三产业融合发展，支持和鼓励农民就业创业，拓宽增收渠道。加强农村基层基础工作，健全自治、法治、德治相结合的乡村治理体系。培养造就一支懂农业、爱农村、爱农民的'三农'工作队伍。"

乡村振兴是乡村全面、系统的发展，需要按照"产业兴旺、生态宜居、乡风文明、治理有效、生活富裕"的乡村振兴战略总要求，去分析实施乡村振兴战略所涉及的社会系统诸多因素。

（1）产业兴旺

实施乡村振兴战略，产业兴旺是第一要务。乡村振兴与脱贫攻坚工作有密切的关系，也关系到农村可持续发展、全面建成小康社会的程度与广度，没有乡村的振兴，高水平的全面小康也将难以实现。实施乡村振兴战略，首要任务就是使广大农民的物质生活水平稳步提升，精神生活愈加文明。根据马克思主义理论，经济基础决定上层建筑，上层建筑反映经济基础，并随着经济基础的变化而变化。先进的符合经济基础的上层建筑对社会发展起到推动作用。因此，产业兴旺形成的经济基础将带动实施乡村振兴战略的其他方面，起到提纲挈领的作用。

产业兴旺不仅是中国经济发达地区乡村地区走向物质富足的必由之路，也是中国贫困率发生较高地区在有限时间里彻底脱贫并实现持续性稳定脱贫的必由之路。要实现产业兴旺的目标，就要坚持推进农业供给侧结构性改革，建构出新的、成熟的乡村产业体系，加快乡村经济发展方式转变，夯实第一产业发展基础，提升第二产业优化转型，培育第三产业并使之成为未来乡村产业兴旺的具有发展动力的增长点。不仅如此，还要在城乡协调发展的基础上，将最新科技创新成果融入产业发展，形成乡村经济发展的新动能，促进现代农业发展，在"互联网+"条件下激发农业发展活力。促进乡村新业态的出现和发展，就可以努力延长农产品加工产业链，打造特色农产品品牌，同时，发展乡村特色文旅等产业，促进乡村农业与非农产业融合发展。另外，实现产业兴旺的目标，不仅可以促进乡村现代产业体系的建立与发展，还可以将以人为本的发展理念落到实处，让广大农民享受到实施乡村振兴战略的最新成果。

（2）生态宜居

实施乡村振兴战略，改善农民日常生活起居条件是重要任务，将"绿水青山就是金山银山"理念落到实处。习近平总书记提出让良好的生态环境成为乡村振兴的支撑点，推进农业绿色发展是树立现代农业观的深刻革命的思想，就是重视生态宜居的理论基础。生态宜居不仅关系到为农民创造一个良好的居住环境、助力"美丽中国"建设，更关系到乡村经济、政治、文化的质量和走向，是乡村振兴战略中不可或缺的一个关键因素。

人与环境和谐共生理念、生态环境友好和资源永续利用是实现生态宜居目标的理论基础。要实现生态宜居建设目标，就要按照生态田园美丽、持续、绿色的标准在乡村大力发展绿色生态农业，努力实现"天蓝、地绿、水净"。因此，基层工作者要一方面杜绝"一味强调地方GDP的提高，忽略环境治理"的落后思想，根据本地区实际情况统筹当地山水园林规划，改善乡村水电、沼气和污水处理等乡村基础设施建设。遵循乡村发展规律，结合本地区乡村实际情况，保留地方乡村风貌，形成地方特色，"既留得住青山绿水，也记得住浓郁乡愁"。另一方面，在治理系统环境的基础上，加强人居环境整治行动，根据不同村庄的经济基础条件、历史文化习俗、基层治理能力，深入推进乡村厕所、厨房、洗涤等方面的污水治理工程，实现生活垃圾的全面集中分类与处理。逐步形成农业生产废物的循环的格局。这样，双管齐下，才能实现乡村人居环境质量的全面提升，打造宜业宜居的美丽乡村。

(3) 乡风文明

社会主义物质文明和精神文明建设是社会主义国家文明建设的两大组成部分，不可偏废，缺一不可。在实施乡村振兴战略过程中，实现乡风文明的目标是应有之意。中华文明起源于农耕文明，中国几千年的农耕文化孕育了独特的中华民族的精神文明，成为中华文化中的核心要素。乡风文明是在中国特色社会主义理论体系指导下实施乡村振兴战略过程中精神文明建设领域的具体表现形式。

党的十九大报告指出，我国当前社会矛盾已经转化成为"人民日益增长的美好生活需要和不平衡不充分的发展之间的矛盾"。随着人民物质生活水平的不断提高，农民的生活品质有了大幅提升，温饱问题已经不再是绝大多数农民的基本要求。在这个背景下实施乡村振兴战略，就要坚持物质文明、精神文明两手抓，两手都要硬。乡风文明建设是乡村振兴的铸魂工程，将为乡村全面振兴提供精神动力和智慧源泉。富裕起来的农民会比以往更加关心精神世界的内容。改革开放以来，在开放包容的社会环境下，借助互联网，农民有机会接触更多本地以外的文明生活。农民需要更高水平的医疗、教育和卫生资源，缩小城乡之间的鸿沟。在子女教育、父母养老、疾病保险、就业保障等多方面给予农民更多社会公平和人文关怀，是实施乡村振兴战略过程中需要做好的工作。

在培育乡风文明的过程中，努力移风易俗，以社会主义核心价值观为指导，加强农民社会公德、家庭美德、职业道德教育。加强乡村公共基础文化设施和软件建设，提升农民科技文化素质，改变农民、农村的精神面貌。弘扬传统农耕文明，并在此基础上倡导勤劳积极、和谐包容、遵纪守法、幸福团结的当代乡风民俗，丰富农民的精神世界，满足农民对于美好生活的需求，更好地投身于乡村振兴战略。

(4) 治理有效

实施乡村振兴战略，开展农村社会治理是重要内容。农村社会治理是在中国特色社会主义"五位一体"全面布局的社会发展要求和习近平治国理政思想指导下完成的，农村社会治理的效果反映了农村的社会建设水平。农村社会治理可以进一步明确基层组织在新时代条件所承担的责任，是实施乡村振兴战略的组织基础和政治保证。

在一些乡村，只要村干部能够带领村民致富，村民就不会追究村干部的道德瑕疵甚至违法行为，在利益至上原则支配下，在很多乡村日常生产生活中，村民倾向于经济评价而非道德评价，过去那种建构在熟人关系上的亲切与温情趋于瓦解。提高乡村社会治理效能的前提和基础任务是加强乡村基层党组织建设，发挥农村基层党组织的战斗堡垒作用。同时，要不断完善基层党组织建设。对于人口众多、地域较大的村庄，可以根据党员数量在自然村建立党小组（村设党支部的情况下）或党支部（村设基层党委的情况下）；对于第二、第三产业发展兴旺的村，要以乡村企业、合作社为单位建立党组织，使户籍不在本村的党员也可以参加正常的组织生活。党的十九大报告提出要"加强农村基层基础工作，健全自治、法治、德治相结合的乡村治理体系"。按照上述要求，需要围绕村民自治，法治、德治两手抓，两手都要硬。在具体的工作中，以德治手段形成内在制约规范村民行为，以法治手段形成外在强制性规则维护乡村社会的稳定秩序，进而到达德治与法治的有机结合与渗透，形成乡村基层自治的良性循环。

（5）生活富裕

实施乡村振兴战略，生活富裕是根本目标之一。农民生活富裕，是中国特色社会主义"五位一体"总体布局中经济建设在"三农"的重要标志，也是乡村振兴能否实现最重要、最直接的体现。产业兴旺、生态宜居、乡风文明、治理有效是否实现，农民是重要的评价人。而农民最关心的是收入是否提高，生活是否更加富裕体面。脱贫攻坚工作取得成功，经济相对不发达地区农民已经摆脱绝对性贫困的生存状态，追求更高水平的物质生活与精神生活必然成为全体农民今后生活的一致需要。同时，农民精神生活的满足感不仅来自乡村丰富多彩的精神文化活动与文化娱乐基础设施的完善，更来自城市及其他地区农民精神生活水平的比较。

与历史上的发展相比，中国农业综合实力已经有了明显提升，农业发展面临的问题已经由单纯的总量供给转变为农业生产结构性矛盾，农业与第二、第三产业融合度不高、附加值难以提升则是需要解决的问题。第一、第二、第三产业在乡村的全面发展，振兴乡村产业体系，进一步提高农民收入，是实现农民生活富裕的关键。

乡村振兴战略总要求覆盖了中国"三农"领域发展的各个方面，为农业农村现代化发展提出了一条切实可行的发展思路。"三农"领域发展水平，直接关系到新时代中国特色社会主义事业的全面发展，是全面建成小康社会乃至后小康社会更高质量地发展各项工作的重要组成部分。

1.2.2 脱贫攻坚与乡村振兴的关系

2021年2月25日，全国脱贫攻坚总结表彰大会举行，国家乡村振兴局正式挂牌。机构名称变更及挂牌在时间上选择无缝衔接，目的就是实现坚决守住脱贫攻坚成果，做好巩固、拓展脱贫攻坚成果同乡村振兴有效衔接，实现"工作不留空当，政策不留空白"的工作目标。

要实现巩固和拓展脱贫攻坚成果同乡村振兴有效衔接，就需要理解脱贫攻坚与乡村振兴的关系。

笔者认为脱贫攻坚与乡村振兴的关系主要表现如下。

1.2.2.1 脱贫攻坚是乡村振兴的基础

中国经济发展存在着不平衡是一个历史性问题，著名地理学家胡焕庸先生提出的"瑷珲—腾冲线"就反映这一现象。要实现全面建设小康社会，实现共同富裕，就需要解决贫困地区和贫困户的发展问题。习近平总书记在全国脱贫攻坚总结表彰大会上讲到，"我们立足我国国情，把握减贫规律，出台一系列超常规政策举措，构建了一整套行之有效的政策体系、工作体系、制度体系，走出了一条中国特色减贫道路，形成了中国特色反贫困理论。"正是党和国家发挥社会主义制度的优越性，才实现了脱贫攻坚工作的目标。只有实现现行标准下农村贫困人口全部脱贫，贫困县全部摘帽，贫困村全部出列，消除绝对贫困，才能补齐乡村全面发展的短板，形成乡村振兴的经济基础。中国特色社会主义的乡村振兴道路，就是持续缩小城乡区域发展差距，让低收入人口和欠发达地区共享社会发展成果。乡村振兴的部分工作内容就是在脱贫攻坚工作基础上，进一步发展农村经济。

1.2.2.2 脱贫攻坚与乡村振兴所面对的贫困问题不同

脱贫攻坚重点解决消除绝对贫困的问题，乡村振兴在衔接脱贫攻坚工作后需要重点关注相对贫困的问题。脱贫攻坚有一个明确的贫困标准，建档立卡贫困户是脱贫攻坚工作的目标群体。乡村振兴工作中所面对的需要帮扶农户的生产生活水平都是高于贫困户建档立卡标准的，而且不同地区差异很大。在经济相对不发达地区，存在一些生产生活水平与建档立卡贫困户差距不大的农户，由于家庭人均纯收入等硬性条件略高于国家规定的贫困线标准而未被纳入贫困户，但却可能成为实施乡村振兴战略时需要重点关注的人群。一些没有列入建档立卡贫困户的农户可能成为新的工作重点，这就需要处理好脱贫攻坚过程中出现的经济指标差距较小的非贫困村与贫困村、非贫困户与贫困户之间关系，解决因确定帮扶对象时经济差距不大而产生的心理和利益不平衡，这是实现两者间工作有效衔接的关键任务。同时，一些原来没有贫困户的地区，在开展乡村振兴过程中也需要面对相对贫困群众的帮扶问题。例如，北京等一线城市的个别郊区，也存在帮助相对贫困村和相对贫困户的群众发展经济、提高家庭人均纯收入的问题。这就需要在开展乡村振兴工作时，借鉴其他地区比较成功的脱贫攻坚经验和做法，实现乡村振兴和解决相对贫困两项工作齐头并进。

1.2.2.3 乡村振兴工作比脱贫攻坚工作更加系统

脱贫攻坚工作重点解决经济问题，同时也关注教育、医疗等与脱贫密切相关的问题。乡村振兴则是一项更加系统性的工程，需要面对农村发展中几乎所有的问题，需要解决很多在脱贫攻坚工作阶段没有被列为重点，甚至被忽略的一系列问题。

首先，在经济领域方面。脱贫攻坚阶段重点关注的是贫困村与贫困户的经济发展问题。乡村振兴工作需要解决整个农村的经济发展问题。产业兴旺是解决农村一切问题的前提，在乡村振兴工作中努力推动农村产业与外部市场的有效衔接，重点发展涉农产业，实现产业振兴，形成乡村振兴的物质基础。同时，巩固拓展脱贫攻坚成果，以脱贫攻坚阶段建立的涉农产业为基础，充分发挥政府引导性作用、市场决定性作用、涉农企业主体性作用，加快构建现代农业产业体系、生产体系、经营体系、服务体系，提高产业发展的质量与规模，推动一二三产业融合创新，不断丰富产业形态和产品结构，塑造农产品品牌，形成乡村振兴阶段农村经济发展的竞争力。

其次，在农村基层党建和村民自治组织建设方面。农村基层党组织，既是脱贫攻坚的领导者，也是乡村振兴的带头人。在开展脱贫攻坚工作阶段，贫困村大都是由国家工作人员作为扶贫干部任第一书记，这部分干部一般是国家公务员或企事业单位工作人员，学历层次高、理论水平强、专业技能突出，比较容易把党的政策方针传达好、落实好。在开展乡村振兴工作时，农村基层党组织和村民自治组织的能力，直接关系乡村振兴实施效果，这就对农村基层党组织和村民自治组织提出了更高的要求。因此，应把政治素质高、群众基础好、发展意识强、头脑思维活、热情高涨、干劲足的党员选拔到农村党支部书记岗位，由农村党支部书记带动党支部和村委会形成乡村振兴的核心力量。同时，积极研究农村经济和社会发展的新情况，培育健全村民自治组织，用党组织带动农村经济组织、社会组织，壮大农村集体经济组织，加快发展各类社会组织，形成党支部、村委会、农民经济合作社和农村社会组织共同参与乡村振兴工作的基层组织格局，形成推动乡村振兴的合力。

再次，在农村文化建设方面。文化既是凝聚民族力量的精神纽带，推动社会发展的重要支撑，也是直接关系民生福祉、关系人的全面发展的关键要素。2016年7月1日，庆祝中国共产党成立95周年大会在北京人民大会堂隆重举行。中共中央总书记、国家主席、中央军委主席习近平在大会上发表重要讲话。在讲话中，习近平总书记指出："坚持不忘初心、继续前进，就要坚持中国特色社会主义道路自信、理论自信、制度自信、文化自信，坚持党的基本路线不动摇，不断把中国特色社会主义伟大事业推向前进。"对于首次提出的文化自信，习近平总书记这样定义："文化自信，是更基础、更广泛、更深厚的自信。在5 000多年文明发展中孕育的中华优秀传统文化，在党和人民伟大斗争中孕育的革命文化和社会主义先进文化，积淀着中华民族最深层的精神追求，代表着中华民族独特的精神标识。我们要弘扬社会主义核心价值观，弘扬以爱国主义为核心的民族精神和以改革创新为核心的时代精神，不断增强全党全国各族人民的精神力量。"乡村是中国传统文化的根基所在，因此，开展乡村振兴工作就要结合中宣部①针对全国县域经济开展的新时代文明实践工作，充分发挥新时代文明实践中心、所、站在农村文化建设工作的引领作用，努力解决农村文化需求和文化供给结构性矛盾。深入宣传社会主义核心价值观，认真挖掘优秀传统农耕文化蕴含的思想观念、人文精神、道德规范，培育文明乡风、良好家风、淳朴民风，丰富农村精神文化生活，提升农民文化素质、文明素养和精神风貌，提高乡村社会文明程度，是实现乡村振兴的内驱力。

最后，在人才需求方面。脱贫攻坚需要党性强、懂经济的人才，乡村振兴则需要能力更加全面的人才。为此，笔者认为可以尝试从以下几个方面入手，挖掘、培育乡村振兴所需人才。其一，积极从青年、致富能手、返乡创业者、新乡贤等群体中发展中共党员，进一步增强农村基层党组织的创造力、凝聚力、战斗力，努力引导农村无职务党员在乡村振兴中发挥作用；其二，大力培育乡土文化人才，努力打造文化惠民工作队伍；其三，通过相关优惠政策，吸引、引导城市不同类型人才服务乡村振兴等。这些都是乡村振兴人力资源开发需要解决的关键问题。

---

① 中国共产党中央委员会宣传部，全书简称中宣部。

2 乡村振兴战略的社会作用与时代特征

2.1 乡村振兴战略的社会作用

实施乡村振兴战略是整个"三农"工作实践大系统中的组成部分，与经济、政治、文化和社会生活紧密相关。下面将重点分析实施乡村振兴战略与经济、国家政策、文化和社会生活的关系。

2.1.1 实施乡村振兴战略与经济

实施乡村振兴战略在农业领域中的核心价值，是可以通过农业生产能给广大农民带来经济上的效益，经济价值是实施乡村振兴战略众多价值的基础。在农业生产实践过程中，实施乡村振兴战略对农业经济的意义重大，具体表现为如下几方面。

第一，实施乡村振兴战略通过帮助农民促进生产力发展。农业新技术是现代农业最直接的生产力，农业技术进步直接地、根本性地推动农业经济发展。实施乡村振兴战略虽然不能等同于农业生产，但却可以促进农业生产水平提高。马克思和恩格斯在《资本论》中说："劳动生产力是由多种情况决定的，其中包括：工人的平均熟练程度、科学的发展水平和它在工艺上应用的程度，生产过程的社会结合，生产资料的规模和效能，以及自然条件。"马克思和恩格斯这段话强调科学是生产力，同时论述了科学在工艺上的应用程度，说明技术对劳动生产力的意义，而且推广普及新技术也会对生产力起到促进作用。因此，实施乡村振兴战略可以推动生产，是现代农业经济水平全领域提高的基石。

第二，在农业经济增长中实施乡村振兴战略作用巨大。在现代社会，科学技术是第一生产力。实施乡村振兴战略所推广的内容是作为农业领域第一生产力的农业科学技术。邓小平同志1988年在同捷克斯洛伐克总统胡萨克谈话时指出："马克思说过，科学技术是生产力，事实证明这话讲得很对。依我看，科学技术是第一生产力。"在邓小平同志提出这一新的理论观点前，马克思主义文献中没有科学技术是第一生产力的提法，只有科学技术是生产力的提法。20世纪80年代的社会主义中国，中心任务是发展经济，必须充分重视科学技术的第一生产力作用和地位。21世纪的社会主义中国，农业领域的中心任务是解决"三农"问题，发展农村经济；发展农村经济就要提高农业生产技术水平，提高农业生产技术水平必须大力开展实施乡村振兴战略。影响农业经济增长的因素甚多，自然资源的条件、气候、土壤状况、国际政治关系、国内农业政策乃至意料不到的"偶然机遇"，都会影响农业经济发展，但普遍的、经常起作用的国家影响因素则可归之于劳动投入、固定资金投入和农业科学技术的大规模使用三个方面。乡村振兴战略工作中，实施新技术虽然只是一种手段，却起到了把新技术向最不容易推广区域进行传播、普及的作用。

第三，实施乡村振兴战略的内容是促进农村地区农业生产水平提高的重要手段。马克思说过，"各种经济时代的区别，不在于生产什么，而在于怎样生产，用什么劳动资料生产。劳动资料不仅是人类劳动力发展的测量器，而且是劳动借以进行的社会关系的指示器。"我们要发展社会主义农业，并且是在工业化时代、信息时代发展社会主义农业。我国正处于社会主义的初级阶段，社会主义农业又应是向工业社会、信息社会发展的农业形式。大多数农民的收入不高并不是自己不勤劳，而是农业生产水平不高，实施乡村振兴战略可以通过新技术提高农业生产水平、改变落后地区面貌，促进农村全面发展。

在分析实施乡村振兴战略对农业经济作用的同时，还有必要探讨农业经济对实施乡村振兴战略和农业生产技术活动的一些作用。

第一，实施乡村振兴战略工作和农业生产技术的发展需要生产力。科学技术是生产力，科学技术是第一生产力。在实施乡村振兴战略工作中，不论是农业生产技术的发展，还是实施乡村振兴战略工作的全面展开，都不可避免地需要依靠生产力，这两项工作只有在得到生产支持的前提下，才能够发展。实施乡村振兴战略工作和农业生产技术对农业经济的贡献，以及农业经济对实施乡村振兴战略工作和农业生产技术的支持是相辅相成的，农业经济和农业生产决策者投资于农业技术研发和推广，给予资金支持，农业技术普及和实施乡村振兴战略工作才能回报于农业经济和农业生产。

第二，市场决定农业技术的命运。一种技术特别是新技术，是可能激发或创造社会需求和新的使用者的，并因为能满足用户的需求即市场需求而使该技术被普遍采用推广。然而，并不是所有的新技术或先进技术都会自然而然地、自主地进入市场，那些被市场接纳、认同或赏识的技术就难以得到支持，事倍功半乃至劳而无功。技术研究成果不同于科学研究成果，主要表现是它不以观念或知识形态存在，而是表现和凝结于实物或生产方法之中，而且在通常条件下是存在于商品中，消费者在市场上购买某种产品的同时就认可该项产品相关的技术。同理，某种商品在市场滞销，也可以说与之相关的技术并没有被消费者充分接纳。实施乡村振兴战略工作涉及的一些高新技术是需要通过在技术市场上花钱购买获得的，或者技术拥有者要在农业生产体系中占据应有的收益份额。因此，需要强调农业技术和实施乡村振兴战略工作者要适应或顺应市场需求，要具备经济意识和市场观念，而不能只关注于技术的自主性和先进性。需要强调技术创新要以企业为主体，以市场为导向，以经济效益为目标。同时，农业又是关乎国家命运的大事，一些适度超前的技术也需要进入农业领域，这就需要国家补贴农业生产者（农民）资金购买农业新技术和新产品。这里涉及实施乡村振兴战略工作中的政府导向（或计划调控）与市场导向的关系问题。以政府为主导进行的科学技术活动也是其不足，比较典型的表现就是在相当程度上影响科技与经济、科技与产业的密切结合，美国《科学》杂志主编布尔逊说过一段有争议又引人思索的话："一旦在大学开展研究的人能任意地从政府手中获得资金，当然就会产生一种完全没有必要与产业界打交道的心情，所以政府提供大量资金，会使大学脱离产业界甚至会把两者的接触减少到最小限度。"从这个意义上说，实施乡村振兴战略工作就更需要与农业生产实际相结合。因此，许多农林高校都提出一些与地区农业生产相结合的理念，比如，北京农学院就根据该校的实际提出"把毕业论文和课程设计写在京郊大地上"的宣传口号，值得在乡村振兴工作中借鉴。

  第三，经济的竞争与协同都能促进实施乡村振兴战略工作发展。首先，农业经济领域的竞争是通过多种方式进行的，率先使用先进农业技术是竞争的最有力武器，自由竞争有利于农业新技术的产生和应用，而垄断和垄断性的部门则会对技术和服务的改善持消极态度，乃至把新技术搁置不用。列宁曾经指出："我们已经看到，帝国主义最深厚的经济基础就是垄断。这是资本主义的垄断，也就是说，这种垄断是从资本主义生长起来并且处在资本主义、商品生产和竞争的一般环境里，同这种一般环境始终有无法解决的矛盾。尽管如此，这种垄断还是同任何垄断一样，必然产生停滞和腐朽的趋向。新技术在一定程度上消失了；其次在经济上有可能人为地阻碍技术进步。例如，美国有个姓欧文斯的发明了一种能引起制瓶业革命的制瓶机。德国制瓶工厂主的卡特尔购买了欧文斯的发明专利，可是却把这个发明束之高阁，阻碍它的应用。当然，在资本主义制度下，垄断绝不能完全地、长久地排除世界市场上的竞争（这也是超帝国主义论荒谬的原因之一）。用改良技术的办法可能降低生产费用和提高利润，这种可能性当然是促进着各种变化的。"在农业经济领域的协同、协作和联合也是农业技术发展的动力。实施乡村振兴战略工作就是充分发挥农业生产实践领域的协同、协作和联合的作用；产、学、研联合是研发和推广使用农业新技术的关键，也是农业发展和促进乡村振兴工作的基础。

2.1.2 实施乡村振兴战略与社会生活

农业技术的科学价值、经济价值、政治价值、军事价值、文化价值、生态价值，都属于农业技术社会价值的范畴。实施乡村振兴战略是实现农业技术社会价值的有效手段之一。下面重点分析实施乡村振兴战略在改变人们的社会关系、提高社会生活质量和丰富人们的日常生活等方面所起的作用。实施乡村振兴战略工作对社会发展的主要贡献是在经济方面，通过农业技术创新实现农业技术的提升，依托实施乡村振兴战略工作扩大农业技术的应用范畴，提高农业的生产水平，实现广大农民增收致富，为全社会的经济振兴和繁荣奠定坚实的物质基础。

经济的发展还会为各项社会事业（如文化教育、生态环境）提供可靠的基础和充分的条件。但是，就像一个人有许多钱未必就幸福，一个社会有较高的经济发展速度和经济水平，其居民未必就有较高的生活质量。在现实中，全社会总产值或国民总收入与多数居民群众实际受益之间，可能有相当大的差距。20 世纪六七十年代以来，国外的一些学者开展了有关"社会生活质量指标体系"的研究，提出了不少有启发性的见解，20 世纪 80 年代以来，国内一些学者也开展了这方面的研究，给出了一个综合评价社会生活质量的指标，认为社会生活质量的优劣取决于：

a——人均国民收入；

b——就业率；

c——义务教育普及率；

d——平均寿命；

e——人均住房面积；

f——劳动休息时间比；
g——环境绿化率；
h——人口增长率；
i——犯罪率；
j——物价增长率。

基于此，认为社会生活质量的综合评价指数 P 可按下面公式评价：
$$P=a \cdot b \cdot c \cdot d \cdot e \cdot f \cdot g / (h \cdot i \cdot j)$$

根据上述公式，社会生活质量的水平与作为分子的诸因素成正比，与作为分母的诸因素成反比。尽管公式的提出者认为它未必能充分反映问题的本质，公式中诸因素的权重还有待细化，但却为我们研究实施乡村振兴战略与社会生活提供质的参考。

在"三农"领域中，有关社会生活质量的指标并不都与农业技术发展、农业技术应用紧密相关，并不都可以靠农业技术来解决。例如，降低犯罪率和保障社会秩序就基本上不是农业技术能解决的问题，解决上述问题的主要手段是强化社会精神文明特别是思想道德建设，与农业技术基本无关，但却可以归入农村区域发展问题；"三农"领域工作有其特殊性，在乡村振兴工作领域，更要分析农村的实际特点，结合农村区域发展的现状与目标提出解决对策，而不能完全简单照搬其他领域的经验。

非农领域技术的发明和应用也对"三农"领域社会关系变化起到作用。例如，内燃机技术对消除工农、城乡的对立有头等重要的意义。内燃机由于其灵活、机动、自成体系并有较高效率，适用于装备耕作、播种和收获的农业机械，拖拉机是实现农业生产机械化和现代化的头号功臣，也是消除农业与工业对立的最强有力的工具。不仅如此，内燃机技术极大地推动了交通运输的发展。内燃机以及由它装备的汽车、飞机，对交通运输现代化和整个社会现代化所起的作用十分巨大。汽车对消除城乡差别具有很大意义，尤其是在今天已有不少城市居民迁往郊外或农村居住，用汽车作为交通工具到城里上班；而很多愿意参与乡村振兴的有识之士，也可以开车去农村助力乡村振兴。现代农业新技术的推广应用有助于减轻农业领域劳动强度，解放大量的劳动力，这些劳动力进入城市，充实了第二产业和第三产业，促进工业和服务业的发展，提高农民收入的同时也拓宽了乡村振兴工作的思路。农业领域劳动强度降低也使得一些由男性承担的工作可以由女性承担。人们曾经自觉或不自觉地认为，工农、城乡、体脑之间的差别和对立是从属于阶级划分的，并只有随着阶级的消灭而消除。虽然上述差别与阶级矛盾相关，但其形成和消除还是与生产力和技术发展关系更大，实施乡村振兴战略工作也可以通过技术推广解决"三农"领域的一些问题，减少工农、城乡、体脑之间的差别就是一个明证。

社会借助于规划、政策（决策）和管理等手段对包括实施乡村振兴战略工作在内的技术活动实施影响。有些学者认为："社会技术是形成、调整或重组社会（或社会中某个组织）的社会关系，以合理地达到某个社会目的的方法或手段。这里'合理地'包括'有效地'和'公正地'。"是否存在社会技术在学术界尚存争议，但是，没有争议的是在社会领域的各种方法可以影响技术活动，实施乡村振兴战略工作也不例外。

2.1.3 国家扶持与实施乡村振兴战略

农业技术本身是非阶级性、非政治性的，但包括农业技术在内的所有技术都会受到国家的关注，政府对各种技术的干预、控制和投入已远超出了给予艺术和文化教育的待遇。实施乡村振兴战略作为农业技术的传播形式，会受到国家扶持。为什么国家要扶持实施乡村振兴战略工作和怎样干预实施乡村振兴战略工作，实施乡村振兴战略工作为什么需要国家的扶持，实施乡村振兴战略工作作为国家的事业有什么社会历史意义，以及国家扶持实施乡村振兴战略工作过程的限度和条件，这些问题都是值得反思的话题。

首先，包括实施乡村振兴战略在内的农业工作都需要国家的扶持。前文分析过实施乡村振兴战略工作需要市场经济。市场导向是需要计算成本、利润等因素，在工业领域以企业为主体的，市场导向的研究开发的重要标志是由企业部门提供技术开发经费，在许多国家的 R&D（研究与开发）总经费中企业提供的比例很大甚至是主要来源。20 世纪 80 年代，在日本、德国和"亚洲四强"等国家和地区，源于企业部门的经费占其研究开发总经费的 60% 以上，只有不足 40% 源于政府部门的投入。但是，并非所有的工程、产品和服务及其相关技术都需要计算成本和利润，也并非所有的社会经济活动及其相关技术都需要并可能以企业为主体。公共设施建设、军事领域、巨型项目（航天领域等）是应当并且只能由政府主导来承担、组织实施的。世界上有不少国家，出于不同原因（或经济不发达，或军事任务重，或计划调控比例大等），政府部门投入是其国家的研究开发总经费的主要来源。在 20 世纪 80 年代，美国、苏联、法国、意大利、印度、巴西和中国的 R&D 总经费，来自政府部门的均占第一位，超过了企业来源。

农业生产与工业生产、服务业有很多不同。例如，三者在产业发展历程中所需的生产资料——土地，工业生产的土地主要是用于建设厂房，属于一次性建设，不需要考虑重复使用的可持续问题；服务业可以依托互联网、电子商务等手段，甚至在家办公，土地资源的作用进一步降低；而农业生产则无法绕开土地问题，如何使用土地，包括处理好土地和环境的关系，不仅仅是农业从业者个人的事情。近年来，哈尔滨冬季的雾霾天气的主要原因是农民焚烧秸秆，市场对这种行为的约束力非常有限，要解决农业领域类似的棘手问题，都需要国家干预。其实，以市场为主导进行的实施乡村振兴战略工作有比较明显的缺陷和弱点，实施乡村振兴战略工作的发展需要有政府干预。实施乡村振兴战略工作涉及农业技术的发展和应用，非常需要政府的扶持。

市场导向的农业科学技术必须受到国家法律的制约，还要受到政府政策的宏观调控。包括中国在内一些国家的农业科学技术发展不可能仅仅依靠自己的力量，还需要实行技术引进，技术引进的范围和措施就不能都由生产者自主，而要受到政府约束，否则"基因污染""外来物种侵略"都会接踵而至。农业科学技术研究和实施乡村振兴战略工作所需的人才，尤其是高级人才，是不可能只靠农业生产企业部门自身来培养训练的，也要依靠私立学校造就；近期关于蓝翔技校的一系列故事正说明即便是技能型人才的培养，国家也应当适当管控；农业高级人才培养需要有政府行为和国家教育。在世界各国都有国立的理工科大学，美国国会通过的《土地赠予法》（规定各州把出卖土地得到的钱用于建立农业专业学院），对技术教育有深远的影响。在社会主义市场经济条件下，国家对农业科学技术领域的支持更有特点，有政府主持的发明奖、科技进步奖，同时，农业的技术创新和实施乡村振兴战略工作也是政府倡导、扶植下进行的。

其次，国家扶持农业事业有重要的社会意义。国家的扶持，对农业科学技术研究和实施乡村振兴战略工作本身的发展和进步有重大的作用。一项新的、特别是开创性强的农业科学技术项目在起步时，需要相当的资金投入，但无效益产出或难以预计产出，虽然会有个别企业家愿承担风险资助，但取得政府支持通常是必选途径，政府投入更多考虑长远价值。

正确评价国家调控对实施乡村振兴战略工作所需技术进步的作用，有助于全面理解实施乡村振兴战略工作的政府导向与市场导向的关系。产业技术的发展和应用一般是以市场为导向的，尤其是在工业领域；而主要依靠政府指令来进行的技术创新和技术改造，脱离市场的指挥棒，往往陷入技术虽新，但产品无销路、经济少效益和技术再萎缩的困境。然而，如果仅仅只强调科技与市场的结合，忽视了政府的调控，农业生产领域基础研究就发育不起来，农业产业技术的发展也会处于无序状态。国家调控农业科学技术领域，是农业科技活动社会化的标志，而且，这种社会化正在随着实施乡村振兴战略工作的发展扩大和强化。

最后，国家对实施乡村振兴战略工作的支持是有限度和有条件的。实施乡村振兴战略工作需要政府支持。农业生产看起来不会涉及国家生死存亡的大事，但却是国家稳定的关键。虽然农业工作十分重要，但是，对实施乡村振兴战略工作国家也不能完全包办到底，这样就会进一步强化农民"等、靠、要"的思想和习惯。在实施乡村振兴战略工作领域，把握农业工作发展规律十分重要，必须加强前述的方法论的指导。农业工作预测常常会不准确，工作评估常常会不全面，需要从理论观点上总结经验，这样才能保证实施乡村振兴战略工作可持续发展。

2.1.4 实施乡村振兴战略与文化

实施乡村振兴战略工作与文化密切相关。可以从三个角度分析：一是研究"实施乡村振兴战略工作是文化"；二是研究"实施乡村振兴战略工作的文化"；三是研究"实施乡村振兴战略工作与文化"。

一方面，实施乡村振兴战略工作作为文化手段的研究有很重要的意义，尤其应当充分评价实施乡村振兴战略工作在农业领域的文化功能。观念形态、知识形态的文化离不开信息，可以说信息传播是名副其实的文化技术传播，实施乡村振兴战略工作就是通过传播农业科学技术来实现农民增收致富丰富农业文化。文化从来是与文字相关的，文化成果和文化传播必须要有书刊，文盲几乎可以认作是没有文化的同义词，阅读能力低也就是文化程度低，在当今阅读能力仍是文化的基础。然而，广播、电视却为人们打开了图像文化和语言文化的新天地；广播成为目不识丁者也可利用的文化手段，电视更是专家和文盲共赏的声像技术，广播电视是平民文化的新阵地，也是实施乡村振兴战略工作中传播知识和技术的舞台。

另一方面，人们长期在某种产业部门从事某种产业技术的活动，会自觉不自觉地形成和积淀相关的职业习惯、思维方式和心理观念。这些观念会逐步形成某种意识，这种意识作为心理习惯潜存着，缺乏理论化、系统化。长期在传统农业部门中以手工工具进行劳作形成的观念、习俗和行为规范，有别于长期在近代大工业中用机器劳作形成的理解、感受和心理。实施乡村振兴战略工作不能也无法回避农业生产领域长期形成的意识，不仅如此，还要认真加以研究。农业生产意识大致有以下几个特点：第一，由于传统农业带有明显的个体性，一家一户成为农业生产最基本的经济单位和技术活动单位，相应地有小而全和"万事不求人"的习惯，协作意识不强烈；第二，传统农业注重经验技能，多数农民认同熟能生巧和"一回生二回熟"的观念，科学素养不高，科技意识不强烈；第三，传统农业在很大程度上靠瑞雪、喜雨、风调雨顺，讲求"天时地利"，创造意识不强烈；第四，传统农业的手工劳动要求心灵手巧，独具匠心，推崇才艺出众，"一招鲜走遍天"，容许各有所好，各显其能，标准化、通用化、系列化意识不强烈；第五，传统农业主要关心丰产丰收、丰衣足食，最怕歉收，多有丰足意识，乃至以量胜质，"有胜于无"，质量意识不强烈；第六，传统农业在使用工具时除某些刀具需先磨几下再用，锄锹钳锤等手工工具，乃至牛马畜力，都可以拿过来就用，直至损坏或实在无法役使再换，相应的有"小车不倒只管推""新三年，旧三年，缝缝补补又三年"等观念，保养维护意识、适时更新意识不强烈；第七，传统的农业是自然经济，自给自足，崇尚与人无争，"酒香不怕巷子深"，竞争意识不强烈。开展实施乡村振兴战略工作必须关注上述文化现象，从改变农民习惯入手，才能做到事半功倍。

实施乡村振兴战略工作推动着相关领域的文化变革，文化也会反作用或者说制约实施乡村振兴战略工作的开展。文化对实施乡村振兴战略工作发展的制约表现于诸多的方面，制度文化、物质文化、观念文化对实施乡村振兴战略工作都有重要影响，在观念文化中，科学文化、意识形态文化（如艺术、伦理）与社会心理习惯对实施乡村振兴战略工作的作用也各有不同。在具体分析文化对实施乡村振兴战略工作发展的制约时需要关注如下问题。

首先，需要界定文化对实施乡村振兴战略工作影响的尺度。传统农业、农村文化对实施乡村振兴战略工作影响是客观存在的，但是绝不能所有的问题都推到这个问题上，更不能实施乡村振兴战略工作开展得不顺利就认为农民素质低、小农意识作怪，这样是做不好实施乡村振兴战略工作的。

其次，从观念文化角度看，对实施乡村振兴战略工作领域影响最大的是相关人员对于农业技术、农业生产活动、农业职业的认同程度，关于农业技术价值的社会心理和习俗观念，简称为农业技术价值意识、价值观。在中国的历史文化传统中，有对一技之长的师傅尤为尊重，也有"家财万贯不如薄技在身"的警言，但长期占支配地位思想的则是读书为官，劳心（读书）而不劳力（实践）。《天工开物》的作者宋应星在书中自序："丐大业文人，弃掷案头！此书与功名进取毫不相关也。"虽然，目前市场上出售的

《天工开物》都删掉了这篇带着当时特征序言；但是，必须提醒高校派出的参与乡村振兴的工作者防止述而不作、不重视调研的倾向，导致乡村振兴工作脱离实际。

再次，对实施乡村振兴战略工作的影响较直接和密切的观念文化，是前文提到的固有观念。它产生于长期在某种产业从事其特定的生产实践活动，反映和适应这种产业特点。实施乡村振兴战略工作用新的农业技术取代已有农业技术时，原来的观念就会对新农业技术的发展起阻碍作用，对农业新技术的应用有消极影响。传统农业有关的心理习惯，就难以符合实施乡村振兴战略工作的要求。中国在历史上长期处于农业社会，国家重丰歉、重经验技艺的观念根深蒂固，需要树立起质量意识、标准化意识、科技意识。从重丰足到重质量、从重技艺到重标准、从重经验到重科技、从重天命到重创新，是一项艰巨的任务，也是实施乡村振兴战略工作无法回避的命题。

最后，伦理观念对实施乡村振兴战略工作也存在重要影响。社会意识形态观念，政治思想、哲学思想、宗教信仰、伦理规范、审美情趣等，都可能影响实施乡村振兴战略工作。这里只重点探讨实施乡村振兴战略工作者的伦理观念对其工作的影响。实施乡村振兴战略工作的开展需要有人的知识、人的才能，以及人的热情、动力、积极性。社会对实施乡村振兴战略工作主体要有激励、支持，实施乡村振兴战略工作人员要有恰当的自我定位，都离不开伦理观念。实施乡村振兴战略活动中，也是大力提倡奉献精神的，实施乡村振兴战略工作者的爱国主义精神、社会责任感和为大众服务的意识，是他们从事实施乡村振兴战略工作的动力。

2.2 实施乡村振兴战略的理论创新与典型案例

党的十九大报告中首次提出的"实施乡村振兴战略"，是习近平总书记代表党中央结合新时期"三农"工作实际提出的战略思想。因此，在时代背景下理解实施乡村振兴战略理念，对做好乡村振兴工作意义重大。

2.2.1 实施乡村振兴战略与马克思主义哲学时代化

中国的现代化建设和中国的改革开放是同步的，正是改革开放促使中国科学地走上了现代化的轨道。中国的现代化建设最初提出了"三步走"的目标：第一步从1981年到1990年国民生产总值翻一番，解决人民的温饱问题；第二步从1991年到20世纪末，国民生产总值再翻一番，人民生活达到小康水平；第三步到 21 世纪中叶，人均国民生产总值达到中等发达国家水平，人民生活比较富裕，基本实现现代化。

党的十九大报告指出："改革开放之后，我们党对我国社会主义现代化建设做出战略安排，提出'三步走'战略目标。解决人民温饱问题、人民生活总体上达到小康水平这两个目标已提前实现。在这个基础上，我们党提出，到建党一百年时建成经济更加发展、民主更加健全、科教更加进步、文化更加繁荣、社会更加和谐、人民生活更加殷实的小康社会，然后再奋斗三十年，到新中国成立一百年时，基本实现现代化，把我国建成社会主义现代化国家。"

要实现党的十九大报告提出的从 2020 年到 21 世纪中叶的两个阶段的目标，农村发展问题是全面建成小康社会的基础和关键。

实践是现实的人的生存方式。人所处的历史时代不同，实践的水平和具体方式也不一样。在一定意义上，我们可以从实践的不同水平、不同方式和不同特点来区分不同时代的人。我们研究当代人类的现实生活，应该突出研究当代人的实践方式。按照马克思的观点，实践可以分为三个领域：物质生产实践、交往实践和精神生产实践。物质生产实践的当代形态是知识经济，交往实践的当代形态是全球化，精神生产实践在当代已经成为先导性的实践方式，它是当代物质生产实践和交往实践的灵魂，不仅为它们提供源源不断的精神资源，而且引领着整个社会的发展方向。

中国作为一个有着悠久文化历史实事求是的大国，应该选择主动、积极而又独立的态度来直面当代人类的现实，成功地进行经济和社会转型，迎接知识经济和全球化的到来。同时为了实现中国的现代化，中国也应该充分地了解自己的现实。实施乡村振兴战略工作也必须依托这一现实展开。

一方面，我国属于明显的后发型社会，国内经济发展不平衡，是典型的三元经济。中国在 1840 年前是一个封建的农业国家，近代以来的民族危机促使其迅速成为一个社会主义国家。在中华人民共和国成立初期，我国就试图赶上世界的先进脚步，开始建立自己独立的工业体系。尽管政治上的错误给我们在经济建设带来了一些损失，但是这一时期的实践基本上改变了以往单一的农业经济格局，形成了农业经济和工业经济并存的二元经济。随着世界范围内工业化和现代化的深化，知识经济以批判的姿态出现在人们的视野中，并日益显示了优越性。中国在改革开放后也逐渐地接受了知识经济的理念，并积极地予以实践。于是在中国的经济结构中，农业经济、工业经济和知识经济并存的三元经济格局形成。在三元经济格局中，农业是基础，只有农村全面发展，才会有全社会的全面发展，这也是近年来中央一号文件都是关于农村、农业发展问题的原因之一。实施乡村振兴战略就是要解决农村最发展问题，也是在三元经济格局下，建设和谐社会的关键。

另一方面，中国的思想文化土壤也需要改造。社会思想文化土壤是一个民族的精神特质和文化氛围，对于一个民族的发展具有关键性的作用。中国传统文化以儒学为核心。易杰雄指出：以儒学为核心的中国传统文化有很多积极的因素，但是也包含着严重影响社会发展的消极因素。孟子说："尽其心者，知其性也。知其性，则知天矣。"意思是人的身心是顺应自然的，认识了心，也就知道了天，知道了自然，从而达到"天人合一"。这种直指人心的认识论，窒息了中国科学思想，也导致了中国重"善"不重"真"的价值取向，使中华民族难以创新和发展。近代以来，中国的先进分子引进了西方的各种先进思想，中国人民最终在五四运动后选择了马克思主义，并通过实事求是的灵活运用挽救了民族的危机，并给中国的建设带来了一片生机。但是中国的思想文化土壤的改造工作不可能因此而一劳永逸。我们不能复古，但是也不能做历史虚无主义者，如何处理马克思主义、西方其他先进文化与中国传统文化的关系，如何避免马克思主义的僵化和政治化，都是我们必须解决的问题。实施乡村振兴战略的关键是坚持马克思主义的指导地位，同时注重马克思主义的中国化，吸收中国的传统文化的产物。

马克思主义哲学兼具科学性和人文性，它所实现的哲学革命得到世界的广泛认同。在中国，马克思主义哲学成为国家哲学，对中国革命和建设具有重要的指导意义。由于中国文化的特殊性和时代的变化，马克思主义哲学需要因地制宜和与时俱进。以往中国理论界和政治界对于马克思主义中国化和大众化探讨很多，取得了一系列的理论成果。

随着中国社会的发展，时代化也成为重要的前沿问题，并和中国化、大众化结合为一个整体。如何实现马克思主义哲学的时代化？我们认为马克思主义哲学是一个整体，马克思主义哲学的时代化是整体的时代化。在马克思主义哲学的历史上，实践范畴的科学解释是马克思实现哲学革命的基石。因此，在这个整体中，我们必须以实践理论的时代化作为突破口，才能找到马克思主义哲学指导当代实施乡村振兴战略工作的正确方向和路径。

马克思主义哲学的时代化和马克思主义哲学的现代性是相关问题，两者的共同根基都是马克思主义哲学的实践理论，马克思主义哲学必须立足于当代人类生活世界和实践方式。根据全面生产实践的视角，按照人的生存领域和活动层次的不同，实践分为物质生产实践、社会关系生产实践（交往实践)和精神生产实践。

全面生产实践的视角历史悠久,主要分为三个时期:西方哲学史初期道德实践的统治,西方哲学史中期认识论中的实践,马克思哲学中实践意义的科学显现。早在古希腊时期,亚里士多德就确立了这个视角,他在《尼各马可伦理学》中,把人类活动区分为三类:第一类是指生产活动,它的目的在自身之外,在于行为的结果,即得到产品,而不在于行为本身;第二类是指人类的道德伦理活动,它以追求自身的完美为目的,包含目的与自身;第三类是指理论思辨活动,它也以自身的活动为目的,但是它所要把握的是永恒的原理,而不是生产活动和道德伦理活动所面对的变动不居的事物。亚里士多德还对此做出评价:实践活动是以自身为目的的活动,生产活动不是人的真正活动,而是一种奴性的生活,只有完全合乎德性的道德伦理生活才是真正属于人的生活,理论思辨活动以把握永恒普遍的真理为目的,因此是最高的实践活动。

亚里士多德对于人类实践活动的分析和评价对后世影响是深远的,甚至到了近代认识论哲学阶段的集大成者康德那里,基本情况也是类似的。在康德看来,人类从事着两类完全不同的活动:一类按照自然的规律,是认识和改造自然的活动,包括生产活动;另一类按照自由的规律,是人们之间的道德伦理活动。而这两个领域都接受理论活动的关照。康德的实践理论具有近代认识论哲学注重分析的特点,表达了理论成果与生产和交往的密切关系,具有丰碑性的意义。但是他的理论也表现出明显的缺陷:第一,他割裂了人类实践活动的统一性;第二,与亚里士多德的判断标准类似,他认为只有道德伦理活动才是实践活动,生产活动不是实践活动,它附属于理论活动,只是理论认识在实际中的应用;第三,即使对于人的道德伦理活动也是从"纯粹实践理性"出发,而不关心这种实践的具体行为及其客观条件,因而具有思辨的特点。

马克思在经历了早期探索的艰辛之后,终于在《关于费尔巴哈的提纲》中提出了新哲学的宣言:"全部社会生活在本质上是实践的。"这是对于实践一般的总体阐述,确立了现代哲学主客统一的视角。接着在《德意志意识形态》中,实践一般转化为实践特殊,产生了全面生产理论,生产、再生产、人类自身生产、交往和意识活动五个层次的分析,基本上沿袭的还是亚里士多德的视角,但是在评价上产生了革命,确立了物质生产的基础和主导地位。最后在《资本论》中,马克思展开了关于当时资本主义社会实践个别的研究,各种实践活动在资本的逻辑中得到现实的显现。

从这三段历史中我们可以看到无论是亚里士多德和康德所代表的传统哲学，还是马克思所代表的现代哲学，他们以显性方式所体现出来的实践视角是相同的，主要依托生产、交往和精神三个领域探讨问题，哲学的发展和革命源于哲学家捕捉时代发展对于不同领域实践的判断。

实施乡村振兴战略视角带有强烈的时代性，通过对实施乡村振兴战略理念的学习和理解，以及当代社会实施乡村振兴战略实践中成功案例的分析，就可以发现实施乡村振兴战略理念是马克思主义理论与当代中国农村实际相结合的新成果。

实施乡村振兴战略理念的提出是对传统理念的创新，是基于传统的常规"三农"工作实践的新进展。因此，在"三农"领域的物质生产实践、交往实践和精神生产实践中，都存在实施乡村振兴战略实践和常规实践两种不同类型的工作模式。

在人类历史的不同阶段，它们的地位和相互关系存在变化，人类主导实践方式的演变勾勒了人类历史的基本图景。马克思在《1857—1858年经济学手稿》中说："人的依赖性关系（起初完全是自然发生的），是最初的社会形态，在这种社会形态下，人的生产能力只是在狭窄的范围内和孤立的地点上发展着。以物的依赖性为基础的人的独立性，是第二大形态，在这种社会形态下，才形成普遍的社会物质交换，全面的关系，多方面的需要以及全面的能力的体系。建立在个人的全面发展和他们共同的社会生产能力成为他们的社会财富这一基础上的自由个性，是第三个阶段。第二个阶段为第三个阶段创造条件。"按照马克思的历史三形态说，在人对人依赖关系的社会，交往实践和常规实践占有优势；在人对物依赖关系的社会，物质生产实践地位突显，创新实践和常规实践分庭抗礼；在自由人联合体的社会，精神生产实践和创新实践占据主导地位。

人类社会发展的第一个阶段是人对人依赖关系的社会。人和人处在血缘、政治、伦理等各种传统关系之中，对人和人关系的约定和调节成为社会正常运行的重要手段。人的主体性还没有得以展开，缺乏独立性和自由意识，个人依附于他人和社会整体。这种普遍的人类社会特点决定了人们之间的以道德伦理生活为主要内容的交往实践处于主导地位。正如马克思在《德意志意识形态》中所说："每日都在重新生产自己生命的人们开始生产另外一些人，即繁殖。这就是夫妻之间的关系，父母和子女之间的关系，也就是家庭。这种家庭起初是唯一的社会关系，后来，当需要的增长产生了新的社会关系而人口的增多又产生了新的需要的时候，这种家庭便成为从属的关系了……"人类社会第一阶段的生活方式的特点,在原始社会表现为以血缘关系为纽带的群居生活,在奴隶社会和封建社会表现为家天下的事实和等级社会。前面提到的亚里士多德对于全面生产实践三个领域的评价,就是这种生存方式的现实在哲学中的反映。中国传统哲学由于中国文化的早熟在关于人类实践的探讨上更为倾向政治、道德、伦理问题。《大学》中说:"大学之道,在明明德,在亲民,在止于至善。""古之欲明明德于天下者,先治其国。欲治其国者,先齐其家。欲齐其家者,先修其身。欲修其身者,先正其心。欲正其心者,先诚其意。欲诚其意者,先致其知。致知在格物。"这就是著名的"三纲领"和"八条目",也是古代中国人的基本生活原则。

人的依赖关系社会是交往实践的统治和常规实践优势的交集。从前面的历史回顾中我们可以看到,围绕着血缘、政治、道德、伦理的人类交往实践在古代具有优势地位的缘故,正是人类生产能力的低下。古代的革命和战争、王朝的更迭,在一定程度上推进了社会的进步,但实质不过是在重新组合既有的利益关系,没有彻底改变等级制度和人对人之间的依赖关系。

人对物依赖关系的社会主要是指资本主义社会。资本主义社会以人对物的依赖关系为特征,资本的逻辑在于追求财富的最大化。谭培文说:"在古代,利益要服从政治原则,而现代却不同,政治原则要服从利益。""资产阶级在它的不到一百年的阶级统治中所创造的生产力,比过去一切世代创造的全部生产力还要多,还要大。"

物质生产实践的突显在哲学上也表现出来。西方近代哲学是伴随着启蒙运动、科学独立和机器生产展开的,它们都以物质生产和物质利益为核心。但这只是物质生产实践的初步胜利,西方近代哲学的集大成者康德虽然看到理论活动与生产和交往的密切关系,但是仍然坚守道德实践的统治地位。直到作为现代哲学的马克思哲学那里,唯物史观和剩余价值理论才得以显现。

马克思说:"如果说以资本为基础的生产,一方面创造出一个普通的劳动体系,即剩余劳动,创造价值的劳动,那么,另一方面又创造出一个普遍利用自然属性和人的属性的体系,创造出了一个普遍有用性的体系,甚至科学也同人的一切物质的和精神的属性一样,表现为这个普遍有用性体系的体现者,而且再也没有什么东西在这个社会生产和交换的范围之外表现为自在的更高的东西,表现为自为的合理的东西。"资本的逻辑是追求剩余价值,实现利益的最大化,为此它利用一切手段。

自由人的联合体基本上是指共产主义社会。马克思在《哥达纲领批判》

中把共产主义社会划分为两个阶段：第一个阶段是一个过渡阶段，"我们这里所说的是这样的共产主义社会，它不是在它自身基础上已经发展了的，恰好相反，是刚刚从资本主义社会中产生出来的，因此它在各方面，在经济、道德和精神方面都还带着它脱胎出来的那个旧社会的痕迹。"过渡阶段的分配方式是按劳分配。第二个阶段是高级阶段，"在共产主义的高级阶段，在迫使个人奴隶般地服从分工的情形已经消失，从而脑力劳动和体力劳动的对立也随之消失以后；在劳动已经不仅仅是谋生的手段，而且本身成了生活的第一需要之后；在随着个人的全面发展，他们的生产力也增长起来，而集体财富的一切源泉都充分涌流之后，——只有在那个时候，才能完全超出资产阶级权利的狭隘眼界，社会才能在自己的旗帜上写上：各尽所能，按需分配！"

共产主义社会是自由人联合体的社会，它以人的自由全面发展为鲜明特征。而人的自由全面发展不仅需要深厚的物质基础、完善的制度环境，更为重要的是他们精神世界的丰富和完善。丰子义教授说："现代社会的一个基本特征，就是创新成为社会行为，即创新社会化。在远古社会，虽然也有创新，但那是偶然发生的；在农业社会，创新基本上是少数人的个人兴趣和爱好；在现代工业社会特别是知识经济社会，创新不仅是科学家和企业家等的职业工作，而且逐渐成为国家重视和社会参与的事业。"随后资本主义社会晚期发展的深入，资本对物质利益最大化的追求越来越依赖于全社会所有社会成员的智慧，每个人都是可能的或现实的创新主体，并且出现了知识经济这种经济形态，这说明时代的发展开始把精神生产实践推向了领导地位。精神产品不是无源之水，但也不是死水一潭，它完全可以转化为现实的力量，并成为一个社会的核心因素。而人对物的依赖关系社会的一切都为自由人的联合体准备了条件。马克思说共产主义社会将逐渐地消除体力劳动和脑力劳动的对立，意思是说人的自由全面发展意味着每个人都是在一定体力基础上拥有丰富的精神世界的主体，他们有知识、有文化，他们之间只是存在天赋的不同，从事活动领域的区别，但是他们都是具有同等社会地位、具有创造能力的人。因此我们说在共产主义社会精神生产实践是普照的光，创新将取代常规实践获得优势地位，而生活在当下的我们其实已经可以感觉到它们的温度和脚步。

从根源上来说，精神产品是人们在各种实践活动中从客观世界获得的，物质生产实践和交往实践的状况对它具有决定作用。但是正如马克思在《资本论》第一卷中所说："最蹩脚的建筑师从一开始就比最灵巧的蜜蜂高明的地方，是他在用蜂蜡建筑蜂房之前，已经在自己的头脑中把它建成了。"人对客观世界的超越是从观念开始的，观念性的超越先于现实性的超越。精神生产实践和创新存在特殊的关系。

在当代和未来社会，创造性的精神生产将成为普照的光。在普照的光里，物质生产是知识主导的物质生产，交往是彻底打破血缘和地域的全球交往。

马克思主义哲学实践理论双重视角的融合促进了实践理论的发展和时代化，实践理论的发展对马克思主义哲学时代化具有重要启示，指明了其发展的方向和路径。

马克思认为意识有两个发展阶段："意识起初只是对直接的可感知的环境的一种意识，是对处于开始意识到自身的个人以外的其他人和其他物的狭隘联系的一种意识。"这时候人还不能脱离与客观世界的直接关系而相对独立地建构自己的精神世界，因此这时候的精神生产是非常原始的，力量也是微弱的。随着社会的发展，尤其是物质劳动和精神劳动的分离这种真正的分工的出现，真正的精神生产实践才逐渐展开。"从这时候起意识才能现实地想象：它是和现存实践的意识不同的某种东西；它不用想象某种现实的东西就能现实地想象某种东西。从这时候起，意识才能摆脱世界而去构造'纯粹的'理论、神学、哲学、道德等。"

精神生产实践在人类历史上的发展可以分为三个阶段：经验知识积累阶段，理论知识建构阶段，普照的光阶段。

实施乡村振兴战略是异质性、创造性、进取性、风险性和突破性的实践，常规实践是同质性、重复性、保守性、稳定性和保存性的实践。它们都具有两面性，相辅相成，形成"三农"工作的张力。但是单纯从人类超越性的生存方式和社会发展的角度来看，实施乡村振兴战略无疑是全面解决农村问题的本质要求。只有在实施乡村振兴战略中，人才能切实地超越现存，使"三农"工作不断细化，使"三农"工作者与农民的关系不断和谐，使"三农"工作的精神世界不断丰富。但是实施乡村振兴战略是如何实现的呢？前面我们已经提到，观念的超越先于现实的超越，实施乡村振兴战略理念和精神生产实践具有特殊关系，人类意识和精神生产实践的水平决定了人类创新的水平，实施乡村振兴战略理念是"三农"工作领域的理论创新，同时这种理论创新又迅速指导实践。

2.2.2　实施乡村振兴战略与生态文明

习近平总书记依据历史唯物主义原理，站在最广大人民群众的立场上，对生态文明建设的时代意义进行高度概括。他强调"生态环境保护是功在当代、利在千秋的事业""建设生态文明，关系人民福祉，关乎民族未来"。习近平总书记的这些表述揭示了生态文明建设与实现中国梦之间的目标与内容的关系。在此基础上，他2013年7月在给"生态文明贵阳国际论坛2013年年会致贺信"中更是明确指出了"走向生态文明新时代，建设美丽中国，是实现中华民族伟大复兴的中国梦的重要内容"。习近平总书记的上述论断直接表明了生态文明建设与中国梦之间的内在关系，也提出了实施乡村振兴战略工作需要注意的关键问题。要做好实施乡村振兴战略工作，就需要更好地理解习近平总书记重要讲话的理念，响应国家建设生态文明的号召，依托不同地区资源禀赋，在实施乡村振兴战略工作中努力践行"立足实际情况、推进'三农'工作发展、提高生活水平、保持生态环境稳定"的建设理念。同时，"三农"工作者还应该在以下几方面加强学习提高认识。

第一，要认识到生态文明是人类文明的新阶段。生态文明有广义和狭义之分。在广义上，生态文明是继原始渔猎文明、农业文明和工业文明之后的人类文明的第四个阶段；在狭义上，生态文明是当代人类文明发展的一个方面，与经济文明、政治文明、文化文明和社会文明并列。生态文明的产生根源总体来说就是现代性危机。技术理性在带给人类前所未有的巨大生产力和财富的同时，也给人类带来经济危机，进而是生态危机。如果说经济危机威胁的只是人类的生存状态的话，那么生态危机威胁的直接就是人类的生存。随着发达国家晚期资本主义的到来，人们的反思越来越深刻，生态文明理论应运而生。

生态文明直接涉及的是人与自然的关系。从本体论的角度来说，人产生于自然，依赖自然。正如马克思在《1844年经济学哲学手稿》中所说："自然界，就它本身不是人的身体而言，是人的无机的身体，人靠自然界生活。这就是说，自然界是人为了不致死亡而必须与之不断交往的、人的身体"。无论人类今后变得如何强大，自然是人类的母亲都是无法改变的事实，而且人类永远离不开自然，因为我们的创造力仅限于改变物质的形态和营造美妙绝伦的精神世界，但是我们不能从无创造出有。马克思在《哥达纲领批判》中指出："劳动不是一切财富的源泉。自然界同劳动一样也是使用价值（物质财富就是由使用价值构成的）的源泉，劳动本身不过是一种自然力即人的劳动力的表现。"这是生态文明的根本依据。

理解生态文明的关键是实践。马克思在《1844年经济学哲学手稿》中说:"整个所谓世界历史不外是人通人的劳动而诞生的过程,是自然界对人类说来的生成过程。"又说:"社会是人同自然界完成了的本质的统一,是自然界的真正复活,是人的实现了的自然主义和自然界的实现了的人道主义。"这说明实践是人与自然统一的现实形式,在人与自然的关系中,我们既不能坚持主观视角,也不能坚持客观视角,而应该把握实践的视角,即主客观视角的统一,基本公式就是人—实践—自然。在现实生活中实践的内容非常丰富,概括起来主要包括三个领域:物质生产实践、交往实践和精神生产实践。这是从亚里士多德时代就呈现出的现实生活的基本格局和理论成果,也得到了现代思想家马克思的认可,不过马克思的唯物史观强调了物质生产实践的决定作用,以及它们之间的辩证关系。因此生态文明就不仅仅是人与自然的关系,而且包含人与人的关系;不仅包括人与自然和人与人的物质交换,而且包括他们之间的信息交换。

生态文明要求人与自然关系的和谐,而关键是人与人关系的和谐。恩格斯在《自然辩证法》中说:"到目前为止的一切生产方式,都仅仅以取得劳动的最近的、最直接的效益为目的。那些只是在晚些时候才显现出来的、通过逐渐的重复和积累才产生效应的较远的结果,则完全被忽视了……在西欧现今占统治地位的资本主义生产方式中,这一点表现得最为充分。支配着生产和交换的一个个资本家所能关心的,只是他们的行为的最直接的效益。"如果说在人对人依赖关系的古代社会,由于生产力的低下,生态危机既没有呈现也没有被意识到的话,那么到了人对物依赖关系的现代社会,生态危机已经切实地影响到人类的生存,而且在人们心目中逐渐形成共识。在直接处理人与自然关系的物质生产方面,生态文明建设的路径是改变生产方式,建立节约资源、保护环境的可持续发展的知识经济模式。但是生态文明建设不仅仅是技术问题,生态文明的建设的症结是人与人之间的利益关系问题。生态权利具有稀缺性和获益性,经济全球化的资本逻辑与生态文明理念之间存在根本性的矛盾。这个矛盾表现在两个方面:从共时态的角度,富人和穷人、先发国家与后发国家之间存在矛盾;从历时态的角度,当代人和后代人之间存在矛盾。在这些复杂关系中,人与人的关系被物与物的关系所遮蔽,经济危机和生态危机的出现就具有了深层次的必然性。因此人与自然关系的和谐最终取决于人与人关系的协调,人的本位取代物的本位。

生态危机的呈现形态是物质的,生态文明的构建路径是从精神开始的。

生态危机无论直接表现在人与自然的关系上，还是深层次地表现为人与人的关系，都主要是以物质形态存在的，比如气候的改变、环境的污染、资源的匮乏、人与人关系的物化等。但是解决生态危机，建构生态文明需要意识支持和精神动力。生态文明建设需要全社会人们的意识觉醒和身体力行；生态文明建设需要精神生产的创新成果提供动力，在技术和制度上予以保证。

第二，学习并理解生态文明是马克思主义时代化的主题。马克思主义时代化和马克思主义中国化、马克思主义大众化是一个整体。马克思主义中国化，就是马克思主义和中国的理论和实践相结合；马克思主义时代化，就是马克思主义和时代特征和时代任务相结合；马克思主义大众化就是马克思主义与广大人民群众的现实生活相结合。马克思主义时代化包含两个层次的意蕴：一方面，马克思主义时代化是一种中国理论，它必须以中国为本位，以马克思主义中国化为核心，以中国的广大人民群众的现实生活为根本依据；另一方面，马克思主义时代化是一种世界理论，它必须坚持世界视角，明确时代特征和时代任务，把中国的理论和实践同世界联系在一起。据此，我们认为，马克思主义时代化的主题在某种程度上就是生态文明。

从世界视角来看，如今的时代特征仍然是和平与发展，时代的任务就是提高全人类的发展水平，建立各国各地之间的和谐国际秩序。与此对应，当代世界正在面对现代性危机，反思技术理性的弊端成为时代的主题。在这个过程中，出现了相互对立的两大阵营：一派是以法国哲学家利奥塔为代表的后现代主义思潮，他们认为现代性已经走上了末路，我们必须全面解构现代性；另一派以德国哲学家哈贝马斯为代表，他们认为现代性仍然具有正当性，但是需要修复，他的药方是用交往理性弥补技术理性的不足，两者相得益彰。生态文明就是以这种争论为背景逐渐突破重围走入人们的视线的。

南京大学于文杰教授认为："西方生态思想的发展大致可分为三个历史阶段：生态文学、生态伦理学和生态政治学。"18世纪中叶至19世纪70年代，人类经历了第一次技术革命，工业文明基本建立，它给生态带来的变化引发了一些敏感的文学家和艺术家的关注，从而引发生态文学的诞生，标志就是1789年吉尔伯特·怀特以书信体的文学样式写作的《塞耳彭自然史》的发表；19世纪70年代至20世纪40年代，人类社会发生了第二次技术革命，资本主义也经历了自由资本主义向帝国主义的过渡，生态危机空前地暴露出来，文学反思走向了哲学反思，"环境伦理学之父"霍尔姆斯·罗尔斯顿的《哲学走向荒野》具有代表意义，西方现代哲学、马克思和恩格斯的哲学、马克思和恩格斯之后的马克思主义哲学也介入了这个论域，西方生态哲学和生态学马克思主义就此诞生；20世纪40年代之后，第三次技术革命又跟随而来，这股思潮也伴随着政治运动走向深入，蕾切尔·卡逊的《寂静的春天》和罗马俱乐部掀起了一场绵延不断的绿色生态运动，生态文明的发展模式和方向逐渐成为人们的共识。

马克思主义时代化意味着马克思主义必须回应这个时代浪潮。自从20世纪60年代生态学马克思主义诞生以来，西方马克思主义在这个方面已经有了长足的发展，出现了生态马克思主义、生态社会主义和马克思的生态学三种主要形态。他们的主要观点就是用自然异化弥补劳动异化。"第一个方面是在政治经济学的层面上，批判传统马克思主义理论仅仅从交换价值、抽象劳动和资本利润的角度分析资本主义的生产及其危机，主张从资本主义生产条件的破坏方面，即从使用价值、具体劳动、需求和资本的生产条件的视角，研究资本主义的生产及其危机，说明社会主义与资本主义的本质区别，以及资本主义向社会主义转变的可能性和现实性……第二个方面是批判传统马克思主义的历史唯物主义理论，重建马克思主义的生产力和生产关系理论。"中国的马克思主义理论研究也必须在时代化的过程中，建构马克思主义的生态文明理论。中国和世界联系在一起，就意味着中国必须走生态文明的发展道路。因此马克思主义时代化的主题和生态文明是契合的。

从中国视角来看，中国的当代特征是稳定和发展，核心理论和实践是中国特色社会主义，奋斗目标是实现现代化。由此看来，中国视角和世界视角具有相似性，稳定和发展其实就是和平与发展在中国的具体体现。中国的改革开放已经进行了三十多年，从初期发展逐渐走向深入发展。这个过程是中国现代化的过程，也是中国时代化的过程，随着我们现代性的加深，我们越来越深刻地体会到现代性问题，而现代性问题的出路就是生态文明。1989年，邓小平在发展才是硬道理的基础上，根据我国经济快速发展同资源、环境、人口等方面构成的矛盾，提出社会主义的发展必须"能够持续、有后劲"，这是中国反思现代化，进行时代化的启程；1995年，江泽民在党的十四届五中全会上根据世界潮流和中国实践提出"可持续发展"的战略，这是对现代化和时代化与生态文明关系的自觉；2003年，胡锦涛在党的十六届三中全会上提出以人为本、全面协调可持续、统筹兼顾的"科学发展观"，这是中国在现代化和时代化的过程中对生态文明的全面推进；2007年，胡锦涛在党的十七大报告中又吸收世界文明成果，提出"生态文明"的发展模式，说明中国特色社会主义现代化建设进入成熟发展的时期，中国文明和世界文明全面接轨。2013年，习近平总书记在海南考察时强调"保护生态环境就是保护生产力、改善生态环境就是发展生产力"的重要论断。在2013年5月中央政治局集体学习时，习近平总书记再次强调"要正确处理好经济发展同生态环境保护的关系，牢固树立保护生态环境就是保护生产力、改善生态环境就是发展生产力的理念"。之后，习近平总书记在哈萨克斯坦纳扎尔巴耶夫大学回答学生问题时用"金山银山"与"绿水青山"来比拟经济发展与环境保护的关系，他指出："我们既要绿水青山，也要金山银山。宁要绿水青山，不要金山银山，而且绿水青山就是金山银山。我们绝不能以牺牲生态环境为代价换取经济的一时发展。"

从改革开放总设计师邓小平关注可持续性，到习近平总书记系统提出"金山银山"与"绿水青山"形象的比喻，一系列的事实证明中国特色社会主义理论和实践已经走上了生态文明的道路。如果说以往中国的生态文明建设更多地体现在实践层次上，表现为政治决策，那么马克思主义中国化、时代化和大众化的整体提出，就要求我们在理论上进行反思和升华，建构中国的马克思主义的生态文明理论。马克思主义时代化和生态文明具有对应关系，马克思主义时代化必须把生态文明作为主题进行研究。从广义上理解，生态文明是马克思主义时代化的全部内容；从狭义上理解，生态文明是马克思主义时代化需要深刻思考的主题之一，生态文明是其他文明的基础。

第三，学习并理解生态文明是当代中国核心理论与实践的发展路径。生态文明是反思工业文明的成果，马克思主义时代化的主题是生态文明。那么我们如何推进马克思主义的时代化，实现生态文明呢？这是一个重大问题，涉及当代中国核心理论和实践，即中国特色社会主义理论和实践的全局。

前面我们提到，生态文明直接涉及人与自然的关系，但是人与自然和谐关系的现实形式是实践。现实生活中人们的实践内容丰富多彩，因此生态文明就不仅仅是人与自然的关系，而且包含人与人的关系；不仅包括人与自然以及人与人的物质交换，而且包括他们之间的信息交换。从广义上来说，生态文明是普照的光，它要求人类的全部生活都按照生态文明的模式进行建构。具体言之，在物质生产领域，生产方式要符合生态文明的模式，资源消耗少、利用率高，低排放、可循环，低污染、可降解；在交往领域，社会制度要符合生态文明的模式，政党澄明、政府廉洁，社会公平正义、民主法治，解决贫富分化问题，建立和谐的国际秩序；在精神生产领域，精神产品要符合生态文明的要求，不但百花齐放，百家争鸣，而且能够为经济、政治、文化、社会、生态建设提供精神动力和智力支持。实践按照性质不同，可以分为创新实践和常规实践，在实施乡村振兴战略工作中实现生态文明的基本路径是创新实践。

所谓创新实践，是指人们在现实生活中通过研究发现自然、社会和思维现象及其它们之间相互作用的本质和规律，以及运用这种新的认识成果发明新的技术、制定新的制度，创造新的事物和过程的实践活动。创新实践和发展理论息息相关，是社会发展和人的发展的精髓。它在原有的社会结构中注入新鲜元素，改造人类的生产力，革新人们之间的以生产关系为基础的各种社会关系，提高人们的文化水平，丰富人类的精神世界等。对应人类实践的三个领域，创新实践分为三个类型，包括知识创新实践、技术创新实践和制度创新实践。知识创新实践是创新实践的源泉，对应新发现的本质和规律，包括真理知识、善德知识和美感知识等；技术创新实践是创新实践的基础，对应新的技术，包括新的物质材料、物质设备、工艺流程和操作方法等；制度创新实践是创新实践的环境，对应新的制度，包括人们之间在经济交往、政治交往和精神交往各领域的新的组织方式、管理制度和社会制度等。它们彼此互为中介，构成一个整体，共同承载着社会和人的发展。

创新实践包括创新实践主体和创新实践客体两个基本要素，以及主体与客体之间的创新实践中介因素。创新实践主体和创新实践客体通过创新实践中介相互作用，构成创新实践的内部结构。创新实践是一个开放的系统，除了内部要素以外，还与周围的外部环境发生联系，外部因素主要是环境因素，包括文化环境、制度环境和物质基础等，它们共同构成创新实践的外部结构。内部因素和外部因素的划分是相对的，外部因素一旦纳入创新实践过程中，成为创新实践主体或主体的精神因素、创新实践的客体或者创新实践的中介，就成为创新实践的内部因素；内部因素，一旦经过创新实践的过程，成为创新实践的成果，就成为下一个创新实践的内部要素或外部环境。创新实践就是在内部因素的矛盾运动与内部因素和外部因素的交互运动中展开的，它是人的本质力量的集中体现。

创新实践贯穿于人类社会的始终，人类社会和人的自由的每一次或大或小的发展都是创新实践推进的。但是在不同历史阶段，创新实践的地位和特点有所区别。在构建生态文明的背景下，创新实践呈现了后工业社会的特征，创新实践必须以生态文明的理念为指导才具有时代意义。

按照马克思在《1857—1858年经济学手稿》中提出的历史三形态说，在人对人依赖关系的社会，交往实践和常规实践占有优势；在人对物的依赖关系社会，物质生产实践地位突显，创新实践和常规实践分庭抗礼；在自由人联合体的社会，精神生产实践和创新实践占据主导地位。人类主导实践方式的演变勾勒了人类历史的基本图景，我们从中发现创新实践和精神生产实践的特殊关系。创新实践是从观念开始的，观念性的超越先于现实性的超越。精神生产实践越发达，创新实践就越昌明。以生产力为例，古代生产力是手工生产力，创新实践依赖的是经验知识，带有体力劳动的特点，具体表现在生产工具的材料上，依次出现石器、铜器和铁器；近代生产力是机器生产力，精神生产正经历从经验科学向理论科学的过渡，生产工具的结构发生了巨大变化，机器代替了一部分人的体力，具体表现在蒸汽、电力等新能源的出现；现代生产力是信息生产力，创新实践依赖理论科学知识，机器不仅是人类身体的延伸，而且是人类脑力的延伸，在生产力系统中起关键作用的是信息，使机器实现自动化。由此可见，生态文明时代的创新实践必须依托精神生产的革新，开发具有生态文明特征的理念和成果，并应用于具体的物质生产、交往和精神生产。

总之，生态文明是继渔猎文明、农业文明和工业文明之后的第四种人类文明，马克思主义时代化的主题是生态文明，马克思主义时代化和生态文明实现的基本路径是创新实践。

在此基础上进一步学习习近平总书记讲话，能够理解生态文明与农业发展，尤其是乡村振兴的关系。

一直以来，人们认为经济发展与环境保护之间存在悖论，金山银山与绿水青山不能共存。对此，习近平总书记认为经济发展与环境保护能够实现双赢，其本质是相同的，因为"保护生态环境就是保护生产力，绿水青山和金山银山绝不是对立的，关键在人，关键在思路"。通过学习，"三农"工作者应当帮助群众逐步形成共识，深刻认识到保护生态环境就是保护生产力，是与增收致富相辅相成的，有了良好的生态环境才能更好地发展民俗、民宿等休闲产业，这是实现增收致富的重要途径之一。

2.2.3 实施乡村振兴战略的典型案例

只有多方面共同努力才能实施乡村振兴战略的工作目标，北京市在国家开展脱贫攻坚时期，一手帮助协作地区脱贫攻坚，一手开展相对低收入村发展经济，后者虽然有扶贫性质，但是却已经为乡村振兴工作积累了部分经验。下面结合笔者的调研和实践，分析实施乡村振兴战略的典型成功案例。

2.2.3.1 驻村第一书记引领乡村振兴的典型案例

实施乡村振兴战略方式很多，派驻第一书记进村指导工作是最重要的一种模式。下面结合北京农学院李志敏同志的驻村工作进行典型分析。

2 乡村振兴战略的社会作用与时代特征

北京市延庆区大庄科乡黄土梁村，距离延庆城区 40 公里①，驾车行程约 50 分钟。该村环境优美，村可耕种土地仅有 15 亩，留村劳动力人均耕地不足 2 亩，加上位于路之顶端，与外界交通路径单一。黄土梁村共有村民 52 户，包括农业户口 44 户、非农业户数 8 户；人口 114 人。其中，有低收入户 36 户（北京市农村低收入户认定：以家庭为单位，年人均可支配收入低于 11 160 元）、低收入人口 64 人，低保户 2 户，军烈属户 1 户，有 80 岁以上老人 6 人，常年在村里居住的村民 50 多人，多数是老人和患病村民，长期居住村里 45 岁以下成年劳力只有 3 人；全村共有中共党员 15 名，党员年龄最大 85 岁，45 岁以下党员 5 名，长期在外工作党员 6 名；全村中专以上文化程度村民 12 人，全部外出工作，外出求学学生 9 人。在村村民有高中文化 1 人、初中文化 12 人，其他人员小学以下文化程度。

李志敏同志根据该村实际情况，发挥自己在科研处工作熟悉北京农学院科技成果的优势，在派出单位北京农学院和大庄科乡政府的大力支持下，以高新技术与劳动密集产业有机结合为原则，以"创新农业技术精准落地，推进低收入户精准帮扶"为指导思想确立了"大庄科乡黄土梁村金盏菊香草产业化示范推广"项目为乡村经济振兴主体项目。

该项目以金盏菊为主，其他 6 种香草品种为辅试种植取得成功的前提下，引进北京农学院成熟的香草加工与开发技术，以金盏菊浸泡油和玫瑰天竺葵精油为主要成分，研制出"金·玫瑰"皮肤护理油，该产品适用于 12~25 岁人群青春痘的防治；同时，以金盏菊浸泡油残渣和玫瑰天竺葵花水为主要材料，研制出具有养肤功能的手工皂。

按照工作任务目标要求，以项目为中心，驻村书记和大庄科乡黄土梁村"两委"领导班子为纽带，一方面引进北京农学院成熟的技术成果，另一方面联合社会力量并组建合作社以完成产品的市场对接。

2017 年 2 月到 4 月，大庄科乡黄土梁村领导班子组织开展论证，确定发展以金盏菊香草为主，套种葡萄的种植方案；2017 年 5 月开始试种，引进北京市市农委农业生产经营主体提升"菜篮子"工程项目，试种金盏菊、玫瑰天竺葵、薰衣草等 7 种芳香植物；同时，村领导班子考察遴选出未来种植技术带头人进行系统培训；2017 年 8 月，香草试种结束，金盏菊成为主栽品种，帮助未来合作社领头人掌握香草的种植技术与采收加工技术；同时，开始完善相关的基础设施建设和执行组织机构的建设；产品的深加工将

---

① 1 公里＝1 千米，全书同。

进入试用和推广阶段；目前金盏菊晾晒、精油提取、手工皂制作、香草加工及产品展示车间已进入安装阶段。2018年5月，实现全村人员参与金盏菊种植加工，参与种植劳动力50人，达到户均1人以上。

基于上述总体思路，李志敏同志设计了逐步推进的种植方式。第一轮试种，以单一生产户为单位，实地进行了各种备选植物的试种植；第二轮种植，增补两户，分别主栽迷迭香和薰衣草两种香草，在2017年8月完成。第三轮种植，全村参与，村前和村后集中梯田地块种植金盏菊，道路两侧种植其他香草，种植面积达到15亩，完成时间2017年11月到2018年8月。这样，既有利于帮助村民逐步认可项目，又有利于积累经验，控制风险。

该项目产品定位准确。以金盏菊浸泡油和植物精油为原料，采用代加工的方式，生产皮肤护理化妆品为主，金盏菊手工皂为辅，兼营金盏菊香草花茶、香包等物件。上述措施保证了黄土梁村所生产的金盏菊浸泡油和金盏菊手工皂，采取订单的方式进行回收，通过与经销商签订合同，确保销售渠道稳定。

2017年12月，生产40千克金盏菊浸泡料油（未过滤），1 000块金盏菊手工皂；2018年12月，生产400千克金盏菊浸泡料油，10 000块金盏菊手工皂。

2018年，实现全村种植计划。共有18户村民拿出耕地参与种植金盏菊香草，计划种植面积16.9亩，有效种植面积约15亩，分布在45块土地上，参与种植劳动力29人，参与香草加工短期务工人员25人，带动全体低收入户26户村民从事香草种植加工产业，户均增收1.5万元。其中参与种植户人均增收1万元；未参与种植户，有劳力人员，通过参加金盏菊附属品的加工，人均增收5 000元。其他人员，也参与合作社利润分红，分红金额视经营状况而定。

该项目中，种植户与合作社形成契约关系，在确保种植户种植无忧的基础上，壮大村集体经济。合作社参与市场运营。合作社成员为全村村民。合作社所得利润全村分配，并用于村级公益建设，以实现共同富裕。

该项目能够迅速取得成果，帮助农民增收的主要原因来自两方面。

一方面是项目选择准确，体现出因地制宜开展乡村振兴的思路。引领乡村振兴的驻村第一书记有两种类型，一种是某一领域的专家，另一种是熟悉全面情况的专家。两者各有优势，具体技术专家在技术上研究方面造诣高，但是，可能出现自己擅长的技术不适合在进驻村开展的情况，这个时候就可能出现最熟悉的技术"水土不服"的情况。李志敏同志显然属于后者，因为熟悉北京农学院科技成果总体情况，就可以根据具体村实际情况确定项目。因此，在乡村振兴工作中，选择适合开展的项目就十分重要。

另一方面真诚待人，融入村工作，这样才能赢得全体村民的支持，让好项目发挥作用。李志敏同志日常工作的经历恰恰证明了这一点。

面对各种复杂现状，李志敏同志采取不同的手段解决问题。例如，村集体在置换来的土地上修筑新村通水缓冲池，村民反悔不让施工并索要补偿，经村"两委"讨论改变修筑地后，村民还是不依不饶去乡里告状，李志敏同志坚持不卑不亢答复该村民，村委会保留法院起诉要回置换给她集体用地的权利，以震慑不正之风。

乡村振兴工作中的问题不是每一件事都是可以以法律为武器解决的，很多情况下需要以情感沟通作为主要手段。

在推动种植香草项目中，一块适合地块主人是村里拆迁移树"钉子户"，并且是低收入户。李志敏同志当即提出香草种植落地该农户、通过带领其种植香草致富转化其思想和认识态度的设想。不久前，因为在协调村里建房占用他们家果树地时，该村民还和李志敏同志"吵了一架"。

在李志敏同志想选择恰当机会沟通时，这位村民在他开车回家路上打来电话："李书记今天您气着没？老哥今天说话有些急，李书记您别在意！"。

李志敏同志马上把车停在路边，与村民交流："我不生气，还是那句话，我办事'一码是一码'，占您的果树地您维护自己的权利没有错，但是我劝您事情还是往长远想，别就顾忌当前的个人恩怨和既得利益。还有，今天我说话也太急，您那么大年龄啦千万别生气"。

村民回答他："我这么跟您说，李书记，只要您说句话，我不要补偿，立马把树放倒，我支持您！"

李志敏同志讲："老兄，咱俩这就是一辈子的交情啦，以后我离开黄土梁我也得常来看您，城里有什么事您也尽管找我。眼下您种好香草，明年争取在你家扩大到3亩，而且您还得帮我指导其他农户种植。"村民连连说："没问题，没问题。"

在各方面的帮助下，该村民通过他的认真学习和悉心照料，金盏菊、玫瑰天竺葵等6种香草试种成功；用第一批精油原料生产的护肤化妆品已经生产出来，第二轮香草种植育苗工作已经展开。足不出户，一年能收入1.5万元，加上零散用工，一亩地可以给农民带来2万元的收入。

除了香草种植的项目，在李志敏同志的积极努力下，黄土梁村已于2013年启动的新村搬迁工程，2017年取得突破性进展，首先是解决了村里人比作"定时炸弹"的新村占树、占地两大补偿纠纷难题。经过无数次与当事人上门沟通、村"两委"会商以及施工方的积极配合，以8 000元补偿款解决了村民开口就索要20万元的占树补偿问题，以10万元补偿款解决了村民开口就索要100万元外加两套楼房的1.9亩占地补偿问题。目前新村通水、通电、护村坝、河道治理工程已经完工并通过验收，4排共15户新宅小二楼地基梁已经完工。

2.2.3.2 大学生村官创业带动乡村振兴的典型案例

孟炳淋，2013年7月于中央民族大学美术学院油画系本科毕业后通过大学生村官考试，就职于北京市密云区不老屯镇学艺厂村，担任村党支部书记助理，并于2015年12月，通过公推直选的方式，全票入选为村党支部委员。

学艺厂村离县城足有50公里远，距离北京城区140多公里，低收入户占到全村一半以上。孟炳淋在逐步熟悉基础性、日常工作之后，开始思考如何帮助村民做些有意义的事情。一个偶然的机会，他发现了村里天然的蜂蜜、农家散养的土鸡蛋、薄皮香甜的山核桃和新鲜板栗等优质农产品，由于附加值低，再加上交通不便利，销售困难，村民只能靠赶大集或者旅游旺季的时候散卖一些，但价钱低，收入少。

在对密云区、北京城区的超市和农贸市场进行调查，深入村民家了解农产品情况，联系物流公司和产品运输包装设备之后，孟炳淋提出了通过淘宝网络销售平台销售优质农产品的想法，得到村委会领导的支持。2013年8月20日，"不老尚品农家店"在淘宝网上成功上线运营了。

最初，村民对网络销售完全不懂，怕卖不出去拿不到钱，也不愿意先把产品给网店销售。孟炳淋把刚发到手的两个月工资全都取了出来，另外借了1万多元，按高于当时市场10%～15%的价格，一口气从村民家预订了第一批蜂蜜、柴鸡蛋、板栗和核桃。孟炳淋抓住中秋、国庆的销售时机，将单类产品进行搭配，组合成套餐的形式进行优惠促销，套餐推出后，取得良好的效果，迅速打开局面。

面对鸡蛋、蜂蜜在快递运输损坏引起的纠纷，孟炳淋坐村里最早的一班公交，经过4个多小时，将蜂蜜和鸡蛋送到那位顾客家，与客户沟通。在他的努力下，客户慢慢多了起来。网店上线的第一个冬天销售额突破6万元，为村民销售了蜂蜜1 500多千克、鸡蛋500余千克、散养土鸡100余只、核桃750余千克、板栗1 000余千克。看到这些成绩，村民都纷纷把自家的农产品交给网店销售。

基于近两年的互联网市场的培育，孟炳淋筹资20万元于2015年1月注册成立北京不老尚品农业科技有限公司，建立不老屯镇域独特农产品品牌——不老尚品，专注农产品区域电商品牌建设，通过公司+农户+合作社的运营模式，优化品质监控体系，疏通用户体验渠道；优化区域农业结构，带动村民增收致富，实现区域农业创新和可持续发展，提高产品附加值。并充分利用互联网平台，实现淘宝企业店1家，公众服务平台、微商城、第三方平台合作4家，分销代理20家，社区配送点4个，打开区域农产品销售新窗口，2015—2016年度开发独立品牌包装产品20余款，公司累计实现销售额超过300万元，逐步实现区域内近30户农户年增收上万元，覆盖不老屯、高岭2个乡镇的5个行政村。

2016年5月，公司完成密云城区办公室建设，并成功入驻中关村软件园孵化加速器，建立不老尚品品牌推广和网络运营中心，实现公司各岗位人员合理配置，并与园区的北京云宫科技有限公司、北京行知守仁科技有限公司、北京新立方信息科技有限公司达成战略合作。自2016年6月以来，公司取得一定的发展，其中，不老尚品生态巢蜜单品平均月销售额12万元左右，投资试验种植的紫皮大蒜、珍珠黑玉米，获得市场的广泛认可。

同时，他所负责的创业项目——不老尚品农产品区域电商品牌建设，是2015年密云区创新创业十大扶持项目，被评为2015年"国安杯"创客大赛全国前100强，获得2016年"创青春"首都大学生创新创业大赛金奖、2016年"创青春"全国大学生创新创业大赛实践挑战赛金奖、2016年"创青春"全国大学生创新创业大赛电子商务专项赛银奖、北京市大学生优秀创业创团队一等奖等多项国家级、省部级奖项。

3 乡村人才振兴战略及其思想渊源

乡村振兴，人才是魂。人才匮乏，一直是影响和制约农业、农村发展的一大瓶颈。乡村没有人才，再好的政策也难以实施，再好的资源也难以利用。实现乡村振兴，需要开展农业农村人力资本开发，整合社会各类人才资源支持乡村振兴事业。因此，要从与实施乡村人才振兴战略的概念和历史人才思想内涵去进行探究。

3.1 乡村人才振兴基本问题概述

3.1.1 人力、人才、人力资本、人才资源概念辨析

要分析乡村人才振兴的基本问题，就要从对基本概念的理解入手，下面对人力、人才、人力资本、人才资源等几个重要概念进行分析。

3.1.1.1 人力

在翻阅学术文献时，发现一个很有趣的现象，以往关于"人力"的概念界定表述并不是很多。因此，我们大可以先把"人力"两个字拆开，分析一下这个概念。在中国古代汉语中，关于人的论述有："天地之性最贵者也。"随着人类的进步，文化内涵也越来越丰富，作为象形字的"人"在《辞海》中具备了多种具体的定义。在《辞海》中"力"字的含义主要解释为：具有人或动物肌肉收缩或扩张的效能；人体及其器官的能力；各类事物的效能；作为专有名词表食物改变运动状态的作用等四层含义。首先，从性质角度看，"人"指能制造并使用工具从事实践活动的高等动物，因此，"人"也可以指能从事有效劳动的"人手"。其次，"人"可具体指"某一个人"，在表示单独性时，指"某种、某些人"，在表示群体性时具有类别性，可以指成年人。最后，"人"还具有"一般人"与"人才"这样具有不同意义的含义。"力"字在古代汉语中同样是一个象形字，形像农具"耒耜"；因此，"力"字常常可以表示力气、体力等物理性的含义。

在单独对"人"与"力"二字含义进行理解之后，就可以对"人力"一词的概念进行进一步探讨了。首先，在古代汉语中，"人力"一般指人的劳力，孟子曾对梁惠王说："以万乘之国伐万乘之国，五旬而举之，人力不至于此。"其次，"人力"可以指劳动力，从事劳作的人，如北魏郦道元在记叙千金渠修建时人力物力的使用情况时曾这样记述："加边方多事，人力苦少。"最后，"人力"在古代还可以指仆役。随着历史的进程，"人力"概念更加明确，逐步与"人工"一词词义区域相近，指"人力做的工"。明朝时意大利耶稣会来到中国的传教士艾儒略就在《职方外纪》卷之二中写到"西乐编箫……多假人工风力成音。"

在英语中与汉语"人"相对应的"people"一词具有的 5 层含义分别是：作为自然人的男子、妇女和儿童；进行总体性概括，表示一般的人或每个人；具有国民属性，表示所有居住在特定地点或属于特定国家、种族的人；意指专业人士，从事某一特定工作或参与某一特定活动领域的男女；解释为普通民众或人民。英语中与汉语"力"相对应的"power"一词有 10 种定义，具体为：控制人或事物的能力；对一个国家或地区的政治控制；（在人们中）做某事或以特定方式行事的能力或机会；一个人或团体做某事的权利或权威；一个在世界事务中有很大影响力的国家；在特定活动领域的力量或影响；社会中某一特定事物或群体的影响；有效的或对人们的感情或思想有强烈影响的品质；可以收集和用来操作机器的能量，用来发电；一个量要乘以它本身的次数。

在英语中与汉语"人力"相对应的词则有很多，例如"manpower"（人力）、"manual labour"（体力手工劳动）、"labour power"（劳动力）、"the arm of flesh"（人力，人的努力）等，这些词都是在强调人的某种能力。

将中英文中的"人""力""人力"等词对照之后，我们不难发现两者的共同之处在于：一方面，中英文都将"人力"与"机械力""畜力"明确区分开来，表示"人"特有的劳动能力，并界定"人力"大致可以包括体力、智力、知识与技能四方面。另一方面，中英文中"人力"一词的概念既可以包含具有普遍意义的"人类不同类型能力的总和"，也可以包含具有特殊意义的"人身上呈现出来的不同类型的能力"的含义，上述综合普遍性与特殊性的"能力"只能从"人"身上体现出来，并最终被归结为"人力"。

综上所述，我们可以将"人力"定义为：人力是人的劳动能力的总和。这个概念的实体性的表现则是从事劳动的人。

3.1.1.2 人才

人才中的"才"作为名词，是才能或有才能的人的意思。在中国古代典籍《易经》中，天、地、人被称为"三才之道"，这可能是"人才"一词的最早见诸文字。而在《论衡·累害篇》"人才高下"一句中"人才"所表达的意思就是"才能"。在《三国演义》"人才出众"一句中指这个人的外貌十分美、帅。

而在现代的辞书、词典中，人才概念表述更为具体、清晰。在中国，"人才"同"人材"，指有才能的人；还有的词典中"人才"指德才兼备或具有某种专长，并能对社会进步产生积极影响的人。而在英文词典中，"talent""genius"与中文"人才"一词相近，"talent"指做某事的自然能力，也就是天赋，以及有能力把某件事做好的人。"genius"指异于常人的智力、技能与艺术造诣，以及一个异常聪明或有非常高水平技能（特别是在一个领域）的人。

国内学者对于人才研究的典型观点主要有：在《人才学通论》一书中，王通讯、叶忠海、赵恒平与雷卫平等人对人才概念下了定义，综合来看，上述专家学者归结出人才概念的3个关键词：创造性劳动、专业素质、贡献。夏建刚、邹海燕认为人才指"少数具有优越的内在素质，以其创造性的劳动成果做出超常贡献的人"。李维平认为，人才就是"通过学习与实践，以知识与能力的形式，积累了更多的人力资本，能够在同等劳动时间内，创造更多社会价值的劳动者"。张世高将人才概念归纳为"德才兼备、贡献较大"八字。王德劲认为"人才"从内涵层面定义，具有内在素质与能力的优越性、劳动的创造性、贡献或业绩的超常性3个本质特征。从外延层面定义"人才"，主要运用统计学分析视角与理论，将受教育程度作为界定人才的标准。

2010年，国家颁布了中长期人才发展规划纲要，明确界定人才概念："人才是指具有一定的专业知识或专门技能，进行创造性劳动并对社会做出贡献的人，是人力资源中能力和素质较高的劳动者。"

综合上述研究成果，可以给"人才"一个定义：人才是具有专业型技能，能通过创造性活动不断生产社会价值的劳动者。

3.1.1.3 人力资本

要理解人力资本概念，就需要需先研究"资本"的概念。在近现代中国，"资本"最初被指用来生产或经营以求牟利的生产资料和货币。在现代汉语词典中，"资本"具有3层含义，一是指资本家掌握的生产资料和用来雇用工人的货币，二是指经营工商业的本钱，三是比喻做事或牟取利益的凭借。在英国牛津学术词典中，与"资本"相对应的"capital"一词更具有多重含义，主要指：企业或个人拥有的可供投资或用于创业的财富或财产；使用金钱控制社会经济活动的人，被视为一个群体；一种特殊类型的有价值的资源（用于复合词）；作为一个通用术语，用来描述除劳动和土地以外的生产过程中可以使用的任何东西，它通常具有可重复使用的特性（经济学）；一个国家或地区最重要的城镇或城市，通常是中央政府的所在地；大写字母。

西方主流经济学从学术研究角度提出人力资本概念，并进行了系统的分析。比较典型的观点有如下几种。舒尔茨认为人力资本指的是劳动者身上存在着的知识、技术、工作经验、健康和寿命等要素，体现的是个体的技术水平。同时，他也认为人力资本是存在于人身上的一种不可出售与转让的资产。贝克尔认为人力资本概念包含一个人的知识技能与健康以及在所有者不变的前提下转移金融、物质资产的价值两方面。明塞尔在其相关著作中将"人力资本"术语与"技能""劳动质量"等词互换使用，认为人力资本的通用含义是"积累的技能"，更进一步说是"积累的人类工作能力"。经济合作与发展组织（OECD）也对人力资本下了定义，认为人力资本是一种个人所拥有的能创造出个人、社会与经济福祉的凭借，具体表现为个人的知识、技能、能力与素质。

国内学术界在研究西方人力资本概念基础上，也对人力资本概念做出了一些的解释。李建民总体上将人力资本定性为一种工具或手段，认为人力资本是一种获取经济与非经济收益时所凭借的手段，体现着个人所具有能力的经济价值。他认为人力资本定义应从个体与群体两个角度来划分，但无论怎样，最终均表现为个体经由后天努力而获得的具有经济价值的知识、技术、能力和健康等质量因素的总和。焦斌龙认为人力资本是一种劳动力。人力资本作为一种高级劳动力是人运用自身意识有目的性地后天获得的改造自然的能力，其内核是劳动力。人力资本具有私有性、完整性、自主性、收益递增性、多样性、层次性、不可视性与难以度量性。郭龙、付泳在总结了西方的人力资本概念后，将人力资本概念表述为"蕴含在人体内的具有经济价值的知识、技术、能力和体力的总和"，并指出人力资本具有依附性、能动性、时效性、变动性、增值性、替补性等方面的个性特征。

综合国内外学界相关研究成果，基于马克思的劳动价值理论视角，人力资本可定义为：人作为实践主体，在从事后天的创造性活动中所获得的能实现生产与再生产经济、社会价值的知识、技能与智慧等因素的总称,在实际应用中表现为获得资本性回报的劳动能力。

3.1.1.4 人才资源

要研究人才资源,首先要分析"资源"这个概念。在日常生活中,"资源"一词一般是指"生产资料或生活资料的天然来源"。而在管理学领域中,"资源"则是指"任何一种有形或者无形的、可用于维持人们的生计或可用于生产与服务的但具有有限可利用性的事物和信息。具有经济价值"。在英语词典中,与"资源"一词相对应的"resource"的含义与管理学领域关于资源概念的界定大体相同,具体解释为:被某个国家、组织或个人拥有并可以使用的某种供应物(包含自然资源与人力资源双重含义);可用于帮助人们实现目标的东西(尤其是作为工作或学习的一部分);代表着能帮助他人处理问题的个人素质。

近年来,国内学界研究人才资源相关问题,并对人才资源概念进行了相关阐释,比较典型的观点有如下几方面。陈建红、麻晓莉等人在对比研究人才与人才资源概念、对比人力资源与人才资源概念中,指出人才资源是人力资源的子集合,属于高层次人力资源范畴,能为社会创造较高价值。人才资源侧重表达知识能力的存量,包括显性人才与潜在人才两类。人才资源具有人的集合、较高层次人力资源、有进行创造性劳动的能力、能给投资者带来当前或未来预期的明显收益等方面的属性和特征。李志江在分析了人口资源、劳动力资源与人力资源概念的基础上,指出人才资源是一定时期内某一国家或地区拥有的各级、各类高层次劳动力的总和。其内涵是劳动力,外延是高层次劳动力。孙宇从承载资源的载体角度出发,强调人才资源是某一国家或地区内具有较强管理、研究、创造能力及专门技能的人的总称。人才资源集中反映了一国或地区的人才质量,是各国家或地区发展的重要财富来源。人才资源作为人力资源精华,表现出创新性、内在素质优越性、贡献超常性、资源稀缺性、不可替代性、时代性等方面的本质特征。

综上所述,不难理解人才资源与人力资源具有类似的特性,但人力资源往往侧重强调"劳动力总和",而人才资源则侧重强调"劳动力质量"。因此,人才资源概念可以被理解为在特定历史时期与地域范围内,一国或地区能够拥有的高层次复杂劳动能力的总和。

3.1.2 乡村振兴战略对人才工作提出的要求

实施乡村振兴离不开人才和人力资本开发,也对人才工作提出了很多新的要求，使相关领域工作者面临许多新课题。具体地说，主要体现在如下几方面。

3.1.2.1 实施乡村振兴战略必须面对制约人力资本开发的困难

实施乡村振兴战略，是在建设社会主义现代化国家过程中解决"三农"问题的关键。人才是实施乡村振兴战略的基础。中共中央办公厅、国务院办公厅印发《关于加快推进乡村人才振兴的意见》，提出"坚持把乡村人力资本开发放在首要位置"的观点。因此，直面并解决人力资本开发面临的问题就显得尤为重要。具体地说，实施乡村振兴战略必须面对制约人力资本开发的困难主要有如下几方面。

第一，中国传统乡村经济结构制约人力资本开发。在实施乡村振兴战略初期，由于农村新兴产业还没有在经济结构中成为主导力量，同时，传统农业转型又面临着升级动力减弱的困难，进一步优化和升级农村产业结构就成了当务之急。

根据国家统计局有关数据，笔者整理了1952—2016年中国三大产业增加值及比重（表3-1）。农业业态的不断丰富，促进了农业产业增加值不断增加。然而，一个更加现实的问题是农业为主体的第一产业在中国三大产业比重总体呈现出不断下降的趋势，尤其是1978年改革开放以来的变化主要表现如下：农业占比在1978年改革开放之后的1979—1985年高于1978年28.19%；农业在1978年改革开放之后占比高于前一年的只有1979年、1981年、1982年、1990年4个年份。2013年第一产业在三大产业比重首次降到10%以下，而且经过4年的稳定后已经不再出现两位数的比例（这也是笔者只完成到2016年数据分析的原因）。

分析上述数据，可以得出的结论：1978年农村改革在短期内迅速解放了农业生产力，而后随着改革开放深入，第二、第三产业迅速发展，农业占比下降是总体趋势。大量农业劳动力人口转入第二、第三产业工作，促进了第二、第三产业进步，也造成农村劳动力减少，农村空巢化严重，使得"三农"问题更加突出。

表3-1　1952—2016年中国三大产业增加值及比重

年份	国内生产总值（亿元）	产业增加值（亿元）			三大产业比重（%）		
		第一产业	第二产业	第三产业	第一产业	第二产业	第三产业
1952	679	346	142	191	50.95	20.88	28.16
1953	824	381	193	250	46.27	23.36	30.37

（续表）

年份	国内生产总值（亿元）	产业增加值（亿元）			三大产业比重（%）		
		第一产业	第二产业	第三产业	第一产业	第二产业	第三产业
1954	859	396	212	252	46.02	24.63	29.34
1955	911	425	222	264	46.64	24.40	28.96
1956	1 029	448	281	300	43.53	27.28	29.19
1957	1 069	434	317	318	40.57	29.65	29.78
1958	1 308	450	484	375	34.39	36.96	28.65
1959	1 440	387	616	438	26.89	42.73	30.38
1960	1 457	344	648	466	23.59	44.47	31.94
1961	1 221	445	389	387	36.45	31.85	31.70
1962	1 151	457	359	335	39.71	31.21	29.08
1963	1 236	502	408	327	40.60	32.97	26.43
1964	1 456	564	514	378	38.75	35.28	25.97
1965	1 717	657	602	458	38.26	35.07	26.67
1966	1 873	708	710	455	37.83	37.88	24.30
1967	1 780	721	603	457	40.48	33.86	25.66
1968	1 730	733	537	460	42.36	31.05	26.59
1969	1 946	743	689	514	38.18	35.42	26.41
1970	2 261	800	912	549	35.40	40.34	24.26
1971	2 435	834	1 023	579	34.24	42.00	23.77
1972	2 530	835	1 084	611	32.99	42.85	24.16
1973	2 733	916	1 173	645	33.50	42.91	23.59
1974	2 804	954	1 192	658	34.01	42.51	23.47
1975	3 013	980	1 371	663	32.52	45.48	22.00
1976	2 961	976	1 337	649	32.95	45.15	21.90
1977	3 221	951	1 509	761	29.51	46.85	23.64
1978	3 645	1 028	1 745	872	28.19	47.88	23.94
1979	4 063	1 270	1 914	879	31.27	47.10	21.63
1980	4 546	1 372	2 192	982	30.17	48.22	21.60
1981	4 892	1 559	2 256	1 077	31.88	46.11	22.01
1982	5 323	1 777	2 383	1 163	33.39	44.77	21.85
1983	5 963	1 978	2 646	1 338	33.18	44.38	22.44
1984	7 208	2 316	3 106	1 786	32.13	43.09	24.78
1985	9 016	2 564	3 867	2 585	28.44	42.89	28.67
1986	10 275	2 789	4 493	2 994	27.14	43.72	29.14

(续表)

年份	国内生产总值（亿元）	产业增加值（亿元）			三大产业比重（%）		
		第一产业	第二产业	第三产业	第一产业	第二产业	第三产业
1987	12 059	3 233	5 252	3 574	26.81	43.55	29.64
1988	15 043	3 865	6 587	4 590	25.70	43.79	30.51
1989	16 992	4 266	7 278	5 448	25.11	42.83	32.06
1990	18 668	5 062	7 717	5 888	27.12	41.34	31.54
1991	21 781	5 342	9 102	7 337	24.53	41.79	33.69
1992	26 923	5 867	11 700	9 357	21.79	43.45	34.76
1993	35 334	6 964	16 454	11 916	19.71	46.57	33.72
1994	48 198	9 573	22 445	16 180	19.86	46.57	33.57
1995	60 794	12 136	28 679	19 978	19.96	47.18	32.86
1996	71 177	14 015	33 835	23 326	19.69	47.54	32.77
1997	78 973	14 442	37 543	26 988	18.29	47.54	34.17
1998	84 402	14 818	39 004	30 580	17.56	46.21	36.23
1999	89 677	14 770	41 034	33 873	16.47	45.76	37.77
2000	99 215	14 945	45 556	38 714	15.06	45.92	39.02
2001	109 655	15 781	49 512	44 362	14.39	45.15	40.46
2002	120 333	16 537	53 897	49 899	13.74	44.79	41.47
2003	135 823	17 382	62 436	56 005	12.80	45.97	41.23
2004	159 878	21 413	73 904	64 561	13.39	46.23	40.38
2005	184 937	22 420	87 598	74 919	12.12	47.37	40.51
2006	216 314	24 040	103 720	88 555	11.11	47.95	40.94
2007	265 810	28 627	125 831	111 352	10.77	47.34	41.89
2008	314 045	33 702	149 003	131 340	10.73	47.45	41.82
2009	340 903	35 226	157 639	148 038	10.33	46.24	43.43
2010	401 513	40 534	187 383	173 596	10.10	46.67	43.24
2011	471 564	47 712	220 592	203 260	10.12	46.78	43.10
2012	519 322	52 377	235 319	231 626	10.09	45.31	44.60
2013	588 019	55 322	256 810	275 887	9.41	43.67	46.92
2014	636 139	58 336	271 765	306 038	9.17	42.72	48.11
2015	676 708	60 863	274 278	341 567	8.99	40.53	50.48
2016	744 127	63 671	296 236	384 221	8.56	39.81	51.63

注：根据国家统计局有关数据整理。

虽然，近年来第一产业在整个国内生产总值占比已下降至个位数，但从乡村经济结构内部构成看，农业总产值在乡村经济总产值所占比重仍旧较大。实施乡村振兴战略，农村第三产业发展有所提升；但是，农村内部经济结构呈现不平衡态势仍然没有改变。目前，乡村经济的工业和服务业产值、劳动力就业比重均较小，呈现典型的"倒金字塔"形状。不仅如此，乡村就业劳动力分布显示，在农业生产领域就业的劳动力所占比重依旧较大。相关统计资料显示，截至2019年年末，乡村就业人员中，第一产业人员所占比重仍旧达到了58.5%。

第二，劳动力市场不健全影响人力资本流入乡村。劳动力市场为用人单位与劳动者提供双向选择的机会与平台，也是劳动者走向市场进行就业选择的重要场所。当前，中国劳动力市场的城乡分割现象比较严重。各地优质的人力资源市场或者人才交流与服务中心大多建立在省级城市，其次是县域内城市，乡村地区几乎没有。城市内的人才市场招聘端主要面向的是城市就业岗位，这不仅使得乡村劳动力对就业信息获取难度增大，同时使优质乡村劳动力在城市中的人才市场选择就业时直接流出乡村，也就难以吸引社会上的其他劳动者流入乡村劳动力市场。相关数据显示，截至2019年，农民工规模依旧呈扩大趋势。其中，外出农民工月均收入比本地农民工高出927元，增速高出3%。进城农民工的人均居住面积、居住设施、随迁子女教育状况、城市融入感等均不断提升。

第三，技术应用效率制约乡村人力资本开发。随着科学技术的进步，科技对于农业生产和经营贡献率大幅提升，可以使更多的乡村剩余劳动生产力从第一产业转化出来，投身到第二、第三产业中来。但是，截至2019年，农业科技进步贡献率还不到60%，全国农作物生产全过程机械化刚超过七成。相对较低的农业科技化与机械化应用率不仅将大量农村劳动力囿于繁重的、相对落后的体力劳动之中，而且也阻碍农业新技术的推广和应用。

第四，农村社会保障体系不完善制约人力资本开发。乡村社会保障体系直接影响劳动者的生命、心理安全与生活保障质量。首先，农村社会保障体系与城市相比差异明显。截至2019年，城市居民人均可支配收入中的转移净收入为7 563元，而乡村居民转移净收入与城市居民相比仍有较大差距，仅为3 297.8元，两者相差接近一倍。其次，在养老保障方面，农村居民基础养老金与缴费水平比较低，农村低保收入水平与难以满足低收入农民生活消费支出。统计数据显示，截至2019年，全国城市低保平均保障标准为7 488元/（人·年），而乡村低保平均保障标准则仅为5 335.5元/（人·年）。再次，农民的医疗保险参保能力与缴费意愿也相对较弱。尽管乡村地区新农合医疗取得了巨大成功，但是与城市医疗保险相比仍然表现为覆盖疾病面小、保障水准低的现象,农村地区的工伤保险、生育保险参保率和覆盖率几项指标都比较低。最后,教育、住房等方面的专项社会救助体系需要进一步完善。截至 2019 年,在城市社区综合服务设施覆盖率已经达到 92.9%的情况下,乡村社区仅达到 59.3%。

第五,城乡二元结构体制制约农村人力资本开发。中华人民共和国成立以来,我国一直实行城乡二元结构体制。这种体制决定了城乡资源鸿沟不可避免地长期存在。在过去相当长的历史时期内,县、乡级政府并不注重乡村人才开发,这样,就很容易造成政策性的城乡人力资本分配不均衡,导致农村人力资本开发水平不高。教育是乡村人力资本开发的重要手段,农村教育资源拥有量对乡村人才发展的作用至关重要。中国教育领域,存在着严重的城乡教育资源分配失衡现象。乡村中小学校任课教师的教学水平、薪酬待遇、生活福利、职位晋升空间,乡村中小学校的校址布局、办学硬件设施等,与城市存在较大差距,使得乡村劳动力素质长期处于较低水平发展状态。第三次全国农业普查报告显示,农业生产经营人员中,多数为小学或初中学历,高中或中专受教育程度人员占比仅 7.1%,大专及以上仅占比 1.2%。提高农村教育质量,向农村倾斜更加优质的教育资源,成为解决农村人力资本开发的重要任务。

3.1.2.2 乡村振兴人才工作面临的问题

在实施乡村振兴人才战略,开发农村人力资本过程中,需要解决的问题主要涉及如下几个方面。

第一,农村人力资本结构配置不合理。耕作生产方式的现代化,直接导致掌握初级耕作技能的乡村劳动力需求降低,农村剩余劳动力大量出现。在这个背景下,农村人力资本结构配置不合理现象更加突出,主要表现为两方面:一方面,劳动力综合素质较低。尽管国家对农村的教育投入逐年增加,但是农村劳动力技术水平的提升却依旧十分缓慢。资料显示,在仅有的 1 600 多万名的高素质农民中,只有四成接受过高中及以上教育,在生产经营方式上,只有近 60%的高素质农民能够进行耕种收综合机械化生产,仅有 24.76%的高素质农民能采用现代节水灌溉技术进行绿色生产。不仅如此,农民科学素质不高。资料显示:截至 2018 年,农民科学素质指标仅为 2.62%,与城市居民科学素质指标 10.14%相比,总体表现偏低。另一方面,农村劳动力结构不完善,尤其是技术指导者和技术实施者在各生产阶段分布不合理。实施乡村振兴战略,涉农产业升级,农技人员作用十分关键。但是,目前农村专业技术工作者结构,产前、产后农业技术人才数量不足,综合性现代化的管理人才匮乏严重,特别是网络信息应用技术、农产品加工与存储等专业人才稀缺。

第二,农村人力资本整体技能水平偏低。由于社会历史的原因,我国农村人口呈现出基数大,优质的、高技术水平的人才短缺的特点。要带动农民增收致富进而推动中国特色社会主义新农村建设、实施乡村振兴战略,就需要掌握实用科学技术的优质乡村技术人员和普通劳动者。资料显示,当前乡村劳动力小学文化程度以下的占到了55%,5%的乡村劳动力没有接受过任何专业技能培训。在接受的培训内容方面,农民工更倾向于在机械制造、建筑装修、烹饪餐饮、创业管理、文化提升等方面获得培训,但相关部门培训供给却集中在服装纺织类与电脑家电类等农民工需求较少的培训内容,对农民工特别需要的创业管理知识的培训供给更是少之又少。这导致了优质的乡村劳动力占据全部乡村劳动力总量的比重长期较低。同时,从当前农民主要从事的种植业和养殖业来看,发展现代高新农业技术的程度还亟待提高。农民大多具备单一的传统种植与养殖技能,对于每年我国产生的新农业科技成果进行学习与推广的比例低下,使得科技对于农业增长率的贡献偏低。再加上目前我国农业普遍来说依然以粗放的经营管理模式为主,科技能够转化为现实生产力的空间不足,这也是制约优质人才数量提高的主要原因。

第三,农村教育依然薄弱,亟待加强。九年义务教育实施以来,我国乡村的基础教育有所发展,失学率在逐年降低。但是,农村教育在社会地位、社会功能与文化资本方面仍处于弱势境遇。部分农村家庭教育观念不强,导致乡村学生的辍学现象时有发生。农村学校的教师学历、创新意识与城市教师相比还有较大差距,农村教师中年龄较大者的教育观念与教学水平与时俱进难度较大,中青年优秀农村教师有向外流动的倾向,上述因素拉低了乡村教师队伍教学水平。"读书无用论"错误思想,导致一些不能升学的青年劳动力在工作后不能积极主动地接受专门技能教育。实施乡村人才振兴,提高农村教育质量,培养农村专门人才,抓好教育十分必要。

第四,农村青年劳动者流失现象比较普遍。具体表现为两方面,一方面,农村本土青年劳动者流失严重。农村青年人在城市进一步提升学历完成学业或在外出务工后,大多希望能够留在城市里,找到收入高、条件好、有社会保障的工作。相关统计数据显示,北京的新生代农民工月工资收入超过5 000元的占比超过60%,与老一代相比高出16.1%。新生代农民工缴纳五险的占比也更高,达到60%。有79%的新生代农民工与用人单位签订了劳动合同。较高的收入给新生代农民工带来了更多的教育文化娱乐消费,家庭生活质量提升。新生代农民工与老一代农民工相比，工资福利待遇明显提升，使得诸多能力突出、年轻的乡村人才不愿意返回家乡去，直接导致农村本土青年劳动者流失，出现本地培养的青年人才不能反哺乡村建设的现象。另一方面，外来人才流失比例较高。国家通过大学生村官、特岗教师、"三支一扶"等政策，鼓励大学生扎根于乡村建设，部分高校毕业生在就业的压力下选择上述就业渠道。但是，上述人员中相当比例，将在乡村工作的经历作为基层经验积累和职业发展的过渡和跳板。不仅如此，农村基层环境较差、工作条件艰苦、生活条件困难等因素，也导致很多大学生在服务期满后，考虑个人晋升、工资收入、生活需求等原因离开乡村。

3.1.2.3 实施乡村振兴战略带来的人力资本开发机遇

实施乡村振兴人才战略，要通过推动农村人力资本开发、建立健全农村人才培养制度、完善农民培训教育体系等措施来实现。乡村振兴人才面临的历史性机遇主要表现为如下几方面。

第一，农村人力资本开发受到重视。乡村人力资本开发是乡村人才振兴的首要任务。改革开放以来，中国共产党和中国政府就解决"三农"问题颁布了许多重要文件，特别是2018年中央一号文件《中共中央 国务院关于实施乡村振兴战略的意见》提出要"汇聚全社会力量，强化乡村振兴人才支撑"；2019年中央一号文件《中共中央 国务院关于坚持农业农村优先发展做好"三农"工作的若干意见》强调要"把乡村人才纳入各级人才培养计划予以重点支持。建立县域人才统筹使用制度和乡村人才定向委托培养制度，探索通过岗编适度分离、在岗学历教育、创新职称评定等多种方式，引导各类人才投身乡村振兴"；在2020年10月29日通过的《中华人民共和国国民经济和社会发展第十四个五年规划和2035年远景目标纲要》中，又提出要"提高农民科技文化素质，推动乡村人才振兴"；2021年中共中央办公厅、国务院办公厅印发《关于加快推进乡村人才振兴的意见》，提出"坚持把乡村人力资本开发放在首要位置"。上述文件说明，人才是实施乡村振兴战略的关键，加强农村人力资本开发势在必行。

第二，农村教育事业发展环境进一步优化。党的十八大以来，农村教育发展政策更加注重教育公平，形成了注重城乡统筹发展的以县为主的供给制度，收获了较好实施成果。截至2018年，全国有92.7%的县实现义务教育基本均衡发展，2020年又有69个县通过国务院教育督导委的评估工作；党的十八大以来，更加重视农村教育事业，强化提升内涵，关注农村教育内在质量的提升，增加特色鲜明、能为乡村发展服务的教育教学内容。2018年中共中央发文指出要深化教师队伍建设,"扩大乡村教师特岗计划实施规模",在教师培育上要求增加面向乡村地区的教育硕士招生名额。2020年教育部①办公厅又下发《教育部办公厅关于进一步做好乡村教师生活补助政策实施工作的通知》要求从落实中央要求、聚焦重点区域、健全工作机制、加强宣传引导四方面促进乡村教师生活补助政策进一步落实。

第三,人才制度进一步完善。主要表现为:首先,党和国家印发了保障人才发展的相关文件。2016年3月,中共中央印发《关于深化人才发展体制机制改革的意见》,指出要积极推进人才管理体制改革,改进人才培养支持机制,创新人才评价机制,健全人才顺畅流动机制,强化人才创新创业激励机制,构建有国际竞争力的引才用才机制,加强人才优先发展保障机制等。其次,制定了促进人才发展的优惠政策。国家现阶段大力推崇创新创业,特别是在"万众创新"口号的推动下,政府通过完善补贴制度、培训制度、入市制度等,吸引社会各界人才到乡村创业,引领剩余劳动力就业,支持建立多种形式的创业支撑服务平台,完善乡村创新创业支持服务体系,保证人才支撑乡村振兴战略顺利实施。最后,创建人才管理改革实验区模式,完善人才制度。当前国内已经形成了自主创新模式、双自联动模式、跨区域协作模式、创新创业模式、产业和行业发展模式、多种组织联动模式等人才管理改革实验区模式,发挥着人才政策优化与相关体制机制创新的重要作用。

3.2 乡村振兴战略与乡村人才振兴的思想源泉

先进思想是开展实践活动的指导,探究乡村振兴战略与乡村人才振兴的思想源泉十分必要。

3.2.1 经典马克思主义思想与乡村振兴

经典马克思主义思想是乡村人才振兴理念的重要理论基础,农村发展与城乡空间正义相关联、人才发挥作用要立足社会实践、人民群众是最充沛的人才储备库等思想均值得实施乡村人才振兴战略的管理者学习,进而深入理解党的战略决策的理论深度。

---

① 中华人民共和国教育部,全书简称教育部。

3.2.1.1 农村发展与城乡空间正义相关联

城市是在人类社会实践深入发展过程中逐渐与农村分离，城市与农村分离后形成的不同体系，在人类的繁衍发展过程中发挥着不同的价值与功能。

马克思由城乡视角入手批判揭露了资本主义生产的非正义性，认为农村发展与城乡空间正义相关联，农村只有在城乡融合中才能实现真正意义的发展。

马克思认为，空间是在实践中产生的，空间的分离与统一的变动也只是人类实践的结果。因而城乡空间的存在，也只不过是人的实践活动以空间形式而存在的表现。然而，在人类实践活动的升级发展中，城乡空间由一开始的自由分离状态，逐渐演变为二元对立状态。对此，马克思和恩格斯认为社会分工是使城乡在生产领域上出现空间分野的原因。同时，城乡空间分离状态又进一步加固了社会分工，在这种"社会分工—城乡空间分离—社会分工"的循环运动中，由城乡空间分离引发的矛盾日益凸显。工业革命助推着社会生产发展，使空间资源的交换方式发生根本性变革，特别是造成了乡村空间的生产资料长期单向流入城市空间，并使城市空间规模不断扩大。对此，马克思指出，现代工业发展创造出来的历史不同于古代的"城市乡村化"，而是"乡村城市化"的历史。

马克思认为，看似城市空间相对于乡村空间拥有者绝对的权力与地位，但实质上，城乡空间本质都已异化为资本主义生产的工具，最终造成了城乡空间本质异化的后果。同时，人脱离空间而生存，成了空间生产的附属品。私有制的存在把人变成了受局限的"城市动物"与"乡村动物"，并不断地生产着二者之间的利益对立关系。因此，按照马克思理论，城乡空间非正义发展本质上体现的是人的异化问题。

在资本主义工业化过程中，城市逐渐成为工业生产资料、资本积聚、政治中心、文化享受的高效运转的空间体系。由于受到工业发展的影响，农业生产发展迟缓，逐渐沦为工业生产所需生产资料与劳动力的附属空间。马克思和恩格斯认为，商品交换形式下的分工，都是以城乡空间分离作为前提基础的，是分工使农业与商业分离，进而导致了"城乡的分离和城乡利益的对立"。由于生产力水平上的差异，在农村城市化过程中，产生了城乡空间发展的非正义问题，主要表现为城乡间不同生产方式在地位上的高低之分，城乡居民在生活品质上的不合理差距，城乡空间在物理环境上的优劣状态。

针对农村空间日益萎缩的问题，马克思主义理论认为要扭转城乡空间非正义发展状态。马克思主义理论认为,城乡空间的对立以及非正义发展状态,错误的根源不在于城市化。只有消灭资本主义私有制,通过城乡融合发展实现城乡空间正义,才能使人类回归到发展主体性的轨道上来。因此,马克思主义理论肯定了城市作为人类文明进步产物的历史地位,并指出城市文明的发展会使乡村从原始孤立、不利于人生存的状态中脱离出来;恩格斯就曾高度评价巴黎为"世界的心脏和头脑"。马克思主义理论认为,城市的不断发展也会带来乡村农业生产方式现代化,将农民变成农业产业工人。工业革命能够消灭旧社会中的传统农民,引发变革。马克思认为,农村中原本"最陈旧和最不合理的经营,被科学在工艺上的自觉应用代替了"。马克思恩格斯指出,废除私有制将带来"消灭阶级和阶级对立""消除旧的分工",实现"城乡的融合"的结果。要通过实现社会主义和共产主义,为大多数人民谋取利益,建立城乡空间正义,农村才真正实现了自主发展。所以,社会主义制度是实施乡村振兴战略的制度基础。

3.2.1.2 人才发挥作用要立足社会实践

马克思主义理论认为,人的本质特征在于人具备实践能动性,人不能够脱离社会实践而发展成为人才。恩格斯指出,"恰巧某个伟大人物在一定时间出现于某一国家……如果我们把这个人除掉,那时就会需要有另外一个人来代替他。"因此,人才在经济、政治、文化、社会发展中作用的发挥都是以社会实践为基础的。

第一,人才在经济发展中发挥作用要立足社会实践。马克思指出,"不论生产的社会的形式如何,劳动者和生产资料始终是生产的因素。"劳动力与社会生产密不可分。人才要在经济发展中发挥作用,就要参与社会生产实践,并在劳动中创造经济价值。根据马克思理论,人才可以掌握先进的科学技术来改良并创造新的劳动资料与材料,将简单劳动转化为复杂劳动,提高劳动生产率,实现促进生产力发展的目标。

第二,人才在政治发展中发挥作用要立足社会实践。马克思指出,"人既是历史的剧中人,也是剧作者。"为实现全人类解放的伟大目标,必须重视人才,发挥人才的作用,特别是青年人才在政治发展中的积极作用。马克思理论认为,共产主义运动是一个长期性的革命事业,因此,需要加强共产主义教育,坚定人才的共产主义信仰,为推动共产主义事业练就坚实的人才力量。

第三,人才在文化发展中发挥作用要立足社会实践。马克思指出:"人们自己创造自己的历史,但是他们并不是随心所欲地创造,并不是在他们自己选定的条件下创造，而是在直接碰到的、既定的、从过去承继下来的条件下创造。"人才在文化创造具有主观能动性，同时受到历史条件的制约，表现为继承性和发展性的双重特征。在不同社会性质下，人才所创造的文化属性也不同。马克思理论认为，在资本主义社会下，精神空虚的资产者、法学家以及一切有教养的等级"为他们自己的肉体上和精神上的短视所奴役"创造出畸形发展的资本主义文化。因此，只有在社会主义社会制度下，特别是在共产主义社会状态下，人类才能得到自由而全面地发展，人才所创造的文化才能体现全人类利益。

第四，人才在社会发展中发挥作用要立足社会实践。根据马克思理论，人的本质是社会关系的总和，人必然是"社会人"，人才与社会的关系在不同性质的社会中有着不同的作用。在阶级社会，人才的功能与革命实践相统一，与人民的根本利益相一致。这样，"每一个社会成员都能够完全自由地发展和发挥他的全部力量和才能"。

3.2.1.3 人民群众是最充沛的人才储备库

西方传统唯心主义认为人才仅产生于少数英雄，人民群众只是盲从者，这就是著名的"英雄史观"。马克思主义理论充分肯定人民群众在历史中主体地位，阐明人才与人民群众的关系，认为人民群众是最充沛的人才储备库。

第一，马克思在批判唯心主义的"英雄史观"时，提出"人才是人民群众中杰出代表与先进部分"的观点。典型的唯心主义"英雄史观"代表者黑格尔认为只有诸如亚历山大、恺撒大帝、拿破仑等英雄人物才是适应时代发展潮流的历史推动者，而普通人民群众只是一些与知道"别人需要什么""理性需要什么"的事无关的精神空虚、愚昧无知的"无定形的东西"。

马克思主义理论认为，黑格尔的历史观不过是将物质与精神割裂的"基督教德意志教条的思辨表现"，这种割裂性直接体现为"积极精神的少数杰出人物与代表精神空虚的群众、代表物质的人类其余部分相对立"。基于此，马克思理论认为，历史其实是不同个体"按不同方向活动的愿望及其对外部世界的各种各样作用的合力"。仅凭历史上杰出人物的"单个意志"无法扭转历史车轮前行方向，是最具普遍性的人民群众促成"合力"形成主体，杰出人才只是人民群众中的杰出代表与先进部分。同时，社会的前进和发展的节点也不能否认"英雄人物"的作用。正如"每一个社会时代都需要有自己的大人物，如果没有这样的人物，它就要把他们创造出来"一样。

第二，马克思认为真正的人才会根植于人民群众创造的生活实践，人才的成长与进步必须经过人民群众的生活实践历练。恩格斯在分析英国工人阶级生活的状况时曾写道，他经常会从一些穿着褴褛不堪的工人中间听到他们谈论着地质与天文学的学科知识。

同样地，马克思认为农民由于长期扎根于社会实践的最底层，因而是最可靠的无产阶级革命同盟军，是农民占绝大多数人口的国家进行无产阶级革命最关键的人才来源。可见，马克思恩格斯认为人才的成长与发展离不开人民群众这一基础力量。马克思主义理论认为，个人只有融入人民群众，才能发挥自身才智，历练成为人才。人才首先是劳动人民，然后才能服务于劳动人民，人才身上具备鲜明的群众性特点。因此，马克思和恩格斯认为，人才不是存在于某一专门领域，而是广布于由人民群众所创造的整个社会生产实践的不同层次中。他们并不是要区分"人才"与"非人才"，而是要祛除产生这种差别的社会条件本身。

第三，人才价值的大小体现在其是否以及在多大程度上代表了最广大人民群众的根本利益与意志。马克思指出"过去的一切运动都是少数人的，或者为少数人谋利益的运动。无产阶级的运动是绝大多数人的，为绝大多数人谋利益的独立的运动"。人才最终的发展目的是服务广大人民群众，评判人才的价值大小也要看人才是否以及在多大程度上代表了最广大人民群众的根本利益与意志。人才只是在才智上拥有普通人民群众所不具备的品质与能力，但归根结底，人才还是需要和人民群众一起创造历史，在维护人民群众的利益中体现自身的社会价值。

因此，实施乡村振兴战略，既要重视人才，也要重视广大普通群众，要努力面向广大农民群众，帮助他们发挥作用，成为乡土人才。

3.2.2 中国化马克思主义思想与乡村振兴

中国化马克思主义思想是乡村人才振兴战略关系最为密切的理论体系。主要观点包括如下几方面。

3.2.2.1 农业农村现代化关系到国计民生

中华人民共和国成立以来，党和国家领导人一直高度重视农业农村发展。毛泽东主席指出，革命胜利后"国家工业化又要靠农民的援助才能成功""没有农业，就没有轻工业。重工业要以农业为重要市场"。

在上述思想的影响下，农业现代化成为新中国四个现代化的重要组成部分，并在1964年政府工作报告中被列为"四个现代化"之首。

改革开放后，邓小平同志同样重视农业农村现代化发展，指出：从实现难度看，农业现代化是"四个现代化"中更难实现的一项内容。他在同中央负责工作人员谈及乡村发展政策时指出，发展乡村经济"总的方向是发展集体经济……关键是发展生产力"。20世纪90年代初，邓小平同志又提出了"两个飞跃"思想："第一个飞跃"是废除人民公社，确立以家庭承包经营为基础、统分结合的双层经营体制，解放了生产力，使农村发生了巨大变化。此后，随着改革开放的不断深入，中国放开农产品市场，取消农业税，对农民实行直接补贴，初步形成了适合国情和生产力发展要求的农村经济体制。"第二个飞跃"是"很长的过程"，目前中国农业正朝着高水平的集体化方向发展，发展势头不可阻挡。邓小平提出要充分调动农民生产积极性，大力发展乡镇企业，实现农村富余劳动力转移。并且在此基础上"建设大批小型新型乡镇"，使农民留在农村生活与发展，推动实现乡村现代化。

进入21世纪，党和国家始终坚持农业和农村工作只能加强不能削弱的原则。江泽民指出，"农业是国民经济的基础，农村稳定是整个社会稳定的基础，农民问题始终是我国革命、建设、改革的根本问题"。他认为："农业现代化是国家现代化的前提，乡村的稳定关系整个社会的发展。"

党的十六大以后，胡锦涛以科学发展观为理论指导，指出要"统筹城乡发展，推进社会主义新农村建设"，将"三农"工作列为全党工作的重中之重，通过发展现代农业，发展乡镇企业，加大扶贫开发力度，探索乡村集体经济有效实现形式，培育新型农民等措施，走出一条有中国特色的农业现代化道路。

在中国特色社会主义新时代，习近平总书记明确"农业农村农民问题是关系国计民生的根本性问题"，做出"要坚持农业农村优先发展"的重要决策，首次将"农业现代化"与"农村现代化"并称，提出了"加快推进农业农村现代化"的乡村发展要求，提出以实施乡村振兴战略为抓手，积极推进乡风文明建设工作，实施乡村人居环境优化工程，提升乡村教育、医疗、卫生质量，补齐乡村现代化发展中的短板。

3.2.2.2 人才是经济社会发展第一资源

中国共产党成立以来，党和国家领导人立足中国基本国情，以马克思主义为指导思想，吸收和借鉴传统文化精髓，提出具有中国特色的人才理论。20世纪30年代初，毛泽东同志指出，"经济建设运动的开展，需要有很大数量的工作干部。"1945年在党的七大上，他又指出，"为着扫除民族压迫和封建压迫，为着建立新民主主义的国家，需要大批的人民的教育家和教师、人民的科学家、工程师、技师。"在新中国成立初期，毛泽东更加重视人才对新中国经济建设的关键作用，他指出，"中国要培养大批知识分子……把中国建设得更好"。

党的十一届三中全会之后，邓小平基于20世纪60年代西方国家现代科学技术迅猛发展的国际形势以及十年"文革"使中国现代化建设面临严重人才瓶颈的国内发展现实，提出"尊重知识、尊重人才"的人才思想，并指出能否发现、使用人才是现代化建设事业成败的关键所在。

邓小平将人才资源开发与"四个现代化"建设目标紧密结合，他认为空谈不能建设中国的现代化事业，"必须有知识，有人才"，强调经济、科技体制改革，最关键的是在人才资源开发。邓小平同志进一步指出，"中国的事情能不能办好，社会主义和改革开放能不能坚持，经济能不能快一点发展起来，国家能不能长治久安，从一定意义上说，关键在人"。

2001年5月，江泽民在亚太经济合作组织的高峰座谈会上发表重要讲话，他从人类生存与发展的历史高度出发，论证除了物质资源开发对经济发展与社会进步的基础性作用之外，人力资源开发更决定着人类物质资源开发的深度与广度，因此，对经济社会发展起着更为关键的支撑作用。江泽民提出，"开发人力资源，加强人力资源能力建设，已成为关系当今各国发展的重大问题。"2001年8月，江泽民在北戴河会见国防科技和社会科学专家时明确提出了"人才资源是第一资源"的重要思想，并指出最大的浪费就是人才资源的浪费。同时，还强调"人才是一个国家发展最重要的资源"，并进一步指出，人才是国家发展取用不尽的巨大财富，经济社会繁荣发展归根结底是要提高劳动者素质与培养大批人才。江泽民在论述创新在国际竞争中的关键作用时指出："创新的关键在人才。"

胡锦涛在21世纪中国第一次全国人才工作会议上强调指出"人才是事业发展最可宝贵的财富"。强调要"牢固树立人才资源是第一资源的观念。人才是先进生产力和先进文化的重要创造者和传播者。人才资源是第一资源，人才优势是最大优势，人才开发是经济社会发展的重要推动力量"。在2009年中央经济工作会议上，胡锦涛进一步指出，要"坚持人才资源是第一资源"的思想观念，全面实施人才强国战略。

党的十八大以来，以习近平同志为核心的党中央在继承前人人才思想的基础之上，习近平总书记直面中国发展面临的新形势和新问题，在党校工作、哲学社会科学工作以及宣传思想工作等不同会议上发表的一系列重要讲话，阐述重视人才的思想。习近平将人才等同于"国家与民族发展的第一战略资源"，提出重发展、重创新、重人才的理念。习近平指出"终身之计，莫如树人"，在2013年对北大学生的勉励中，鼓励大学生要惜时、勤奋，早日成为为"中国梦"建功立业所需要的栋梁之材。党的十九届五中全会将"建成人才强国"纳入2035年基本实现社会主义现代化远景目标中，并指出要深入实施人才强国战略，激发人才创新活力，为各类人才的培养与发展提供充分保障。

3.2.2.3 通过教育挖掘培养乡村人才

重视农民，通过教育挖掘培养农村人才是中国共产党一以贯之的重要举措。

毛泽东同志在考察了湖南农民运动后，认识到了农民对推翻封建统治力量的重要潜力与关键作用，认为这是"四十年乃至几千年未曾成就过的奇勋"。毛泽东同志1933年在《必须注意经济工作》一文中指出从土地革命、经济斗争与革命战争中锻炼出来的群众就是未来可以提拔培养的好干部与好人才。新中国成立后，毛泽东十分重视社会主义事业的专门人才培养，特别是马克思主义理论人才的培养，指出"可以从工人农民中间来培养"一批通晓理论的人才，带动具体领域发展。

1978年4月，邓小平同志在全国教育工作会议上指出，"我们的学校是为社会主义建设培养人才的地方。"在1985年5月的全国教育工作会议上，邓小平同志进一步明确发展教育与人才资源开发的内在关系，结合中国作为人口大国的实际指出，"教育搞上去了，人才资源的巨大优势是任何国家比不了的。"

20世纪90年代初，随着改革开放与乡村经济发展愈加深入，江泽民指出"要十分重视从工人、农民和其他劳动者中选拔培养科技人才及各类专业技术能手"，倡导在人民群众中普及科技知识，做好科学技术普及工作，发掘培养一批德才兼备的科技人才。强调在"三农"领域，要特别重视农村实用人才队伍建设，大量挖掘、培养种植与养殖能手、土专家等乡村人才。

党的十六大以来，胡锦涛在如何培养发展乡村人才方面，提出了许多新的思想与措施。胡锦涛认为国家建设需要不同层不同类别的人才，要重视教育对于人才资源开发的基础作用，指出"教育是人才资源能力建设的基础，学习和实践是提高人的能力的基本途径"。胡锦涛特别重视培养乡村人才，提出在人才队伍建设上，要统筹各类人才队伍建设，特别是要将乡村实用人才纳入人才队伍主体中来；并具体指明如何通过教育挖掘培育乡村人才，要以"县—乡—村"实用人才工程、农民教育培训工程、农业富余劳动力转移就业培训工作等方式，提升农民就业和创业的能力，加强对新型农民开展科技培训、实用技术培训、科学素质行动，以培养出一批乡村农业生产能手、经营人才与科技人才。

习近平深刻指出：为实现乡村全面振兴，关键要造就一支"一懂两爱"的乡村振兴人才队伍投身于农业农村现代化建设事业中去，教育则是挖掘培育乡村人才的最根本途径。强调要"始终把教育摆在优先发展的战略位置"。在脱贫攻坚阶段，强调扶贫要与"扶智"紧密结合，指出摆脱贫困"要靠有较多知识、较高技能水平的技术人才和管理人才""要加强老区贫困人口职业技能培训……使他们都能掌握一项就业本领"。

综上所述，马克思主义中国化思想是对经典马克思主义关于乡村发展与人才发展思想的创造性转化与创新性发展，为乡村人才振兴战略提供了重要思想资源。

3.2.3 中国传统文化思想与乡村振兴

中华传统文化博大精深，其中蕴含着诸多与乡村振兴战略、乡村人才振兴密切的优秀思想。

3.2.3.1 以农为本思想

中国古代以农立国，受中国古代生产力发展水平限制，农业始终在国民经济生产中占据主导地位，在商周之时，周宣王就曾经被虢文公谏言，"民之大事在农"。秦国的商鞅将农业放在国家战略地位，提出的重农抑商政策，指出"国之所以兴者，农战也"。商鞅变法使综合国力较弱的秦国很快富足起来，国防力量逐渐增强，为秦国完成统一大业打下了坚实的经济基础。

中国古代重视土地，认为"地载万物……取财于地"，将土地封为神灵，并"以血祭祭社稷"。《礼记》中有这样的论述：连续耕地三年必有一年可以丰获得食，连续耕地九年必有三年可以丰收得粟，而"以三十年之通，虽有凶悍水溢，民无菜色"。在长期的农业实践中，中国古人形成了垄作与平作循环、土壤翻耕和免耕结合、水旱轮耕等种养结合的土地利用方式，使土地肥力连年增强，极大提高了农业出产率。

以农为本，还体现在中国古代众多农业思想中。先秦时期的墨子认为农业生产能为人提供基本的生活资料，保证国家财用，提出"以时生财，固本而用材"的观点。孟子提出"民之为道也,有恒产者有恒心"的恒产论农业思想;西汉晁错基于对西汉时期出现的土地兼并问题的研究,倡导施行募民实边政策,形成了贵粟论的农业思想;西汉董仲舒针对土地兼并现象,提出要减轻农业赋税,依据不同地理环境调整农作物种植种类的观点,形成了抑兼并论的农业思想;北魏时期的贾思勰因重视农业生产而著《齐民要术》,强调不仅要重视生产端,更要重视粮食的节约和积累;北齐时期颜子推在论述农业时指出"生民之本,要当稼穑而食,桑麻以衣";宋代司马光认为要将国家财政收入主要用在农业领域,提出了"使农尽力"的农业思想。

3.2.3.2 政以才治思想

在中国历史发展过程中,选用贤才帮助君主治国理政成为历代统治者的重要任务。政以才治思想就成为中国古代治国理政思想中的重要内容。王安石从人才得失与国家安危的关系层面提出:"方今之急,在于人才而已。"朱元璋提出为政以才的观点,强调了人才在治国理政选拔和培养入手,提出政事选拔要坚持"人才至上"的观点。清朝初期,统治者们重视人才的选拔和培养工作,"康乾盛世"才得以出现。

尊贤重才思想最早发源久远。西周时期的姜尚曾指出:"治国安家,得人也。亡国破家,失人也。"春秋战国时期,诸侯国无论是对外称霸还是对内改革变法都迫切需要人才,正是"夫争天下者,必先争人",在春秋末年孔子首先提出了"举贤才"的理念。此后,中国的重才思想逐步加强。吕不韦在《吕氏春秋》写道:"身定,国安,天下治,必贤人。"汉武帝刘彻指出:"何世无才,患人不能识之耳。苟能识之,何患无人!"

唐太宗李世民颁布《荐贤举能诏》呼吁有才能的贤人报效国家;晚清文人的龚自珍提出困扰国家发展的不是财力而是人力的思想;孙中山先生认为,欧洲富强的根源是人才得到充分的尊重和利用,而非船坚炮利,垒固兵强。

尊贤重才,更需要合理使用人才。刘向认为"世不绝圣,国不绝贤";宋代司马光认为识才之后,知才善用才是关键,知才而不会用才,与不知等同。

中国历代统治者大多通过"礼""博"和"育"三种方式实现选拔和使用人才。"礼"集中体现对贤能之才的态度,对于德才兼备的人要以礼相待。"博"指的是求贤的范围和方式广博,不拘一格,做到广博求贤,广博用人。墨子提出"虽在农与工肆之人,有能则举之"的观点,强调举荐人才的根本依据是判定其本身是否具有才能,而非出身的好坏。"育"指对人的培育和发展。管子指出"终身之计莫如树人……一树百获者,人也",特别强调育人工程对于一个国家发展的重要性和育人工程的长期性。

3.2.3.3 养护农民思想

在中国古代历史上,历朝历代都十分重视农民、关心农民,养护农民思想成为中国传统政治管理思想的重要内容之一。

儒家思想主张为政重在养民。儒家认为"天佑下民,作之君,作之师"。民为国之本,要对人民施行仁政,要爱护农民。爱护农民必须做到保护农民的利益,《尚书》中就曾有这样的论述:"安民则惠,黎民怀之。"儒家思想还认为,爱民的关键在于养民,孔子主张"节用而爱人,使民以时。"

在养护农民方法上,古代思想家也有很多论述。西周时期就产生了以慈幼、养老、振穷、恤穷、宽疾、安富为主要内容的民生福利政策。

儒家思想主张富民与安民,指出只有先使农民富裕起来,而后才能教养。使农民富裕起来,就需要发展农业生产、轻徭赋役、克勤克俭,实现安民生的目的。儒家思想主张安富保富,保护富裕起来的农民的合法收入,同时也强调要使用抑制土地兼并的井田制,避免不同农民收入间的两极分化。

道家主张无为保护民生之道。道家遵从道法自然思想,认为为政者要不存私心利欲,不做伤害农民之事。道家思想认为生命至上,要对农民给予充分的尊重。老子既承认了君王在世间的绝对权威性,将其与道、天、地三者并称为"域中四大",同时认为农民是君主生存的根本,指出"贵以贱为本,高以下为基"。道家思想主张君主通过无为而治保护农民,指出:"爱国治民,能无为乎。"

墨家养护农民思想的基础是兼爱非攻,交相利。墨家思想提出要靠节俭的方法保护民利。墨子指出:"财不足则反之时,食不足则反之用。"

法家思想认为民众的天性是喜好利益,追求利益。正所谓"夫凡人之性,见利莫能勿就,见害莫能勿避",提出以法护民的观点;管仲指出要通过"强本事,去无用""省刑罚,薄赋敛"等措施养护农民。

重农思想在农家学派中表现得十分明显。农家思想认为农业生产的关键在于发挥农民的主动性,"顺天之时,因地之宜,存乎其人。"此外,农家思想认为自然灾害对农民的农业生产影响极大,水、旱、风雾雹霜、厉(指病害)、虫等是农业"五害"。所以,在农业生产中要重视防灾备荒,如董煟的著作《救荒活民书》中有教民捕蝗的内容,王祯的《农书》中也有教民备荒，防水旱、虫、荒饥之灾的文字。

综上所述，中国传统文化中以农为本的思想，体现出古代中国重视农业生产，不仅对实施乡村振兴战略有借鉴意义，而且有利于进一步树立文化自信，重视人才、用好人才，做好乡村人才振兴工作。

4 乡村人才振兴工作的主客体关系

乡村人才振兴工作是乡村人才振兴工作主体能动作用于客体的对象性活动,是工作主体按照自己选择的目标和行动方案,通过向"三农"领域人员传播知识和农业技术并付诸实施,帮助其全面提高生活水平的过程。因此,分析乡村人才振兴的主体与客体可以更好地把握乡村人才振兴的性质。

4.1 乡村人才振兴工作主体

在乡村人才振兴工作中,无论是工作目标的确定,还是行动方案的选择,工作主体始终起主导作用。在一定意义上,可以将乡村人才振兴工作看成工作主体的一系列复杂的活动,看成由乡村人才振兴工作参与者的理性思维、情感意志、实践行为组成的主体性活动。只有对乡村人才振兴工作主体的规定、结构、要求、特点和功能分别加以研究,才可能把握乡村人才振兴工作的实质,找到乡村人才振兴工作成败的关键所在。

4.1.1 主体和乡村人才振兴工作主体

主体和客体是哲学中两个极其重要的范畴。所谓主体,是指按照能够相应目的去解读和改造客观对象的人。所谓客体,是指被主体认识和被改造的客观对象。主体和客体不同于主观和客观。主观是指人的精神世界,客观是指个体意识之外的客观世界或客观存在。主体无疑是人,但又不能认为凡是人都是主体。缺少自我意识、居于被动地位的人不是主体;不存在系统的人也不是主体。只有具有明确自我意识、处于系统之中、居于主动支配地位的人才是主体。乡村人才振兴工作系统是由人和物组成的,其中物的因素不可能成为主体,只有处于支配地位的人才是主体。因此,乡村人才振兴工作主体就是在乡村人才振兴工作中从事和参与人力资本开发工作的决策者和工作者。

乡村人才振兴工作主体作为主体的一种,有其不同于其他主体的特殊规定和特定要求。

首先,乡村人才振兴工作主体必须具有开展乡村人才振兴工作的相关知识。知识是人们对客观对象的浅层感知和深层认识的总称,按照其所反映的客观对象,知识可以分为自然知识、社会知识、人的知识等各种类型。知识作为人类认识世界的成果和改造世界的武器,是一种无形的财富和巨大的力量。不过,因为知识是一个令人眼花缭乱、无比丰富的宝库,人的一生不可能也不必要掌握其全部,而只能学习掌握尽可能多的有关知识。对于农民来说,首先应掌握的是关于种植和养殖的生产知识。乡村人才振兴工作者无疑也要有知识,而且要掌握更多的知识。这主要包括:第一方面,要传播给参与乡村振兴系统中,尤其是系统中居于管理岗位的人员开展乡村振兴工作所需要的政策、理论知识。比如针对乡镇机关公务员和涉及乡村振兴工作的事业单位工作人员,开展党的政策和法规培训。第二方面,要传播给参与乡村振兴的生产人员所需的农业生产技术领域的科学知识和专门技术。例如,一个园艺专业背景的乡村振兴工作参与者,应掌握现代园地作物栽培的一般理论和基本程序。第三方面,尽可能通晓有关的社会科学知识。乡村人才振兴工作作为一种社会实践活动,自始至终是在社会大系统中进行的。乡村人才振兴工作主体要实现自己的意图,有效进行乡村人才振兴工作,除了掌握有关专业技术知识之外,免不了还要同涉农领域部门打交道,因而还必须掌握尽可能多的社会科学知识。第四方面,要特别熟悉关于人的知识。乡村人才振兴工作的对象虽然包括物,但主要则是人,乡村人才振兴工作首先要先做好人的工作,才能更好地开展人力资本开发工作。因此,作为一个乡村人才振兴工作主体,应当熟悉自己在乡村人才振兴工作中需要面对的对象,懂得乡村振兴工作系统中不同类型人的心理、需要、追求、信仰、期待和他们的行为规律,掌握有关的心理学知识、社会学知识、行为科学知识等人学知识。如果不懂得人,将活人看作死物,或者对人知道得很少,片面地将人看作是"经济人""工具人",就无法搞好乡村人才振兴工作。相反,只有掌握有关的人学知识,了解人的心理活动和思想变化,才可能沟通主客体的关系,将乡村人才振兴工作做好。第五方面,作为乡村人才振兴工作主体,特别是乡村人才振兴工作主体中的决策人物,还必须学习运用马克思主义哲学。不懂马克思主义哲学的人是不宜充当乡村人才振兴工作者的,当代的乡村人才振兴工作者必须学好马克思主义哲学。

其次,乡村人才振兴工作主体还应具备丰富的乡村人才振兴工作经验和实践能力。知识作为乡村人才振兴工作主体的一种潜能,还只是乡村人才振兴工作活动的一个前提条件，它只意味着搞好乡村人才振兴工作的可能。要使可能变为现实，乡村人才振兴工作者还应将各种知识转化为相应的工作能力，不断在乡村人才振兴工作实践中学会如何具体应用这些知识。乡村人才振兴工作所需的知识固然很重要，没有足够的相关知识根本谈不上能力的培养，因为能力不是凭空产生而是由知识转化而来的，那种将知识同能力、理论同实践对立起来片面强调实际工作能力的观点是不正确的。但同时应该看到，知识并不等于能力，有知识而无能力只能是空谈家而不可能成为优秀的乡村人才振兴工作者，在此意义上，能力比知识更为重要。当年恩格斯对少数年轻干部奢望党的领导地位曾经这样说过："他们那种本来还需要加以深刻的批判性自我检查的'学院式教育'，并没有给予他们一种军官官衔和在党内取得相应地位的权利；在我们党内，每个人都应该从当兵做起；要在党内担任负责的职务，仅仅有写作才能或者理论才能，甚至二者全都具备，都是不够的；要担任领导职务，还需要熟悉党的斗争条件，掌握这种斗争方式，具备久经考验的耿耿忠心和坚强性格，最后还必须自愿地把自己列入战士的行列中。"中国古代法家在选拔高级官员时也提出："宰相必起于州郡，将帅必起于卒伍。"这都说明知识不等于能力，能力是在乡村人才振兴工作实践中从知识逐步转化而来的。

最后，乡村人才振兴工作主体还是同威信联系在一起的，乡村人才振兴工作者的威望和信誉是工作主体的又一质的规定性。所谓威望，是指乡村人才振兴工作者良好的品德和较高的业务能力在人力资本开发对象当中造成的特殊影响力。所谓信用，则是乡村人才振兴工作者和人力资本开发对象通过交往、相互沟通所形成的后者对前者的尊重的信任。威信不像权力那样由习惯和法律自外赋予乡村人才振兴工作主体的，而是人力资本开发对象对乡村人才振兴工作主体的一种认同，是乡村人才振兴工作者自身造就并通过人力资本开发对象所赋予的。在一部分人影响另一部分人心理行为的意义上，乡村人才振兴工作主体的威信也是一种权力，因为凭借威信同样可以达到支配别人的目的。所不同的是，权力是一种强制影响力，威信是一种自然影响力，前者是由地位决定的，后者是自发产生的。虽然，大多数作为乡村人才振兴工作主体的人没有更多的权力，却可以通过努力开展乡村人才振兴工作树立威信。因为，乡村人才振兴工作的领导者如果认为自己是决策者就采用简单的行政命令手段去进行工作，必然引起人力资本开发对象的反感和抵制，工作主体也会因失去人力资本开发对象的信任而成为虚设的主体。可见，要搞好乡村人才振兴工作，乡村人才振兴工作者树立威信十分重要。

4.1.2 乡村人才振兴工作主体的系统结构

乡村人才振兴工作是一种复杂特殊的社会实践活动，不可能一个人去单独完成，而必须协同一部分人来共同完成。而随着社会分工、科学技术的发展和社会生活的日趋复杂，人类社会实践系统结构越来越复杂化，现代社会的三农工作和乡村人才振兴工作主体系统也日趋复杂，结构的变动性日益明显，结构的优劣对乡村人才振兴工作的效率起着十分巨大的作用。

居于乡村人才振兴工作主体系统最高层的是决策部门，他们是具有决策权和对整个乡村人才振兴工作系统负有最终责任的领导者，其任务是确定乡村人才振兴工作目标，选择决定实现目标的某种方案。例如，习近平总书记代表党中央提出"实施乡村振兴战略"思想，中共中央办公厅、国务院办公厅印发《关于加快推进乡村人才振兴的意见》提出"坚持把乡村人力资本开发放在首要位置"的观点，这两项工作就是最顶层设计。

由于中国幅员辽阔、历史上存在工作差异，导致地方乡村振兴局正式挂牌前工作重点也存在差异。因此，有了顶层设计还要根据不同地区的特点开展具体工作，这项工作就是决策。在现代社会，乡村人才振兴工作是在国家方针政策指导下，根据本地区实际情况由集体民主决策产生工作方案，这就要求我们的乡村人才振兴工作领导机关（乡村振兴局）和机关领导者破除专制思想、树立民主作风，并注意邀请不同专长的人参与决策工作，努力造成一个人员结构最佳的决策班子，形成一套科学民主的决策体制和决策程序。

为使乡村人才振兴工作决策科学化而避免主观武断，在开展乡村人才振兴工作决策时，尤其是针对辖区较大地区开展乡村人才振兴工作决策时，还要向智囊团或思想库进行咨询。现代社会，上至国家政府，下到具体的项目，凡进行计划、统计、预测、咨询、研究的专家或团体，均需要一定决策层次的不同类型的智囊团体。智囊团是决策层的"思想库"，是专门为决策进行调查研究的智囊。它的职责不在"断"而在"谋"，专为决策提供最优化的理论、策略和方法。

乡村人才振兴工作主体系统的下一个层次是执行人员。执行人员是乡村人才振兴工作主体系统中的骨干部分，其任务是根据决策者的决策方案，从事制订具体乡村人才振兴工作计划，并组织和帮助人力资本开发对象学习、掌握实施乡村振兴战略具体工作所需的农业新技术和其他相关知识，实现"产业兴旺、生态宜居、乡风文明、治理有效、生活富裕"的乡村振兴战略总要求。

　　乡村人才振兴工作者在贯彻执行上级决策开展工作过程中，首先应当不违背决策的基本要求，不得随意更改上级决策。更不允许借口情况特殊另搞一套。不过，执行乡村人才振兴任务，尤其是人力资本开发工作又并非机械照搬，简单执行，各地区有不同情况，上级决策不可能详尽规定各个方面的内容——这就要求乡村人才振兴工作者必须根据实际将上级决策具体化，对上级决策包括不到的部分再决策。所以乡村人才振兴工作执行过程同时也是决策过程，乡村人才振兴工作者不仅仅需要执行，也有进行中观决策的任务。

　　这就是说，在理论上，可以而且必须将决策层和执行层相对分开来加以研究。但在事实上，尤其在体系庞大的乡村人才振兴工作人员系统内，最高层的决策人员和智囊人员是确定的，而乡村人才振兴工作执行人员（如人力资本开发过程中课程讲授者）同时也负有不同程度的决策任务，乡村人才振兴工作执行人员同中层决策人员常常是混而为一、不能截然分开的。因此，乡村人才振兴工作决策和执行的关系非常复杂，需要专门加以研究。

　　乡村人才振兴工作主体系统的再下一个层次是人力资本开发对象，也就是知识的学习者。

　　乡村人才振兴工作是一项具有创新性的工作，在创新性工作中，主体是普遍主体还是特殊主体是存在不同观点的。下面我们回顾一下马克思主义理论关于创新实践主体的认识。马克思的创新实践理论坚持普遍主体的观点，他认为创新实践最理想的状态是每个社会成员都是创新实践的主体，即使在资本主义社会，他也不排除工人在创新实践中的主体地位，具体言之，他认为企业家、工人、专业科技人员、国家等都是创新实践的主体。马克思的创新实践理论坚持普遍主体的观点，每个社会成员都是创新实践的主体。熊彼特的创新理论体现了特殊主体的思想，创新的主体专指企业家，他认为，"现代社会的一个基本特征，就是创新成为社会行为，即创新社会化。在远古社会，虽然也有创新，但那是偶然发生的；在农业社会，创新基本上是少数人的个人兴趣和爱好；在现代工业社会特别是知识经济社会，创新不仅是科学家和企业家等的职业工作，而且逐渐成为国家重视和社会参与的事业。"在当代，创新实践逐渐成为人们的生存方式，不创新无以立，创新实践的主体是普遍主体，即创新实践主体的社会化。在社会主义社会中，生产和流通进一步社会化，社会的进步更加依靠社会整体合作的力量，马克思提出的创新实践的普遍主体得到落实。

推广到乡村人才振兴工作中，要想完成这项创新实践，就必须把系统中包括人力资本开发对象在内的所有人看作主体，虽然他们以参与者身份出现属于执行系统的一部分。运用马克思的普遍主体思想，将人力资本开发对象，也就是学习者也纳入工作主体，就会使系统中较高层次高度重视人力资本开发对象的感受，不断研究人力资本开发对象的需求，有针对性的优化人力资本开发系统，推出更有针对性的培训和科学知识传播内容，让工作做得越来越好。乡村人才振兴工作的成果必然证明人的自由全面发展是实现乡村振兴战略目标的必由之路，普遍主体对于特殊主体的胜利是马克思主义理论中国化的组成部分。

为保证决策的贯穿实施，随时了解决策是否符合实际和工作执行者是否按照决策执行，乡村人才振兴工作主体系统还应设置监督和检查人员，其任务是跟踪捕捉乡村人才振兴工作执行过程中的偏差信息，并将它及时反馈到决策层。如果属于决策同实际的偏差，就要由决策层修改原有决策；如果属于执行中的偏差，则由上级指导部门建议一线乡村人才振兴人力资本开发工作者纠正偏差。在决策的执行过程中，认为初始决策绝对完美、绝对理想，以及设想执行中绝对准确和绝对一致是不现实的。由于多种原因，乡村人才振兴工作决策的执行必然是一个矛盾的过程，监督和检查人员就在于及时发现执行过程中的矛盾。只有借助于监督控制，才能保证乡村人才振兴工作步步逼近决策目标。一般来说，乡村人才振兴工作主体所涉及的工作对象越复杂，监督和检查人员越多越职能化，其作用地位越突出，乡村人才振兴工作主体的发展也越完善。而当乡村人才振兴工作主体系统相对较小时，监督和检查人员常常是由决策人员兼任的。但是不管在哪种情况下，监督和检查人员都不得缺少，更不应由乡村人才振兴工作执行人员兼任。如果这样就等于取消了监督，"监""守"合一，从而造成乡村人才振兴工作失控而流于混乱。另外，监督和检查工作是一项十分复杂极为严肃的工作，它需要监督和检查人员不仅要有相关的专业知识以便能敏锐及时发现问题，更要求有对事业的忠诚和对事不对人的高度责任心，敢于向上反映问题并督促纠正偏差。在工作之初不重视这层人员的地位和作用，是导致历史上一些工作低效问题的重要原因。在未来的工作中要加强监管逐步改变这种状态，促进乡村人才振兴工作全面进步。

总之，乡村人才振兴工作主体系统是由上述六个子系统有机组合而成的，顶层设计者、高层决策人员、智囊人员、执行人员、人力资本开发对象（学习者）和监督人员共同构成了乡村人才振兴工作主体。其中，顶层设计者和高层决策人员是整个系统的"大脑"和"灵魂",决策是否恰当和及时,直接关系着乡村人才振兴工作的成败。智囊人员作为决策人员的助手,是整个系统的"外脑"或"思想库",帮助决策者"运筹帷幄、决胜千里"。执行人员则是乡村人才振兴工作的"躯干"或"主体",只有通过他们的工作,乡村人才振兴方案才能得以具体实施。人力资本开发对象(学习者)则是乡村人才振兴工作的"血肉",只有通过他们积极参与学习活动,乡村人才振兴目标才会变成现实。而监督人员相当于乡村人才振兴工作系统的"眼睛"和指示仪,对乡村人才振兴工作活动起着监控、调整、跟踪和定向等多重作用。在乡村人才振兴工作中,工作主体系统要发挥正常的作用,必须要求在深入领会顶层设计基础上实现不同类型子系统各司其职、协同配合,其中任何一类人员不享其职、不尽其能,工作主体的工作职能就得不到正常发挥。如果互相掣肘、扯皮内讧,乡村人才振兴工作主体系统便会因内耗而效率低下。

4.1.3 健全乡村人才振兴工作主体系统的基本原则

乡村人才振兴工作主体是由顶层设计者、高层决策人员、智囊人员、执行人员、人力资本开发展对象、监督人员六大子系统有机组成的共同体,如何建立健全最优化的乡村人才振兴工作主体系统是搞好乡村人才振兴工作的关键所在。

要建立一个理想的乡村人才振兴工作主体系统,首先,要坚持目标择优原则,即根据工作目标的要求来选择确定乡村人才振兴工作人员。具体说来:第一,要因事设人而反对因人设事,乡村人才振兴工作涉及的人力资本开发技术和事务的繁简是确定人员的关键因素。第二,在确定乡村人才振兴工作主体的总人数之后,还要根据工作的需要对不同类型的工作人员进行再整合。在具体的乡村人才振兴领域,决策人员只能是少数,大量的是一线人员(即执行者)、智囊人员和监督检查人员的人数无一定之规,要视乡村人才振兴工作的具体情况而定。乡村人才振兴工作对象越是复杂多变,越应多配备智囊人员和监督检查人员。而乡村人才振兴工作对象相对简单且比较稳定,其智囊人员和监督人员的人数就可以相对减少。现代社会,大量传播媒体义务担负着对乡村人才振兴工作等活动的监督职能,但这些不能算作乡村人才振兴工作主体系统的正式成员。

其次,一个理想的乡村人才振兴工作系统,还必须根据系统要素特性互补的原则来挑选人员。系统论认为,系统是由若干功能相异而又彼此补充的要素按一定结构有机组成的统一体。如果要素属于同一性质,这种系统就会因为功能单一、缺乏互补性而成为一种机械系统。具体说来,应坚持以下几种互补原则:第一个原则是知识互补和能力互补。即将不同知识型和能力型的成员组成一个工作团队,避免"清一色"的"学院型"或"实干型"的"近亲繁殖"。第二个原则是气质互补和性格互补,即将不同性格不同气质的人相搭配,使之相互补充对方气质性格缺陷可能造成的错误,例如,将果敢型的人与沉稳型的人搭配起来,思索型的人和实干型的人结合起来。第三个原则是年龄互补。年龄在现代乡村人才振兴工作中具有越来越明显的独特功能,年龄与经验、作风、对事物的敏感程度相联系。理想的工作团队不应由同一年龄段的人组成,如果条件允许还可以争取男女适度配搭,由老中青三个年龄段的人组成。老年人阅历深、经验多,青年人对新事物敏感、富有锐气;男人一般胆大,女人一般心细。只有将不同性别年龄的人组合在一起才能形成功能互补。反之,则收不到系统的整体优化效应。

最后,要努力提升乡村人才振兴工作主体的认识高度。乡村人才振兴工作的目的不仅仅是经济发展,而且是"三农"事业的全面发展,农村、农民、农业的发展,可以说,人的自由全面发展才是乡村人才振兴工作实践的最终目的。但是如果我们简单地按照乡村人才振兴工作实践主体和乡村人才振兴工作实践价值主体是一一对应的关系,即谁开展乡村人才振兴工作实践,谁会获得相应回报,那就会有失偏颇。这是不考虑社会现实的简单抽象。马克思在《哥达纲领批判》中说:"劳动不是一切财富的源泉。自然界同劳动一样也是使用价值……的源泉,劳动本身不过是一种自然力即人的劳动力的表现。"劳动力具有创造力,是劳动只有在具备自然界提供的对象和资料的前提下,才能够创造财富。关于社会财富源泉问题的澄清是很有意义的。正如马克思所说:"只有一个人一开始就以所有者的身份来对待自然界这个一切劳动资料和劳动对象的第一源泉,把自然界当作属于他的东西来处置,他的劳动才成为使用价值的源泉,因而也成为财富的源泉。"

4.2 乡村人才振兴工作客体

客体是相对于主体而言的对象,乡村人才振兴客体是乡村人才振兴主体所作用的对象。乡村人才振兴既然是乡村人才振兴主体作用于客体的特殊实践活动,因而在研究乡村人才振兴主体之后,还必须考察乡村人才振兴对象的特点。

4.2.1 乡村人才振兴客体及其构成要素

客体在一般意义上，是主体有目的有计划相作用的对象。其中，凡是被人们有目的、有计划地认识和考察的对象，就可以被称作认识客体；凡是被人们有目的、有计划地加以控制和改造的对象，就是实践客体。因此，客体范畴是一个包容甚广的哲学范畴，凡是人类思想所及和活动相加的一切对象，都可以被称为客体。

什么是乡村人才振兴客体呢？笔者认为，就是人们常说的乡村人才振兴的对象。为了使客体有其具体规定，以明确乡村人才振兴工作者应当面对什么。一般认为，乡村人才振兴的对象是人、财、物三种基本要素。乡村人才振兴作为一种特殊的社会实践活动，是乡村人才振兴主体为了实现某个预定的目标而展开的实践活动。因此，从事乡村人才振兴计划设计、组织协调、控制管理的人，以及具体执行计划和参与的人都是乡村人才振兴主体，而人力资本开发对象（学习活动参与者）是可以具备双重属性，转化为客体，这样接受资源者和这一实践活动涉及的财、物资源就成为乡村人才振兴的客体。这种客体不仅包括通常意义上消极被动的静态客体，而且也包括特殊意义上积极能动的动态客体，这里的客体既包括实体性因素人、财、物，也包括非实体性的功能因素和结构因素，如人的思想状态、人的活动方式、人员组织结构、人与人的信息沟通以及被人控制的时空等。乡村人才振兴客体之所以成为主体有效作用的对象性客体，正由于上述诸要素进入了乡村人才振兴的实践活动领域。如果乡村人才振兴客体不是某一正在进行的实践活动，诸要素没有进入现实的实践活动领域，无论是人还是物，也无论是时间和信息，都不可能成为乡村人才振兴的工作对象。

从哲学的角度来看，无论何种乡村人才振兴客体，都是由参与乡村人才振兴实践活动的人和实践赖以进行的物两类要素所构成。其中，人的要素又包括人的思想（价值观念、意志情绪、认识能力）、人的行为（行为方式、行为趋向、行为方法）、人际关系等；物的要素则包括物资、资财、环境、时间和信息等。

4.2.1.1 人的思想

说人是乡村人才振兴客体要素，自然应包括人的思想，因为人是有思想的理性动物，而不是无思想的机器或动物。但是思想作为一种无形的精神现象，能成为人们所管的客观对象吗？如果可以的话，又该如何理解客体的客观性？人的思想虽然无形但并非不可捉摸；人的思想对于个人来说诚然是一种反映客观的主观,而当它作为被他人认识和影响的对象,又是一种被反映、被掌握的不以乡村人才振兴工作主导者意识而改变的事实因素。人力资本开发对象的思想虽然是一种无形的精神,但对于乡村人才振兴工作者同样具有可知性和客观对象性。乡村人才振兴既然是一部分人通过向另一部分人传授知识和生产技能去进行的农业生产或改善生活的实践活动,乡村人才振兴主体就应当自始至终了解人力资本开发对象的意愿、影响他们的观念,从而使人力资本开发对象的思想成为可预测、可感知、可跟踪控制的对象。

4.2.1.2 人的行为

人的行为即人的现实活动。同人的思想比较,它具有明显的客观物质性和目的方向性。当人力资本开发对象未进入乡村人才振兴工作系统的时候,其开展的农业生产和生活实践活动大都是由自己支配的自主活动。而一旦进入乡村人才振兴领域,同乡村人才振兴工作者发生关系,其活动就不再是完全自主的,成为受乡村人才振兴主体影响的对象性客体。乡村人才振兴之所以可能,正在于一部分人的行为方式、行为趋向和活动方法不能任由自己支配而需接受别人的引导和影响。人力资本开发对象学习什么、怎样学习、为什么而学习,都可能要受到乡村人才振兴主体影响。

4.2.1.3 人际关系

人际关系是指组织内人与人之间发生的关系,它既包括乡村人才振兴主体之间的关系,也包括乡村人才振兴主体同乡村人才振兴客体中的人(人力资本开发对象)以及乡村人才振兴客体之间的关系。乡村人才振兴最容易被忽视的就是乡村人才振兴工作者与人力资本开发对象的关系。如果不能以人力资本开发对象朋友身份开始乡村人才振兴工作,乡村人才振兴效果就可能大打折扣。

4.2.1.4 物资

在哲学中,物质是相对于精神而言的客观实在,它包括很广,不仅财是物,人也是物。而物资则不是一个哲学概念而是一个经济学概念,它是指人类物质生产和生活不可缺少的自然资源、生产资料和生活资料。在乡村人才振兴领域里,物资是人们进行生产实践的对象,但成为乡村人才振兴的要素则需要加以说明。当自然物资未进入农业生产领域的时候,是以资源形式存在的。资源的种类主要有土地、森林和水域。自然资源进入生产领域之后,便被生产实践改造成为材料、能源、工具、设备等生产资料,在农业生产领域,农业物资是人类农业生产活动的对象。同样,乡村人才振兴工作中,主体和客体都会直接同资料打交道。教学和科学传播设备是人类知识传播活动的对象，正是以各种不同形式的物资为客体，才会形成乡村人才振兴所需的原材料。

4.2.1.5 资财

资财是资金和物资的价值表现。所谓资金，即用于某种活动的实有货币；所谓物资的价值表现，是以货币为价值尺度对物质财产数额（金额）所做的计算。人类自进入文明社会以来，无论从事哪类实践活动（特别是经济活动），都离不开对物质资料价值的正确认识和合理使用。而要正确认识和合理使用物质资料的价值，又必须合理地寻财（在乡村人才振兴领域一般表现为申请人力资本开发项目）、用财。在乡村人才振兴领域中的财务管理工作是涉及乡村人才振兴的组织对资财的计划和对资金开支的控制，其任务是搞好收支平衡、有效控制财流。在商品生产高度发展的现代社会，要使乡村人才振兴工作更加科学更加有效，资财管理的作用越来越重要，形式和内容越来越丰富。

4.2.1.6 环境

环境也称组织环境，是存在于乡村人才振兴系统之外又影响乡村人才振兴系统的一系列因素的总和。广义的环境包括生态自然环境、社会经济环境（如投资环境、市场环境）、政治法律环境（主要指国家政策）、科技文化环境等。环境对于乡村人才振兴工作有两重性。一方面，环境作为乡村人才振兴系统的存在条件，是既定的、外在的"编外因素"。一般来说，是环境选择决定乡村人才振兴系统；凡是适应特定环境的组织才能存在，与环境不适应者便会灭亡。在这个意义上，环境不是乡村人才振兴主体可以驾驭改变的客体。另一方面，乡村人才振兴主体既然是人，而人又有主观能动性，所以乡村人才振兴系统又不可能完全被环境左右，在一定范围内和一定条件下，它又可以并且应当按自身的需要去选择环境、改造环境，并与环境建立起互通物质、能量和信息的和谐平衡关系。在这个意义上，环境就成为乡村人才振兴主体的客体要素。环境决定乡村人才振兴所做的选择，乡村人才振兴又改造环境，这合乎马克思主义理论中环境创造人，人又创造环境的辩证思想。如果看不到前者，会犯唯心主义错误；而忽视后者，就是机械唯物主义。

4.2.1.7 时间

在哲学上，时间被看成物质存在的基本方式之一。物质处在绝对的运动中，运动着的物质所固有的过程性、延续性和先后承续性，即是时间。乡村人才振兴客体诸要素，无论是人的要素还是物的要素，无一不同时间有关，或者说都在时间中运动、转换、匹配。因此,乡村人才振兴的客体要素不仅包括上述的人、财、物、环境,同时也包括对时间的使用。不过,这并不是说时间可以随人的意志而改变其固有的不可逆性,因为时间本身是不会被人所改变的;而是指充分认识时间的价值和提高时间的使用效率,要求乡村人才振兴工作者在乡村人才振兴工作中进行时限控制,关注时机和时效。人力资本开发对象是在一定的时间中活动的,因而乡村人才振兴工作者不仅要影响其思想和行为,还必须在其活动的时间期限开展工作,否则乡村人才振兴工作就可能打折扣。时机选择是引导或指示人力资本开发对象恰当选择和准确把握某种机遇,充分发挥时间的效率价值,达到利用乡村人才振兴所传播的新知识提高"三农"工作水平的目的。时效是指相同时限内的不同工作效率。时效教育就是向人力资本开发对象讲述时间就是金钱、时间就是生命、时间就是效率的观念,引导人力资本开发对象抓紧时间学习、工作,让乡村人才振兴工作中传播的新知识、新技术在短时间内发挥出最大的效益。总之,虽然时间对每个人是无私公正的,时间本身具有不以人的意志为转移的客观性,但是人对时间价值的认识和利用时间的方式又大有差别,在此意义上它又是可以控制的对象性客体。现代社会,随着生活节奏的加快,时间作为乡村人才振兴客体系统的标量因素已受到广大工作参与者的普遍重视,像"不违农时"的优秀传统文化一样成为乡村人才振兴者的共识。

4.2.1.8 信息

在自然界中虽然客观存在着多种多样相互关系的信息,而且这些信息客观地经历着传递、接收、处理和反馈的过程,但这一切只是"自然"地进行着的。根据申农提出的信息论理论,信息是消除随机不定性的东西。其通信功能就是消除不定性,信息就是用被消除的不确定性之大小来衡量。按照控制论的创始人维纳观点,信息和熵刚好是两个相反性质的概念,前者标志系统的组织程度,后者表示组织解体的量度,信息可以提高系统的组织性。可见,信息普遍存在于或附着于物质和活动之中,并对任何一种系统的组织和运行状态发生自觉或不自觉的影响。因此,人们在开展乡村人才振兴工作时,如果要防止内部混乱而加强其组织性,就必须收集大量信息、分析整理有关信息,利用信息来进行科学的预测和决策,帮助和引导人力资本开发对象开展学习活动,从而使组织系统内部保持和谐,建立与环境的稳态平衡。相反,如果以为信息看不见摸不着,不对信息加以重视,这样的乡村人才振兴就很可能是"盲人骑瞎马,夜半临深池",变成主观蛮干,毫无科学性可言。有人认为,在信息时代,乡村人才振兴工作必须以信息为基础,有针对性地开展工作,这也从一个侧面说明信息在乡村人才振兴工作中的重要性。

综上所述,乡村人才振兴客体,包含着诸如人、财、物、时间、信息、环境等多种要素,是一个结构复杂的多元动态系统。离开系统论和实践理论孤立地分析乡村人才振兴客体要素显然是不可取的。

4.2.2 乡村人才振兴客体的基本特点

乡村人才振兴客体是作为主体所作用的对象性客体而存在,同时又具有可影响性等具体特征。

乡村人才振兴客体系统中的人、物、财、信息、环境、时间等因素,它们的存在都是客观的。作为乡村人才振兴客体的人(人力资本开发对象)虽然是有目的、有意识的,但人的存在及其活动同样是客观的,同样服从于一定的客观规律,乡村人才振兴工作者不能随心所欲地对他们施加影响。乡村人才振兴客体的客观性说明并要求乡村人才振兴主体的一切活动,首先必须从客体的现实情况出发,遵循唯物主义的客观规律。如果不从客体的现实存在而仅仅从主体的愿望出发,就会影响乡村人才振兴的效果。

乡村人才振兴客体的主观能动性,所指的就是乡村人才振兴客体系统中人力资本开发对象的主观能动性或自觉的主动性。这就是说,人力资本开发对象既是乡村人才振兴活动中受动的对象性客体,又是实践活动中能动的创造性主体。没有人的这种主动创造性,就不可能有真正意义的乡村人才振兴活动。另外,即使在乡村人才振兴活动中,作为乡村人才振兴客体的人也并非只具有客体的性质,很多场合他们也同时参与部分乡村人才振兴工作,这种参与也体现着他们的主动创造性。如果作为乡村人才振兴客体的人不主动发挥作为人的主动创造性,或者乡村人才振兴工作者不去发动农民参与进来,乡村人才振兴客体就失去了它的活力因素,也谈不上真正高效的乡村人才振兴。

乡村人才振兴客体的社会历史性包括两层含义:一方面,乡村人才振兴客体系统及诸要素是在社会大环境中形成的,不可能脱离一定的社会环境孤立存在。或者说,乡村人才振兴客体不是绝对封闭的系统,而是作为社会大系统的一个子系统与其环境进行物质、能量、信息的交换。如果脱离人类社会,人既不能作为客体身份进入乡村人才振兴系统,物也不能成为被人改造和乡村人才振兴的对象或客体要素,二者更不能耦合为完整有序的乡村人才振兴客体系统。另一方面,乡村人才振兴客体及要素既然存在于社会大系统之中,那它将随社会历史的变化而不断变化,以保持它与社会环境的动态平衡。

乡村人才振兴客体不仅具有一般生产实践活动的客观性、能动性和社会历史性，同时还具有可影响性。这里的可影响性不同于管理学中的可控性（可管性），而是作为乡村人才振兴客体的人力资本开发对象容易被乡村人才振兴主导者影响。如果对象尽管是客观的、能动的，但对于乡村人才振兴主体来说是不合作的，那么这至多只是潜在的或可能的乡村人才振兴客体。只有当主体真正认识了客体的特点、性质、活动规律并有能力有条件影响乡村人才振兴活动，其工作对象和相关的因素才成为现实的乡村人才振兴客体，才从主客体的关系中获得客体的属性。透彻理解乡村人才振兴客体的可影响性对我们提升乡村人才振兴效果非常重要。

一方面，看一个对象是不是乡村人才振兴客体，首先应对其活动的常规性进行分析。任何事物的活动既有其合规律的方面，又有其随机偶然的方面。一般说来，合规律的活动和过程是可影响的，不合规律的随机偶然现象是不可影响的。当然，任何事物的活动都有其活动规律，不可能是纯粹偶然的，但这只是从一般意义上来说的。如果具体分析，即将事物放置在特定的时空领域之中，比如置放于乡村人才振兴环境中，有的事物的活动就不一定有规律而是完全任意随机的，就不能对这些人进行知识传播，人和物就不能成为乡村人才振兴的对象。因此，只有认识了事物的常规，并将其纳入乡村人才振兴的范围，事物才成其为乡村人才振兴对象。反之，认识不到规律，事物就不能作为我们乡村人才振兴的对象。从抽象的意义上说，人作为社会的一员，总要受到社会或社会某一组织的约束，任何人的活动都具有规律性。但具体分析每一个个体，人力资本开发对象在有的时期或场合，不一定成为某组织（乡村人才振兴活动大都依托紧密型或松散型组织）的成员而是自由的个体，不具有活动的规律性而具有个体随意性。这时就不能将其看成乡村人才振兴的对象性客体。认识对象在组织中的活动有无常规性，是判断对象究竟是可管还是不可管的先决条件。如果不做这种区分，仅从抽象的意义上来考虑对象，就会将不适宜参与人力资本开发的对象当作乡村人才振兴对象而耗费不必要的精力。

另一方面，要区分抽象的可影响性和现实的可影响性。抽象的可影响性是指对象活动虽有规律可以认识，但或因条件不具备或虽有条件但主体能力不足而在现实中还无法施以影响的潜在可影响性。与此对应的是现实可影响性，现实的可影响性是指已被纳入乡村人才振兴客体系统因素的可影响性。区分抽象的可影响性和现实的可影响性很重要，这项工作不仅有利于乡村人才振兴工作者正确判断哪些事物是现在可以并应当加以影响的对象,哪些是乡村人才振兴工作者当下还不能影响的对象,以便分清先后、有计划地安排乡村人才振兴工作程序;而且还可以帮助我们正确认识现有的乡村人才振兴条件和能力,避免办力所不及的事,通过不懈努力逐步积累工作所需要的条件,一步一步实现乡村人才振兴目标。另外,同一乡村人才振兴客体对于不同乡村人才振兴主体,也有抽象和现实之分。乡村人才振兴客体的可影响性,不仅取决于客体本身的性质,还取决于乡村人才振兴主体的能力。正如马克思所说:"对象如何对他说来成为他的对象,这取决于对象的性质以及与之相适应的本质力量的性质。"

4.2.3 乡村人才振兴客体系统的优化

乡村人才振兴客体作为由人和物多种因素构成的复杂人工开放系统,不仅具有上述的可影响性,还具有系统的若干特性。

首先,乡村人才振兴客体的各要素不可能孤立存在,它们之间彼此作用,相互关联,具有相关性。这就要求乡村人才振兴工作主导者具备系统整体观念,注意各要素之间或显或隐、或直接或间接的联系,防止就事论事和"单打一"的工作方法。特别是在对待人的问题上,更要注意其系统组织效应。客体中的人绝不是孤立的个体,而是彼此利益相关、声息相通的群体。因此,当我们在工作中使用一项新技术、新方法时,不能着眼于一人一事,而应着眼于这一人一事对他人的影响、考虑到它的组织效应。相反,如果某一工作者以为一人一事无关大局,就很可能就事论事,采用不适当的工作方式,影响工作效果。

其次,乡村人才振兴客体是一个全方位的开放系统,系统各要素与外部环境进行着多通道及多形式的物质、能量、信息、人员的交流。客体系统的这种开放性又要求工作主体改变传统的封闭意识,树立开放意识。在乡村人才振兴工作模式提出之前,很多人将人力资本开发对象看成完全封闭的群体;现代社会是一个全方位开放的社会,再没有任何事物、组织只受内部控制而不受环境干扰,可以不通过内外交流求得平衡发展。事实也说明只有敢于直面开放社会环境的乡村人才振兴工作者,才有可能在不断的开放中拓宽有利于系统生存和发展的环境,从外界积极汲取负熵抵消系统内部必然出现的熵增,从而在动态中维持平衡有序。相反,一味把自己封闭起来,不敢或不希望人力资本开发对象与外界环境接触往来,可能在一个时期这个系统是稳定和谐的,但时间一长,内部的熵增大而又不能从外界获取负熵,其结果必然导致组织的离散解体。

最后，系统总体效用不等于各元素的累加和，而是大于或小于各元素的累加和。是大于还是小于又取决于系统要素组合结构的优劣。自然系统的结构组合是自然形成的，本无所谓优劣之分。乡村人才振兴客体系统的组织结构则有优劣之分，如何判断组织结构的优劣和如何追求实现最优化的客体组织结构，是乡村人才振兴工作者经常面临的重大课题。

要做到乡村人才振兴客体组织的最优化，必须遵守以下三点。

第一，乡村人才振兴客体要素之间必须具有质的适应性。所谓质的适应性，是指客体诸要素的质应当互适互补，在素质上要能互相匹配和耦合。如果有的要素在质上不能与别的要素匹配，或者对别的要素起"瓦解"变质的作用，这就叫缺少质的适应性，就不利于客体要素的优化组合。

第二，乡村人才振兴客体要素之间必须具有量的适度性。所谓量的适度性，包括诸要素数量的最佳比例、各要素在空间的最佳位置和整个客体系统最合适的规模。比如提高劳动生产率，就应探寻人力和生产资料的最佳数量比例。同时，乡村人才振兴客体规模也影响到组合的优劣，规模过大或过小都不利于形成最优的组织结构。客体规模过大，工作主体难于精准支持，容易失控；客体规模过小，主体人浮于事，也破坏上述的数量比例，同样不可能形成最优结构。量的适度性，恰恰是"精准"和"优化"两个概念的内涵。

第三，要使乡村人才振兴客体要素做到优化组合，还必须合理配置时间，形成最佳的时间结构。时间是乡村人才振兴客体存在和运动的方式，系统各要素总是在时间中结合并相互作用的。时间又是各要素组合效应的标量，因此，要素组合的时间结构对系统能力和系统效应有直接影响。时间结构大致又包括客体要素的劳动时间（活动时间）、要素流通时间（进入劳动领域或系统活动领域的时间）、主导者的自由时间和人、财、物、信息的闲散时间。在时间既定的条件下，合理配置时间结构应尽量扩大学习时间、适当增加全体参与者的"自由时间"，尽量缩短流通时间和闲散时间。

总之，为使乡村人才振兴客体系统最优化，不仅要按照系统目标使各个要素在质上相互适应、量上合理匹配，还必须科学分割时间、配置时间和控制时间。如果其中任何一个环节出了问题，系统要素便无法耦合为一个运动系统，自然也就无"优化"可言了。

4.3 乡村人才振兴工作主客体的辩证关系

乡村人才振兴主体和客体作为乡村人才振兴大系统的两极,其性质、结构和功能是完全不同。无论何种工作,总是由相应的乡村人才振兴主体和与之对立的客体构成的。如果混淆二者界限,我们就无法懂得究竟"乡村人才振兴做什么"和"谁在做",自然也谈不上"怎样做"和"为什么而做"之类的问题。同时,研究乡村人才振兴主体和乡村人才振兴客体二者之间的辩证关系,可以从动态上把握乡村人才振兴的实质。

4.3.1 乡村人才振兴工作主客体的辩证关系概述

首先,乡村人才振兴主体和乡村人才振兴客体作为乡村人才振兴实体系统的两极,是以对方为其自身存在的条件,一方离开另一方,二者将不复存在。乡村人才振兴主体之所以居于主体地位,是因为存在着可供其影响的客体;乡村人才振兴客体之所以成为被影响的客体,是因为必须接受主体传播的知识、方法、技术,人力资本开发对象才能获得农业生产所需新技术和方法。如果没有乡村人才振兴主体,就无所谓乡村人才振兴客体。没有乡村人才振兴客体,也无从形成乡村人才振兴主体。可见,乡村人才振兴主体和客体之间是一种相互依赖的关系,二者的性质和地位是相互规定的。在具体工作中,人不是处在乡村人才振兴主体的地位,就是处在乡村人才振兴客体的地位,绝没有介于二者之间或超越二者之外的人。乡村人才振兴工作者和人力资本开发对象的关系是一种普遍的工作社会关系,看不到这种关系的普遍性,显然是不现实的,也是有害的。

其次,乡村人才振兴客体受乡村人才振兴主体的制约,这是很显然的现象,人们常常就将乡村人才振兴活动单方面理解为乡村人才振兴工作者对人力资本开发对象主动施加的种种影响。其实,乡村人才振兴活动绝非乡村人才振兴主体作用于客体的单向活动,而是二者相互作用相互制约的双向活动,在乡村人才振兴过程中,乡村人才振兴主体也受到乡村人才振兴客体的作用和制约,这表现为:第一,乡村人才振兴计划必须根据系统中客体的现状做出,乡村人才振兴主体不能离开工作对象来做计划;第二,计划的实施有赖于乡村人才振兴客体与主体之间的协调,特别有赖于作为客体的人与乡村人才振兴工作主导者的合作。如果不予合作,乡村人才振兴便无法开展;第三,乡村人才振兴工作者的行为不能是任意的,他们也必须接受法律的约束和社会的监督。可见,乡村人才振兴绝不是乡村人才振兴主体单方面作用于客体的单向活动,而是乡村人才振兴主体和客体相互制约、相互作用的双向活动。乡村人才振兴不应仅仅理解为乡村人才振兴工作者的能动活动,而应理解为乡村人才振兴工作者和人力资本开发对象的互助合作活动。

最后,乡村人才振兴主客体的统一是具体的、历史的统一。乡村人才振兴作为一种特殊的社会实践活动,是人类历史发展中一个阶段的产物。人被划分为乡村人才振兴主体和客体,也不是绝对不可能改变的。一个工作对象,在他人帮助下致富之后,可以向正在努力提高生产、生活水平的其他农民介绍自己的经验,提供生产过程中验证行之有效的技术,这个时候他就从乡村人才振兴工作对象转变成为乡村人才振兴工作主导者,就可以成长成为乡村人才振兴知识传播者,主体身份将更加明显。

4.3.2 乡村人才振兴工作主客体的典型矛盾形式

世界是充满矛盾的,矛盾存在于一切领域。乡村人才振兴领域也是一个矛盾世界,乡村人才振兴过程即是解决各种矛盾的过程。如在决策过程,存在着主观目的和实现可能的矛盾,乡村人才振兴目标和社会利益的矛盾,智囊人员同决策人员的"谋""断"矛盾;在具体乡村人才振兴过程中,存在计划与执行的矛盾,环境和组织的矛盾,离散和协调的矛盾,等等。显然,这些矛盾的产生有其极为复杂的根源。

在各种各样的矛盾中,究竟有无一种贯穿乡村人才振兴过程始终、决定乡村人才振兴基本性质的矛盾呢?笔者认为,这就是乡村人才振兴主体和客体之间的矛盾。由于这对矛盾决定着乡村人才振兴的基本形式和基本性质、引发了其他矛盾的产生并制约着其他矛盾的解决。

在一般意义上,乡村人才振兴主客体的矛盾是指充当主体的人同作为客体的人和物之间的对立统一关系。但是,在乡村人才振兴工作中,物的作用是通过作为主客体的人来体现;这样,二者的矛盾又可归结为乡村人才振兴过程中人与人的对立统一关系,在乡村人才振兴工作中,最典型的矛盾表现为利益和责任、指挥和服从、纪律和自由、集权和分权、竞争和协调五类现象。

4.3.2.1 利益和责任的矛盾运动

利益是满足人们物质需要和精神文化需要的范畴,人们有多少种需要,就有多少种利益;不同时代和不同国家的人有不同的需要,判断利益也就有不同的社会历史标准。责任作为与利益相对的概念,是指人们在社会中所承担的义务和应负的职责。人们要从社会或组织那里获得利益的满足，就必须担负相应的社会义务和尽到一定的责任。如果不负责任就无权得到相应的利益；反之，不满足一定的利益，人们也就无责任可言。

乡村人才振兴工作的开展，首先依赖于系统成员合理分担一定的责任和获得相应的利益。这是因为，乡村人才振兴工作系统的形成，是组织成员为了各自的意愿走到一起来的。同样的道理，既然人们为了自身的意愿结合起来协同活动，就会有组织分工并必须承担不同的责任。不承担一定责任就不可能进行有效工作，自然也无法满足自身的利益。因此，要保证乡村人才振兴工作得以正常开展，就必须明确每一组织成员的责任和满足其应得到的利益。其中，乡村人才振兴工作管理者有其管理的责任和与之相应的利益，参与者也有其学习责任和与之相应的利益，只有当二者各尽其责、各得其利的时候，主客双方才能耦合为一个动态组织系统，管理才得以持续有效地进行下去。

但是在工作中，利益和责任常常又是不统一的。这是因为，利益作为满足人们需要的表现形式，它具有一种由外到内、由人到己的收敛性和排他性。如果缺乏有效的组织约束机制，无论是个人还是组织都会本能地唯利是图。相反，责任意味着为他人和社会作贡献，它具有由内到外、推己及人的社会发散性和自觉性，只有通过有效的组织约束和道德教化，它才能使组织成员树立责任感，对自己的行为负起社会责任。趋利是人的本能，责任是人的后天获得和社会再造，利益和责任的相互排斥实际是由人的生物性和人的社会性之间的对立决定的。乡村人才振兴管理过程之所以无法避免这一矛盾，其源盖出于此。管理之所以必要，也在于要使二者统一起来，避免出现唯利是图和逃避责任。

社会主义公有制的建立，消灭了私有制造成的利益和责任之间不可克服的矛盾，一项工作的管理者或被管理者都负有一定的责任并应当获得相应的利益。但是，这并不意味着二者没有矛盾，其主要表现如下：

首先，有的组织领导班子人浮于事，机构臃肿重叠，一线的人少，二线、三线的人多，结果造成部分人员只拿钱不办事，多数作业人员干事多、拿钱少，因此形成管理者和被管理者的利益冲突，导致利益和责任失衡。

其次，有的组织片面理解和宣传责任与利益的关系，或者只强调物质利益，宣传一切向钱看；或者将利义截然对立起来，只讲贡献不讲满足。在乡村人才振兴工作中如果上述思想蔓延，就可能导致两种错误倾向：一是搞福利主义。让基层参与者多得利，而要求领导者不计报酬；二是违背按劳分配原则，不给积极工作的执行者以必要的物质奖励，片面提倡忘我劳动无私奉献，而极个别组织者则以组织名义以权谋私，捞取不该得到的各种好处。无论其中哪种作法都违背了利益和责任相统一的辩证原则，造成干群之间不应有的利益冲突。

最后，中央和地方、上级政府和下级政府之间也是主体和客体的关系，也应保持责任和利益的一致性。但如果片面强调一方，同样会导致两种错误倾向：一是国家无视地方的正当利益，只要求地方多做贡献；二是地方无视国家的最高利益，搞地方主义。二者都可能破坏了利益和责任的平衡，导致上下级之间的矛盾。

4.3.2.2 指挥和服从的矛盾运动

"指挥"是一个组织学概念，就是说领导者运用组织赋予的权力根据上级决策对下属人员行使指导、施加影响的行为过程。

"服从"则相反，它是指被领导者接受上级的指令、按照上级的意图而运作的过程。乡村人才振兴工作管理的基本原则，就是指挥统一、令行禁止。如果放弃指挥或者拒不服从，乡村人才振兴工作就不可能进行。指挥无方或服从勉强，工作也难以奏效。

在具体实践中，指挥和服从不是自然达到统一的，而是在经常的矛盾运动中求得一致的。之所以会经常出现矛盾，大致有以下一些主要原因。

首先，利益分配不公，参与者因感到无利可图而拒不服从领导。这种情况是私有制管理的病疾，广大劳动群众处在受剥削的地位必然会自觉不自觉地对抗管理指令。社会主义虽然从根本上消灭了私有制引起的这种拒管行为，但如果在资源分配上处理不当，管理体制上如果给少数领导者侵占下级的劳动成果留下漏洞，同样会引起消极工作的种种行为。

其次，价值观念不统一，领导者和被领导者缺乏一致的价值观念。乡村人才振兴工作不仅是少数领导者的事，也是组织所有成员共同的事业，它需要大家对组织目标取得共识，上下要有共同的价值观念。但是在实际生活中，人和人的社会地位、主观需要是不完全相同的，基于不同的社会地位和主观需要，各人的价值观念也不可能自然地取得一致。尤其是领导者和被领导者，由于他们处在不同的地位，价值观念存在着明显的区别，二者经常发生观念冲突，这就使上级发出的指令受到下级的抵制或曲解。

最后，上级有权无威，滥用职权。乡村人才振兴工作的指挥权虽是必要的，但指挥是否得到相应的服从则取决于掌握权力的领导者有无威信，指挥是否得当。只有既具有权威、又指挥得当的上级，才能不仅从信息上而且从情感理智上与下级沟通，并且得到下属的信任、理解和拥戴。而有权无威的上级，其指挥要么是强迫命令、滥用职权，要么朝令夕改、意气用事，其结果或者遭到下属的抵制，或者使人们被迫屈从或盲目服从。下属的抵制，显然导致指挥的落空；而屈从或盲从只是表面上的服从而非自觉地服从，同样也会使指挥失去真实的对象而成为虚假的指挥。

可见，在有分工有协作的组织系统，以指挥为一方的上级和以服从为一方的下级是有可能处在经常的矛盾状态中的。在具体工作中，指挥和服从的矛盾依然存在。因此，要注意把握如下原则：第一，这时的指挥者不允许采取简单的强制命令，而应伴之以说服、指导和激励，使广大群众心服口服、自觉服从；第二，指挥活动应以上下共识为基础，服从则以真理为前提。反对不管下情的瞎指挥，提倡服从真理、尊重权威；第三，力求指挥的正确和服从正确的指挥，努力为上下级的关系创造一种良性循环的格局。上级越是服从群众的意志和服务于群众的利益，群众越是自觉服从其指挥；同时，群众愈是服从上级的指挥，支持他们的工作，上级的指挥越有效，积极性越高，越能体现群众的智慧和服务于群众的利益。

4.3.2.3 纪律和自由的矛盾运动

要行使上级对下级的指挥，组织必须制定纪律，而要变盲从和屈从为自觉地服从，以发挥广大被管理者的主动创造性，又需要自由。

纪律和自由是开展乡村人才振兴工作时的又一对矛盾，二者也常常通过上级和下级的关系表现出来。所谓纪律，是为实现组织目标保证管理有序进行而制定的各种行为规范，它主要是由上级来监督执行。自由有多重含义，这里是对组织纪律而言，主要指下级在纪律允许的范围内行动的自主性和行为的自觉性和自律性。乡村人才振兴工作之所以能够顺利进行，既要有统一的组织纪律来规范人们的行为，统一大家的行动；又要有一定的自由，以使个人能独立地开展本职工作。没有纪律，就无法约束人们的行为使组织形成合力，自然也就谈不上有效开展工作。没有自由，组织成员的一言一行都得按上级的指令行动，人就会因丧失自主性和自觉性而成为完全按指示操作的机器，同样谈不上有效开展工作。由此可见，纪律和自由作为矛盾的两个侧面，是相互依存、彼此作用的。乡村人才振兴工作中管理活动在一定的意义上，就是上级代表的组织纪律和下级代表的个人自由这二者之间的对立统一过程。

需要指出的是，纪律和自由的对立统一运动不是自发完成的，它作为社会规律之一，必须通过人们的正确认识和有效管理才能实现。在人类历史上，由于认识的偏颇和历史的局限，纪律和自由曾经长期被人们对立起来，由此出现了两种错误的管理模式。

一是只强调纪律而排斥自由的专制模式。这种模式将管理片面地理解为对组织成员的纪律约束和行为强制，试图将人们的一切言行都统统纳入管理的范围。在这种模式中，纪律就是一切，人们的一言一行无不受到组织的限制和管理人员的监督。自由在这里没有合法的地位，人们的主动创造性被看作不安本分而受到鄙视甚至遭到惩戒。持这种观点的人无法理解纪律和自由的辩证关系，始终意识不到没有自由便没有人们对纪律的自觉遵从。久而久之，一方面因剥夺了下级的自由必然引起他们的对抗或使之麻木呆滞，纪律无法起到真实的管理效用；另一方面也助长了上级的专擅任性，使之我行我素，唯我独尊，可以随意制定或随便更改团体章程，成为纪律的破坏者。这样一来，本来人人都应享有的自由和人人都须遵守的纪律就发生两极分化：一极是下级，他们只能遵守纪律而无权享有自由；另一极是上级，他们享有自由而无须遵守纪律。显然，这种工作模式既践踏了自由又破坏了纪律，它充满压迫、强制、屈从、愚昧和逢迎气息，是一种极其脆弱又极为霸道的低级管理形式。

二是与只讲纪律不讲自由的专制模式相反的另一种极端，是只讲自由不讲纪律的自由主义模式。自由主义者肯定人的自我力量、尊重人的自由创造、批判专制主义蔑视人的种种观点，无疑具有部分的真理性。但是自由主义者对自由的理解是片面的，他们认为纪律是自由的敌人，任何纪律对自由都只能是一种有害的束缚，自由是绝对不受他人的约束。庄子反对儒家礼教，主张人身自由。但他说的自由就是"无待"，即不需要任何外在条件、绝对不受约束。儒家提倡"仁政"，主张治国平天下主要不靠法而靠仁，仁的核心即得人心，也即是靠人的内在自觉性。这其中也包括肯定自由的合理思想。但儒家思想在总体上也是轻视团体章程和纪律约束的，只不过没有道家那样绝对。在近代，无政府主义思潮可以看成自由主义的顶峰，他们从反对资本主义国家制度开始，结果走向打倒一切国家、破坏一切纪律的极端。老庄、孔孟以及现代无政府主义其说法虽然不一，但又无不来源于分散的小生产经济，都具有排斥或轻视纪律约束的意味。这说明，自由主义有其深厚的社会根源，分散的小生产经济是它们滋生的温床。

社会主义制度的建立，为纪律和自由的辩证统一提供了根本的保证。乡村人才振兴工作系统应努力创造毛泽东同志所说的既有纪律又有自由的生动格局。这是因为，在社会主义条件下，上级和下级只是分工的不同，他们都是国家的主人，都应遵守纪律也都具有自由权利。为了维护组织利益和个人的尊严，既不允许任何人破坏纪律，也同时保护个人的自由。当然，社会主义是一个不断发展的过程，尤其在社会主义初级阶段，由于专制主义思想和小生产者习惯势力的传统影响还存在，上述两种错误倾向还将长期存在。这就要求我们在开展乡村人才振兴工作过程中，既要警惕无视自由只讲纪律的专制管理方式，注意尊重群众首创精神，维护人们的自由权利，又要反对破坏纪律的极端自由主义，严格组织纪律，培养遵守纪律的良好习惯。

4.3.2.4 集权和分权的矛盾运动

所谓集权，通常是指把政治权力集中于中央。这是狭义的或政治学的集权。作为具体工作中所指的集权是广义的，它泛指一切活动中将权力集中到各级组织进行统一指挥；分权则是它的对立面，意味下级组织分有上级的一部分权力，各自独立地行使一定的权力。

乡村人才振兴工作之所以能够顺利，首先在于工作主体拥有统一指挥的权力，这就需要集权。如果工作主体不能集权，就无法进行统一指挥，组织就分割为一个个互不相属、无所适从的机械部分，主体就会因为失去所控制的客体而不复存在。因此，自有分工有协作以来，集权就有它存在的意义和价值。

但是，又不能简单地理解集权，不能以为集权等于管理。这是因为，管理绝不是主体一方面的活动，而是系统中主客体双方的活动。从一方面看，主体只有集中权力才能对客体施加影响，支配他们的行为，另一方面，被支配的客体又有其归他们支配的客体对象，也需有一定的支配权，是另一种对象的主体，因而客体就必须分有一定的权力。

集权和分权作为对立的双方，各有利弊，因此必须互相补充。集权的优势是思想统一、指挥集中，一定的集权还可以促进系统决策的专门化，使某一职能部门能独立开展工作。其缺点是不可能事事都管到，对于各方面随时变化的情况及时全面地加以控制。分权的优势恰好是对集权的补充，它可以代替上级进行现场指挥，可以根据变化了的情况随时做出应变的现场决策，以发挥职能部门和各级下属组织的自主性和创造性。其缺点是容易形成地方主义和本位主义，滋生谁也管不了谁的分散主义，因此它又必须由集权加以限制。

在实际工作中，要使集权和分权恰当统一起来绝非易事，从辩证法的角度看，二者的适度平衡常常是通过不平衡来实现的。在历史上，古代国家管理就曾经历了一个时期极度分权（如东周列国）到一个时期的极度集权

（如秦），再到新的分权（如魏晋南北朝），如此循环。其中，二者适度结合的时期，也即是政治清明、王朝鼎盛的时期（如西汉文武帝时期、盛唐贞观时期）。而极度集权或极度分权的时期，都不利于社会的发展。

要使集权和分权统一起来是一个极为复杂的权力分配问题，值得人们深入研究。不过，总的原则是"大权独揽，小权分散""宜统则统，宜分则分"。具体来说，第一，决策权一般应操于上级部门之手，不宜分散，否则便会"政出多门"，大政方针无法统一，形成分散主义；第二，对工作程序大致相同的部门，也宜集权不宜分权；第三，在特殊情况下，为加强某一职能部门的作用或使特定活动专门化，也应使之集权化。第四，为应付各种突发性事变，上级组织可成立某种临时专门领导班子，将平时归下属拥有的某种权力收归上级，集中使用；第五，上级组织无法决定和无力指挥的事，应交下级全权处理；第六，具体事务的执行权，事出突然来不及向上级请示的机动权，也应交给下级。

要在具体工作中使集权和分权统一起来，除去按照上述原则把握好上下各自的权力限度之外，关键要树立正确的权力观念，理顺上下级之间的关系。引起极度集权和集度分权的一个深层原因，是权力欲的恶性膨胀。高度集权是上层管理者的权力欲在作祟，高度分权是下属人员的权力欲在捣鬼。上下都想无限扩充权力，必然引起权力之争，结果不是高度集权就是高度分权。要克服这一现象，首先，上下级双方都应认识到权力只是手段而非目的，目的是双方通过正常的权力分配共同努力去实现统一的组织目标。只有为了同一目标来看待权力的大小，彼此才能合理分割权力而免于争权。其次，上下级之间要沟通感情，增进了解、彼此信任。争权往往是彼此不了解、互不信任造成的。上级不信任下级，势必不敢分权；下级不信任上级，拼命反对集权。如果二者互相信任，当集则集、当分则分、集权分权如何结合，就容易解决。最后，造成权力之争的另一个重要原因，是有人以权谋私。解决这个问题就需要上下级对权力的运用进行相互监督。而要使监督有效，除制定必要的组织纪律之外，还要培养以权谋公的权力观，使当权者能自觉约束自己。

4.3.2.5 竞争和协调的矛盾运动

在生物界和人类社会，竞争和协调作为引发组织系统无序和有序这两类现象的机制，也是对立统一的矛盾关系。

所谓竞争，是指组织成员之间或组织与组织之间为实现自身特定目的而展开的一种排他性活动，它具有扩散性、排他性、无序性和创造性等特征。

相对于竞争的协调，则属于系统的组织活动或组织的系统功能活动之一，具有与竞争刚好相反的聚合性、协同性、有序性、保守性等特征。

在生物界和人类社会，竞争和协调作为两种互补的现象，是普遍存在的。生物包含着某种目的性。在生物界，无论植物或动物为了自身的存在和发展，无时无刻不在争夺最合适的生存环境，彼此之间充满了生存竞争。正是这种竞争推动着物种的进化，显示了大自然的勃勃生机。不过，生物竞争又是弱肉强食，它同时又带来了负面价值，使物种之间和生命个体之间彼此疏远离散，表现出盲目的冲动和破坏着生物群落的有序。因此，竞争就需要协调来进行控制和补充，否则，竞争便无异于自杀。

人类社会是由生物界进化发展而来的，社会生活也一样充满竞争。原始战争是一种类似生物竞争的人类组织之间的竞争；阶级社会各种形式的争利、争名、争宠、争地位、争权力、争市场、争投资、争资源、争时间、争速度，以及争力斗智等各种竞技活动，也无一不是竞争。同生物界一样，社会竞争既是社会进步的动力机制又有其负面价值，同样需要组织协调加以补充控制。如果没有协调，人类社会也会在竞争中走向灭亡。

但是，社会毕竟不同于生物，社会领域的竞争协调同生物界的竞争协调相比较，有着本质的区别。首先，生物之间的竞争是由生命的本能冲动或生存需要引起的，它缺乏明确的目的性而显现出纯粹的自发性。社会竞争本质上是社会的，每一竞争的产生有着极为复杂的社会根源，是一种具有自觉意识的社会性活动。其次，生物竞争是以弱肉强食的自然方式进行的，竞争者之间完全是一种你死我活的敌对关系。社会竞争虽然也有类似的关系和行为，但社会中通行的主要方式则不能归结为弱肉强食，竞争者之间的相依性是主要的。再次，生物竞争也离不开协调，但这种协调不主要来自生物自身或生物群落内部（高级动物群中的动物首领也有控制协调群体内部竞争的某些行为功能），而是来自竞争的外部自然环境。各类植物的共生现象，动物群成员之间的某种组织性，主要是由外部环境造成的。社会则不然，社会的每一种竞争都有相应的协调相伴随。而且，这种协调多是自觉的，是由某些人或组织来进行的。正是由于社会能自觉协调社会竞争，人类才脱出生物竞争，社会才有序地组织起来，也才需要所谓管理。

可见，社会竞争和社会协调都是社会自组织的两种机制。在乡村人才振兴的系统中，前者是社会组织的动力机制，后者是社会组织的调控机制；前者主要表现为资源接受者之间的关系，后者主要表现为资源提供者对资源接受者之间的关系；前者多由资源接受者的活动来进行，后者则属资源提供者的职责。所以，社会竞争和社会协调之间的关系也体现了工作主体和管理客体的关系。认识二者的矛盾并寻求解决矛盾的途径是开展乡村人才振兴工作中需要面对的又一重大课题。

乡村人才振兴工作系统中的竞争，首先表现为组织内部广大资源接受者之间的同级竞争。与竞争相反的则是不争、退让，如让利让资源而争贡献，等等。无论是争或让，都不能笼统地说谁是谁非、孰好孰坏，而应做具体分析。一般来说，争可以打破平衡、拉开差距、形成人们行为的压力或动力，免于组织系统处于平衡状态而失去发展的生命活力。因此，以为争是恶而讨厌争，抱着道家"知雄守雌"、与人无争的消极宗旨，一味以退让去求得人际关系的平衡，对人对事不加分析一概反对竞争，这实际上是缺乏竞争进取意识者的理念。竞争既带来了活力，也引起了麻烦，既打破平衡，又可能带来组织内耗和混乱。当某些人采用不正当手段参与竞争，必然使人人相互防范而破坏人际的情感沟通和正常关系。这时就需要领导者和上级组织进行协调。协调人与人之间这种不正当竞争的基本原则不是取消竞争，而是批判不道德的竞争行为，确立公正平等的竞争原则。为此，领导者既要明察秋毫、辨别好坏，更要敢于坚持公正原则和确立切实可行的平等竞争准则。

如果领导者高高在上，对下属人员不了解；或者虽有了解但不敢坚持原则；或者虽有原则但无切实可行的平等竞争的行为准则为依据，那么必然引起组织混乱，并使自己处于被人攻击或遭遗忘的境地。可见，任何一种组织既要提倡竞争、保护竞争，又要协调好竞争，避免可能引起的组织混乱，对竞争进行控制和引导。如果对竞争协调得当，组织就呈良性的有序循环，管理主客体之间也相得益彰。相反，如对竞争不闻不问、放手不管，或对竞争视若寇仇、横加限制，其结果不是使组织因僵死走向混乱无序，便是使组织僵死而缺乏创新活力。

社会主义公有制的建立，并不意味着竞争的消亡。社会主义的竞争的目的、手段、性质和范围都不同于资本主义。在社会主义，竞争本身不是目的而是手段，目的是共同富裕而不是弱肉强食。竞争必须合法合理，不允许采取损人利己的手段来打击别人。竞争在本质上是一种竞赛协作关系，而不是敌对关系。同时，社会主义国家可以通过计划来指导竞争，通过法律法规来抑制竞争可能带来的消极面，保护合法竞争者而惩治不法竞争者，以此协调参与竞争的各利益群体的关系。只有社会主义国家，才是社会利益的真正代表，才能有效协调竞争，解决国家同集体、集体和个人的利益矛盾，使主客体高度统一起来。

综上所述，乡村人才振兴主体和客体的矛盾，主要源于乡村人才振兴工作主体和客体缺乏一致的价值观念。乡村人才振兴不仅是工作主体的事，也是组织所有成员共同的事业，它需要大家对组织目标取得共识，上下要有共同的价值观念。但是在实际生活中，人和人的社会地位、主观需要是不完全相同的，基于不同的社会地位和主观需要，个人的价值观念也不可能自然地取得一致。尤其是乡村人才振兴主导者和人力资本开发对象，由于他们处在不同的地位，价值观念存在着明显的区别，二者经常发生观念冲突。例如，技术推广人员希望在农业生产中实现标准化和农民长期生产实践形成的随意性习惯，技术推广人员的现代思维和农民的传统观念等矛盾，都是乡村人才振兴主体和客体价值观念上差异的外在化表现形式。因此，乡村人才振兴工作主体要更多了解不同类型的人力资本开发对象，尤其是基层农民实际情况，积极换位思考，有针对性地开展工作，传播知识，帮助人力资本开发对象解决实际问题，这样才能逐步解决主客体之间的矛盾，推动乡村人才振兴工作不断深入开展，实现乡村人才振兴目标。

5 乡村人才振兴工作体系建设

推进乡村人才振兴是一项综合实践性工作，要完成工作目标就要继承以往成功经验，同时研究现实情况，努力创新。

5.1 可供乡村人才振兴工作借鉴的历史经验

在以往的"三农"领域工作中，一些成功的人力资本开发的经验是可供乡村人才振兴工作借鉴的。比较典型的做法有如下几方面。

5.1.1 培育新型职业农民助力乡村人才振兴

新型职业农民是乡村人才队伍建设的基础。2012年起，在中共中央、国务院的部署下，财政部[①]、农业部[②]等部门启动实施新型职业农民培育工程，经过试点示范和探索创新，形成了"政策扶持、教育培训、规范管理'三位一体'，专业服务型、专业技能型、生产经营型'三类协同'，初级、中级、高级'三级贯通'的新型职业农民培育制度框架，为促进新型职业农民培育的制度化、规范化提供了保障"。以往工作值得借鉴的典型做法主要包括如下几方面。

5.1.1.1 阳光工程

2003年9月18日，国务院办公厅转发农业部等部门制定的《2003—2010年全国农民工转移培训规划》，决定在全国乡村开展劳动力转移培训"阳光工程"。2004年5月，农业部印发《关于组织实施农村劳动力转移培训阳光工程的通知》，指出要通过"阳光工程"提高农民转移就业能力，促进农民增收。最初的"阳光工程"是一项由公共财政拨款支持，以劳动力

---

① 中华人民共和国财政部，全书简称财政部。
② 中华人民共和国农业部，全书简称农业部。2018年国务院机构改革，将农业部职责整合，组建中华人民共和国农业农村部，简称农业农村部。

重要输出地区、粮食主产区、革命老区和贫困地区的乡村劳动力资源开发为主,推动乡村劳动力向非农领域就业的职业技能培训项目。

2009年起,"阳光工程"坚持"政府推动、学校主办、部口监管、农民受益"的原则,重点对"外出务工返乡青年、种养大户、农机大户、乡村经济合作组织带头人和有志于乡村创业的大中专毕业生"进行技能培训,以"培养造就一批懂经营会管理的现代农民企业家,为现代农业发展和社会主义新农村建设提供有力的人才保证和智力支持"为培训目标。项目重点放在提高乡村劳动力就业能力和创业能力,这样有利为本地培养人才,促进城乡协调发展。

2010年起,国家把乡村劳动力培训"阳光工程"纳入国民教育体系,扩大培训规模,提高培训层次,以培育新型职业农民为主要内容,使乡村劳动力的科技文化素质总体上与我国现代化发展水平相适应。

"阳光工程"以提升农民的科技文化素养为目标,为培养新型现代化职业化的高素质农民奠定良好的前提基础,加快乡村人才振兴的步伐。

5.1.1.2 新型职业农民培育工程

城市化进程不断加快,导致大量农村青壮年劳动力从农村向城镇、从农业向非农业转移,农村劳动力的老龄化和低技能化是农业发展面临的主要问题。为了解决这个难题,2012年,农业部在全国100个县开展新型职业农民培育试点工作,探索新型职业农民教育培养模式。2014年7月,农业部正式启动新型职业农民培育工程,以家庭农场、农民合作社、农业企业及社会化服务组织等新型农业生产经营主体的骨干农民为重点对象,构建教育培养、认定管理和政策扶持"三位一体"的培育制度。2016年11月,国务院印发《关于激发重点群体活力带动城乡居民增收的实施意见》,指出要将新型职业农民培育纳入教育培训发展相关规划,继续实施新型职业农民培育工程。2017年2月,农业农村部印发《"十三五"全国新型职业农民培育发展规划》,指出具有中国特色的新型职业农民培育制度已基本确立,"一主多元"的新型职业农民培育体系初步形成,为促进城乡一体化发展,全面建成小康社会,要坚持政府主导、市场机制、立足产业、精准培育的基本原则,不断提高新型职业农民培育的针对性、有效性、规范性,提升新型职业农民的发展能力,提升新型职业农民培育的保障能力。加快实施新型职业农民培育工程,重点实施新型农业经营主体带头人轮训计划、现代青年农场主培养计划、乡村实用人才带头人培训计划,建立一支优良的新型职业农民队伍。2018年6月,农业农村部印发《关于做好2018年新型职业农民培育工作的通知》，指出要准确把握乡村振兴战略新要求、聚焦乡村振兴人才需求、狠抓管理机制创新，从而明确新型职业农民培育的目标任务、切实提高新型职业农民培育的针对性、规范性与有效性，确保新型职业农民培育工作要求落实。2020年6月，农业农村部办公厅印发《关于做好2020年高素质农民培育工作的通知》，指出要结合乡村振兴人才需求的实际情况，进一步强化技能培训，培育现代农业带头人，提升农民学历教育质量，健全完善教育培训体系，拓宽高素质农民发展路径。

新型职业农民培育工程是带动农业农村发展，提升农民生产、经营技能，助力乡村振兴的一项系统性工程。在乡村振兴战略实施过程中，可以结合乡村人才振兴目标，进一步提升培训效果，培养更多人才。

5.1.2 人才服务项目助力乡村人才振兴

近年来，针对农村人才匮乏问题，国家出台了一些人才服务基层农村的项目，其中在乡村人才振兴活动中依旧可以继续使用的有如下几项。

5.1.2.1 特岗教师计划

2006年5月15日，为了解决农村义务教育师资数量不足以及结构不合理等问题，教育部等部门联合颁发了《关于实施农村义务教育阶段学校教师特设岗位计划的通知》，决定实施乡村义务教育阶段学校教师特设岗位计划，激励高校毕业生从事农村义务教育工作。"特岗教师计划"是通过公开招聘高校毕业生到西部地区"两基"攻坚县县以下乡村学校任教，引导和鼓励高校毕业生从事乡村义务教育工作，创新乡村学校教师的补充机制，逐步解决乡村学校师资总量不足和结构不合理等问题，提高乡村教师队伍的整体素质。截至2015年，"特岗计划"已公开招募50.2万名高校毕业生到中西部"两基"攻坚县县以下乡村义务教育阶段学校任教，覆盖中西部22个省（区）的1 000多个县、3万多所乡村学校（村小、教学点）。截至2019年年末，特岗计划共招募75万名年轻教师赴中西部地区1 000多个县，3.7万所学校注入了新鲜教师血液。

2020年8月，教育部等六部门联合印发《关于加强新时代乡村教师队伍建设的意见》，进一步指出要以多种形式配备乡村教师，继续实施、完善"特岗计划"，保障特岗教师的工资待遇。各地可实施地方特岗教师计划，组织招募优秀教师到民族边远艰苦地区支教，帮扶贫困地区教师队伍建设。

5.1.2.2 "三支一扶"计划

2005年6月29日，中共中央办公厅、国务院办公厅印发《关于引导和鼓励高校毕业生面向基层就业的意见》，强调积极引导和鼓励高校毕业生面向基层就业，有利于青年人才的健康成长和改善基层人才队伍的结构，有利于促进城乡和区域经济的协调发展，有利于构建社会主义和谐社会和巩固党的执政地位。2006年2月25日，中央组织部①等八部委联合印发了《关于组织开展高校毕业生到农村基层从事支教、支农、支医和扶贫工作的通知》，决定联合组织开展高校毕业生到乡村基层从事支教、支农、支医和扶贫工作（简称"三支一扶"计划）。

在2011年6月中央组织部、人力资源和社会保障部②等部门联合印发的《关于继续做好高校毕业生三支一扶计划实施工作的通知》指出从2011年起的5年内选拔10名高校毕业生到基层从事"三支一扶"服务，要做好经费保障，落实相关大学生待遇，以及做好服务期满人员就业服务工作。2016年6月，中央组织部、人力资源和社会保障部等九部门联合印发《关于实施第三轮高校毕业生"三支一扶"计划的通知》，指出2016—2020年为第三轮高校毕业生"三支一扶"。此轮"三支一扶"计划要求积极拓展乡村合作经济、电子商务、饮水安全、农田水利、生态保护、文化建设等领域的服务岗位，满足乡村基层公共服务体系建设与民生事业发展需要。2020年12月，教育部印发《关于做好2021届全国普通高校毕业生就业创业工作的通知》，指出要围绕实施乡村振兴战略，服务乡村建设行动，做好"三支一扶"基层项目组织招录工作。

5.1.2.3 "三区"人才支持计划

2011年9月26日，中央组织部等部门联合印发了《边远贫困地区、边疆民族地区和革命老区人才支持计划实施方案》，提出2011—2020年，每年引导10万名优秀教师、医生、科技人员、社会工作者、文化工作者到"三区"工作或提供服务，每年重点扶持培养1万名"三区"急需紧缺人才。

2014年4月，科技部③、中央组织部联合其他相关部门印发了《边远贫困地区、边疆民族地区和革命老区人才支持计划科技人员专项计划实施方案》，支持向"三区"援助科技人才。2018年，科技部印发《关于在"三区三州"大力实施"三区"人才支持计划科技人员专项计划工作方案的通知》，中央财政投入3.2亿元经费，向"三区三州"地区共选派科技人才

---

① 中国共产党中央委员会组织部，全书简称中央组织部。
② 中华人民共和国人力资源和社会保障部，全书简称人力资源和社会保障部。
③ 中华人民共和国科学技术部，全书简称科技部。

1.81万名，培训本土科技人员3 542名。2018年11月，教育部办公厅印发《关于做好2018年"三区"人才支持计划教师专项计划有关实施工作的通知》，指出要准确把握受援范围，重点向"三区三州"深度贫困地区倾斜，全年计划选派义务教育阶段教师22 910人，非义务教育阶段1 116人。

"三区"人才支持计划主要是通过选派人才、培养急缺人才、提升人才队伍素质等手段，解决边远贫困地区、边疆民族地区和革命老区的基层生产、建设、教育等过程中存在的"软件"短板，提供人力资源扶持的政策。"三区"人才支持计划实施以来，已选派10.7万名教师到1 272个县支教。

在"三区"文化人才队伍建设方面，文化部[①]会同中央组织部等部门，实施"三区"文化人才支持计划文化工作者专项，自2013年以来已经累计安排24.6亿元专项资金，年均选派1万多名文化工作者到"三区"服务，年均为"三区"培养1 500名急需文化工作者，极大解决了"三区"基层文化工作者业务能力不高的难题。

5.1.2.4 高校毕业生基层成长计划

中央组织部、财政部等多部门开始全面发展、积极推进大学生到乡村基层任职工作，2008年，印发《关于选聘高校毕业生到村任职工作的意见（试行）》，2012年，印发《关于进一步加强大学生村官工作的意见》，鼓励、引导高校毕业生到基层锻炼成长。

在2012—2014年度教育部印发的关于做好全国普通高等学校毕业生就业工作的通知中，进一步强调要引导和鼓励高校毕业生到城乡基层、中小企业、中西部地区和艰苦边远地区就业，加大力度实施好各类基层就业项目。会同有关部门继续组织实施好"农村教师特岗计划""西部计划""大学生村官""三支一扶"等各类基层服务项目，通过定期走访、跟踪培养等方式关心毕业生的工作、成长和发展。

2016年12月，中共中央办公厅、国务院办公厅印发了《关于进一步引导和鼓励高校毕业生到基层工作的意见》，强调要引导高校毕业生投身扶贫开发和农业现代化建设，引导高校毕业生到中西部地区、东北地区和艰苦边远地区工作，鼓励高校毕业生到基层机关事业单位工作，鼓励高校毕业生到中小微企业就业，支持高校毕业生到基层创新创业。

2017年11月，中央组织部等五部门联合印发了《关于印发高校毕业生

---

① 中华人民共和国文化部，全书简称文化部。2018年国务院机构改革，不再保留文化部，组建中华人民共和国文化和旅游部，简称文化和旅游部。

基层成长计划》，决定实施"高校毕业生基层成长计划"。计划指出，高校毕业生基层成长计划主要面向以各种形式在基层服务工作的高校毕业生，力争用10年左右的时间，通过强化教育培训、实践锻炼、职业发展、管理服务等全链条的扶持措施，建设一支结构合理、素质优良、作风过硬的基层青年人才队伍。通过建立分层次、多渠道的基层优秀青年后备人才选拔体系，有计划、有重点地遴选一批具有坚定政治信念、现代管理理念和管理能力的基层管理人才，一批具有钻研精神、专业知识水准和实践经验的基层专业技术人才，一批具有创新精神、市场意识和经营管理能力的基层创新创业人才。

2017年12月，教育部印发《关于做好2018届全国普通高等学校毕业生就业创业工作的通知》，指出要继续实施高校毕业生基层成长计划，引导毕业生到基层就业。为服务乡村振兴战略，引导毕业生向现代种业、农产品加工、乡村电子商务等产业领域进行就业与创业。

教育部《关于应对新冠肺炎疫情 做好2020届全国普通高等学校毕业生就业创业工作的通知》进一步指出，各地高校要配合有关部门组织好毕业生参与基层项目和到中西部地区、东北地区、艰苦边远地区基层就业创业，助力服务脱贫攻坚和乡村振兴战略。

5.1.2.5 扶贫创业致富带头人培训工程

2015年8月26日，为深入贯彻落实中央精准扶贫精准脱贫基本方略和国务院扶贫办精准扶贫重点工程战略部署，国务院扶贫办行政人事司印发了《关于组织实施扶贫创业致富带头人培训工程的通知》，决定全面组织实施扶贫创业致富带头人培训工程，先后在"闽甘宁""粤桂"贫困村开展致富带头人试点工作。

2018年4月，国务院扶贫开发领导小组办公室、科技部等部门联合印发《关于培育贫困村创业致富带头人的指导意见》，指出要从选好选准致富带头人、加大致富带头人培训力度、建立致富带头人创业项目减贫带贫机制、强化相关激励措施、落实致富带头人工作要求等方面，培育、提升致富带头人创业致富能力。

总体来讲，扶贫创业致富带头人培训工程是加强乡村专业人才队伍建设的重要内容和途径，是针对贫困地区有创业意向或已从事创业活动的人员开展有关创业意识、创业能力、扶贫带动能力等系列培训的政策。扶贫创业致富带头人培训工程的开展和实施，有利于增强带头人积聚创业带贫的内生动力，恢复贫困地区的"造血功能"，发挥带头人创业带贫的作用。

2020年6月29日，国务院扶贫开发领导小组办公室召开全国贫困村创业致富带头人培育工作视频会议，指出为继续巩固脱贫攻坚成果，接下来的培育工作要立足现有产业基础、人才队伍、政策，完善信息录入工作，讲好典型故事，进一步提升培育工作质量。

5.1.3 开展创业培训促进乡村人才振兴

随着农村建设水平的提高，全国各地兴起了农民工返乡创业的热潮。国家因势利导，开展创业培训促进"三农"事业发展。在具体工作有以下几方面的工作可以助力乡村人才振兴。

5.1.3.1 农民工返乡创业培训行动计划

2015年6月17日，国务院办公厅印发了《关于支持农民工等人员返乡创业的意见》，强调支持农民工、大学生和退役士兵等人员返乡创业，通过大众创业、万众创新使广袤乡镇百业兴旺，可以促就业、增收入，打开新型工业化和农业现代化、城镇化和新农村建设协同发展新局面。

2016年6月13日，为了大力提升农民工就业创业能力，促进农民工顺利就业创业，人力资源和社会保障部、农业部等五部门联合颁发了《农民工等人员返乡创业培训五年行动计划（2016—2020年）》，明确了农民工返乡创业培训行动计划是由政府、高校和相关企业共同推进，以开展创业培训为主要内容，旨在提升农民工等人员创业能力，与精准扶贫、精准脱贫相结合，形成的创业教育、创业培训、创业考评、试创业、创业帮扶、创业成效第三方评估六环联动的全覆盖、多样化、多层次的创业培训行动计划。该计划拉动了乡村劳动力就业，促进了乡村经济的发展，改善了乡村的就业结构和经济结构，提升了农民工的经济地位和社会地位，有效推动了乡村生产力的进步，产生了良好的社会示范效应。

2020年1月，人力资源和社会保障部、财政部与农业农村部联合印发《关于进一步推动返乡入乡创业工作的意见》，指出支持农民工返乡创业是实施乡村振兴战略的重要举措。要积极推动返乡入乡创业工作，通过创新带动创业，进而带动就业，从而实现乡村产业融合发展与农民高质量就业。要不断从扩大培训规模、提升培训质量、落实培训补贴三方面，提升创业培训实效。

5.1.3.2 乡村青年创业致富"领头雁"培养计划

2014年2月7日，共青团中央制定和颁布了《关于实施农村青年创业致富"领头雁"培养计划的通知》，决定启动乡村青年创业致富"领头雁"

培养计划。该培养计划以乡村青年能人、大学生村官、返乡创业青年等群体为主要培养对象，通过引导带头人通过技术推广和培训见习等方式，引领更多乡村青年创业致富。乡村青年创业致富"领头雁"培养计划的目标任务是在普遍开展创业小额贷款、实用技能培训等工作的基础上，用5年时间培养100万名带头人，争取村村都有带头人，县县都有带头人协会；充分发挥带头人作用，领办或创办农民合作社、家庭农场等新型农业经营主体，发展多种形式规模经营，示范带动更多乡村青年在发展现代农业中创业致富；为基层党组织和共青团组织培养储备一批青年后备人才，不断巩固和扩大党执政的青年群众基础。

2017年2月，国务院印发《"十三五"促进就业规划的通知》，将"领头雁"培养计划纳入新型职业农民培育工程的重要内容，以吸引乡村年轻人务农创业。

5.1.3.3 开展"星火计划"并建设"星创天地"就业创业服务平台

"星火计划"是经中国政府批准实施的第一个依靠科学技术促进农村经济发展的计划。1985年，国家科委①启动实施"星火计划"。"星火计划"支持一大批利用农村资源、投资少、见效快、先进适用的技术项目，建立一批科技先导型示范企业，引导乡镇企业健康发展，为农村产业和产品结构的调整做出示范；开发一批适用于农村、适用于乡镇企业的成套设备并组织批量生产；培养一批农村技术、管理人才和农民企业家；发展高产、优质、高效农业，推动农村社会化服务体系的建设和农村规模经济发展。

2016年7月11日，为了继续巩固"星火计划"的成果，在"大众创业、万众创新"的时代背景下，科技部制定和颁布了《关于发布〈发展"星创天地"工作指引〉的通知》，提出打造"星创天地"，加强"三农"领域的众创空间建设。"星创天地"，即"星火燎原、创新创业，科技顶天，服务立地"，其既是农业科技创新创业服务平台，又是新型职业农民的"学校"和创新型农业企业家的"摇篮"，是乡村科技创新创业服务体系的重要组成部分，是推行科技特派员制度的重要举措。

依据科技部的相关工作指引，2017年7月，科技部农村技术开发中心在京召开了国家级"星创天地"创新能力评价研讨会，同年8月又举办了国家级"星创天地"培训班。2018年9月，科技部办公厅印发《关于开展

---

① 中华人民共和国科学技术委员会，全书简称国家科委。1998年改名为中华人民共和国科学技术部。

第三批国家级星创天地备案工作的通知》，2018年12月共公布了618个"星创天地"，鼓励通过备案的"星创天地"拓展服务功能，更好地为乡村创新创业、科技扶贫精准脱贫、助力乡村振兴做出贡献。

"星创天地"就业创业服务平台立足农业农村领域创新创业的发展需求，通过专业化服务、市场化运营、资本化运作和社会化管理的形式，利用线上网络平台和线下孵化载体，集聚创业要素和创新资源，推动农业转型升级，也为农村培养出一批优秀的创业带头人。

5.1.4 引导科技人才服务乡村振兴

农业生产现代化，直接促进生产力水平的不断提高，科学技术在农业领域的作用越发明显。尽快帮助农民掌握新技术是一项重要任务，这就需要引导科技人才走进农村、服务农民、助力乡村振兴。近年来，比较成功的工作模式主要有如下几种。

5.1.4.1 科技特派员制度

1986年科技部联合有关部门率先在大别山开展科技扶贫活动，2002年开始开展科技特派员试点工作，2005年1月，科技部、人事部①联合印发了《关于开展科技特派员基层创业行动试点工作的若干意见》，使科技特派员制度逐步在全国推广，鼓励支持科技人员到基层创业创新，将先进适用于农业生产一线的科学技术成果转化，提高科技在农业劳动中的贡献率。

2009年6月，科技部、人力资源社会保障部会同有关部门印发了《关于深入开展科技特派员农村科技创业行动的意见》，指出科技特派员工作是乡村改革发展的重要成果，科技特派员在领办、创办科技型农业企业和专业合作经济组织，培育新型乡村生产和经营主体等方面发挥重要作用。要力争用5年时间，完善科技特派员工作多部门联合推动机制，建立科技特派员乡村科技创业服务平台、科技特派员培训体系。通过科技特派员乡村科技创业行动，培养一批科技创业人才，壮大一批区域优势特色产业，转化一批科技成果，带动一批大学毕业生与农民工就业，扶持一批科技型乡村生产经营主体，带领广大农民致富。

2016年5月，国务院办公厅印发了《关于深入推行科技特派员制度的若干意见》，明确指出"科技特派员制度是一项源于基层探索、群众需要、

---

① 中华人民共和国人事部，全书简称人事部。2008年国务院机构改革，不再保留人事部，组建中华人民共和国人力资源和社会保障部。

实践创新的制度安排，主要目的是引导各类科技创新创业人才和单位整合科技、信息、资金、管理等现代生产要素，深入乡村基层一线开展科技创业和服务，与农民建立'风险共担、利益共享'的共同体，推动乡村创新创业深入开展。"深入推行科技特派员制度的重点任务是切实提升农业科技创新支撑水平，完善新型农业社会化科技服务体系，加快推动乡村科技创业和精准扶贫。2016年8月，科技部在浙江淳安召开深入推进科技特派员制度现场会，交流相关工作经验，激发全国科技特派员工作热情。

2019年10月，在科技特派员制度推行20周年之际，习近平总书记作出重要指示：创新是乡村振兴的重要支撑，"要坚持把科技特派员制度作为科技创新人才服务乡村振兴的重要工作进一步抓实抓好"。

5.1.4.2 农业科研杰出人才培养计划

2011年起，农业部牵头组织实施全国农业科研杰出人才培养计划，并作为《国家中长期人才发展规划纲要（2010—2020年）》确定的12个重大人才工程之一——现代农业人才支撑计划的子计划。这项计划的目标是2011—2020年，在全国选拔培养300名农业科研杰出人才，建立300个农业科研优秀创新团队，建立一支学科专业布局合理、整体素质较高、自主创新能力较强的高层次农业科研人才队伍。

2012年6月，为加快农业科研杰出人才培养计划的推进和实施，农业部制定和颁布《农业科研杰出人才培养计划实施办法》，明确农业科研杰出人才的职责主要是围绕现代农业发展需求，把握学科发展方向，提出具有战略性、前瞻性、创造性的发展思路，促进本学科领域赶超或保持国际先进水平；面向国际科技前沿和行业发展重大需求，承担国家重大农业科研项目，开展基础性、前沿性农业科学研究，开展行业重大共性关键技术创新与集成，提高农业科技自主创新能力。

2018年1月，农业部印发《现代农业人才支撑计划项目资金管理办法》，用于实施农业科研杰出人才培养计划，为农业科研杰出人才及其创新团队建设提供充足资金保障。

2020年3月，农业农村部办公厅印发《2020年人才工作要点》的通知，指出要依托项目与平台培养高层次农业科技人才，加快培养农业科研领军人才，继续对第二批农业科研杰出人才给予专项经费支持，组织农业科研杰出人才建言献策，服务乡村经济社会发展。

2011年、2012年、2015年，由农业部评选产生了300名农业科研杰出人才和300个创新团队，建立了一只由6 000多人组成的农业科研人才队伍。同时，300名农业科研杰出人才主持了国家级重点项目500多项，作为第一完成人获得100多项国家科技奖励，有13名农业科研杰出人才当选两院院士。

5.1.4.3 杰出青年农业科学家项目

为加强乡村人才队伍建设，中共中央颁发和实施了农村实用人才和农业科技人才队伍建设中长期规划（2010—2020年）》，"杰出青年农业科学家"项目应运而生。

2016年7月，为了建设稳定可靠的农业科研后备人才队伍，为青年科技人才队伍注入新鲜血液，韩长赋在农业部学习贯彻《关于深化人才发展体制机制改革的意见》座谈会上的讲话指出，要实施杰出青年农业科学家资助项目，以此选拔各类高层次人才与后备人才。依照农业部办公厅关于开展杰出青年农业科学家2016年度资助项目申报工作的通知，2017年1月，农业部办公厅公布了25名2016年度杰出青年农业科学家资助项目人选。为落实乡村振兴战略规划相关要求，农业农村部继续实施杰出青年农业科学家资助项目，于2018年10月，公布了25名2018年度资助项目人选。

5.1.4.4 农技推广服务特聘计划

2017年8月，为贯彻落实中央脱贫攻坚的决策部署和习近平总书记关于产业扶贫的指示精神，增强基层农技推广服务供给能力，探索强化贫困地区产业扶贫工作科技支撑和人才保障的新途径，农业部办公厅印发了《在贫困地区开展农技推广服务特聘计划试点实施方案》，决定在河北省张家口市、湖北省恩施土家族苗族自治州、湖南省湘西土家族苗族自治州、四川省凉山彝族自治州、四川省甘孜藏族自治州、四川省阿坝藏族羌族自治州、陕西省延安市7个贫困地区开展农技推广服务特聘计划试点。同时，该实施方案明确了特聘农技员岗位任务：一是帮助贫困农户发展特色产业。联系有关专家，配合当地基层干部，协调新型经营主体带头人，指导脱贫致富带头人和贫困农户科学发展特色产业。二是开展农业技术指导服务。对接农业科研教学单位，为贫困农户提供技术指导，开展咨询服务，解决产业发展技术难题。展示示范先进适用技术，对贫困户进行技能培训，提高其科学种养水平。三是宣传脱贫攻坚政策措施。宣讲脱贫攻坚、产业扶贫等强农惠农富农政策，让扶贫攻坚政策措施家喻户晓、深入人心。

2018年6月，农业农村部办公厅印发《关于全面实施农技推广服务特聘计划的通知》，指出依照2018年中央一号文件中"全面实施农技推广服务特聘计划"的要求，在全国22个省（自治区、直辖市）的国家扶贫开发工作重点县和集中连片特殊困难地区县实施该计划,严格特聘农技员服务期管理、招募条件、招募程序、服务任务。制定特聘农技员招募办法与管理办法,重点招募农业乡土专家、种养能手、新型农业经营主体技术骨干、在生产一线从事成果转化与技术服务的科技人员等。特聘农技员主要为县域农业特色优势产业发展、贫困农户农业生产经营、基层农技人员提供技术支持与帮助。2020年4月,农业农村部为落实2020年中央一号文件关于"在生猪大县实施乡镇动物防疫特聘计划"的要求,决定在农技推广服务特聘计划中设立特聘动物防疫专员。通过政府购买等方式,招募一批特聘动物防疫专员,为防控非洲猪瘟等重大动物疾病提供人才支撑。

5.1.5 整合社会人力资源服务乡村振兴

在实施乡村振兴战略的时代背景下,社会各界成为乡村振兴的重要组成部分。2018年中央一号文件和《乡村振兴战略规划(2018—2022年)》中明确指出要"鼓励社会各界投身乡村建设",切实制定相关政策与管理办法,保障社会人才能够投身乡村建设事业。

实施乡村振兴战略,不仅是三农领域工作者的事,更是全社会的事。中国改革开放以来的经济发展,已经使国家和作为个体的人民有能力为农村发展投入资源。在乡村人才振兴方面更需要整合社会人力资源,让更多的人参与其中。作为个体的人民依托于具体的群团组织开展工作,是比较有效的服务乡村振兴、推动乡村人才振兴的渠道。

群团组织是在党的领导下,依据工作特点和群众的类型成立的,遵循一定的制度章程开展活动的群众性团体。群团组织具有群众基础强、服务范围广、影响力大等特点。群团组织的作用是维护群众利益、发挥民主作用、联系动员群众、教育引导群众、参与社会治理等方面的工作。毛泽东指出:"真正的铜墙铁壁是什么?是群众,是千百万真心实意地拥护革命的群众。这是真正的铜墙铁壁,什么力量也打不破的,完全打不破的。"

2016年1月,共青团中央在《关于共青团助力脱贫攻坚战的实施意见》中指出,要围绕人才扶贫,"开展贫困地区青年人才支持行动",助力脱贫攻坚工作。党的十九大指出要增强群团组织的政治性、先进性与群众性。群团组织是参与乡村振兴的重要社会力量,充分发挥群团组织服务"三农"、紧密联系群众的作用,利用群团组织的人才优势,为乡村振兴增添活力。在具体工作中,要努力发挥工会、共青团、妇联、科学技术协会及其所指导的学术团体、社会科学界联合会及其所指导的学术团体的作用,通过上述群团组织团结更多的专家学者参与到乡村振兴工作中去。

5.2 基于乡村振兴人才培养的一体化讲座培训模式构建

乡村振兴战略是党和国家根据社会发展需求设计的社会系统，要建设一个行之有效的乡村人才振兴工作体系就需要借助系统论理论去构建乡村人才振兴工作体系。乡村人才振兴人力资本开发中培训工作开展是一个系统性的过程。因此，开发一体化讲座体系是构建人力资本开发对象素质培养模式有效途径之一。

5.2.1 从"综合性试题"看构建一体化讲座培训模式的可行性

乡村人才振兴对于人才的要求是全方位的，不仅要善于解决复杂问题，而且要善于用综合知识解决问题；前者是复杂性问题解决，后者是寻求运用多样性知识、多种模式解决问题途径并努力遴选出最佳解决方案。在以往的学术研究中，关于复杂性问题论述得比较多，而对于运用多样性知识、多种模式解决问题的论述相对少些。为了更好地理解多样性，我们不妨以一道曾经在网络上传播的中学生试题为案例，解释"综合性试题"的含义。

2016年年岁末，人民日报、中国新闻网、中国之声、南方都市报、新快报等全国各大媒体在微博和微信上都纷纷转发一道题，如图5-1所示。

下面是某学生对西方代议制的理解而制作的图示，最恰当的标题是（　）

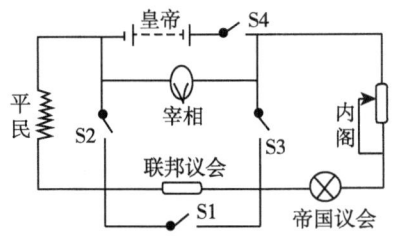

A. 统而不治的"虚君"政治　　B. 打着民主幌子的君主专制
C. 制约权力平衡利益的典范　　D. 相互妥协下的"一票共和"

图5-1　一套跨课程的选择题

人民日报微博还说，从2017年起，包括上海、浙江在内的一些省、市和地区将实行新的高考模式，即必考科目与选考科目"3+3"模式，也就是文理不分科。很多网友表示，这种文理混合的题目完全不会做，幸亏毕业早！下面就用单一学科知识试着解一下此题。

首先，从物理课程出发。从电路图上看，皇帝是电源，如果 S4 这个开关关掉了，那下面所有的机构都没电了，所以皇帝在这电路图里是起决定作用的。内阁，在电路图上是一个滑动变阻器。帝国议会，在电路图上是一个灯泡。当 S3 这个开关合上时，滑动电阻和帝国议会，都被短路了，都不会起作用了。联邦议会，在电路图上是个电阻。只要 S1 合上，联邦议会也被短路，失去了作用。再看百姓，在电路图上是一个电感。简单理解的话，电感也起到电阻的作用，当 S2 合上时，百姓也被短路，失去了作用。所以这张电路图上，皇帝作用最强大，它的开关，决定着所有机构有电或者没电，非常专制，所以答案应该是 B。

接下来，从历史课程出发。如果学生历史基础知识比较扎实，解答出来并不难。解题切入点，在于电路图上的那些国家机构的名称。近代西方民主政治的确立与发展，涉及近代英、美、法、德四国的政体。英国是君主立宪制国家。议会由上议院和下议院组成，君主称国王，"统而不治"，仅是国家权力的象征。美国按照三权分立的原则设计中央政治结构。根据 1787 年联邦宪法，立法、行政、司法权力分别由国会（由参议院和众议院组成）、总统和各级法院行使，体现出了分权制衡的原则。法国自 1789 年爆发资产阶级革命以来，政体一直在共和制和君主制之间摇摆。1875 年，法兰西第三共和国国民议会在制定新宪法时，共和派仅以一票的优势战胜保皇派，从而最终确立了法国的民主共和政体，史称"一票共和"。1871 年德国实现统一，德意志帝国建立。根据《德意志帝国宪法》，国家元首为德意志帝国皇帝，由普鲁士国王担任，拥有任命官吏、创制法律、统率军队、决定帝国对外政策以及主宰议会等大权。宰相只对皇帝负责，在内阁中拥有绝对权力。议会由联邦议会和帝国国会两部分组成。联邦议会是帝国最高机构，其代表由各邦君主任命，拥有实权。帝国议会由普选产生，但作用很小。由此可见，德国是以立宪之名行专制之实。这样看来，题目中 A 选项，讲的是英国的"虚君"。C 选项，讲的是美国的三权分立体制。D 选项，讲的是法国的共和制度。只有 B，是符合电路图情况的，皇帝掌握了国家实权。这张电路图，形象地展示了 1871 年统一后的德意志帝国时期的政治体制，是打着民主幌子的君主专制。其实从国家机构名字，也可以知道选项是 B。因为图片上的皇帝、帝国议会和联邦议会在历史教材中只有德国才有。

面对考题，一些著名中学的老师认为，高考中出现这样的题目，应该概率不大。在老高考中，文科综合试卷会出现历史、政治、地理知识糅合在一起出题的情况，或者理综试卷中，物理、生物、化学知识糅合在一起出题的情况。物理和政治、历史知识糅合在一起，这种题目还没有过。网友们认为新高考不分文理科，指的是学生可以自由选择文理科目参加高考，并不是文理科知识糅合在一起命题。

这道题目有意思，但是难度不大。即便不大了解历史知识，单纯根据物理知识，也可以推出答案应该是 B，给优秀的学生做，也算是很简单的题目。

推动乡村人才振兴，一个比较重要的问题就是如何提高人才素质，就像解上面这道题一样，有不同的求解方法。但是，面对这样的问题，综合运用知识显然是一种十分有效的方法。

5.2.2 构建一体化讲座培训模式，促进乡村振兴人才素质提升

所谓一体化讲座，就是将当代乡村振兴所需人才所需要的能力，作为一个系统去考量，而后设计一个前后关联紧密的课程体系。推动乡村振兴人才一般都会举办针对乡村振兴所需人才的培训活动，因此，结合乡村振兴人才素质提升工作，实施讲座内容整合，开发系列、系统的一体化讲座，把相对松散讲座整合起来的工作模式是切实可行的。下面就从乡村振兴人才素质提升工作一体化讲座建设思路和具体内容两个角度进行分析。

5.2.2.1 开发建立乡村振兴人才素质提升工作一体化讲座

随着时代的发展，乡村振兴所需人才应该是具有很强的自主意识，又有良好的合作精神。因此，开发乡村振兴人才素质提升工作一体化讲座时应当关注主要如下三方面。

首先，在开发乡村振兴人才素质提升工作一体化讲座过程中，要对与人力资本开发对象能力培养密切相关而职业技术培训又很少涉及的观察能力、想象能力、联想能力加强训练，培养学员的逆向思维、发散思维，提高学员的思维灵活性。营造有利于激发学员潜能的心理环境，促进利用类比、举一反三，开拓思路，同时提高学员思维的系统性，从而全面提高的学员综合素质和能力。

其次，开发乡村振兴人才素质提升工作一体化讲座的目标，是使学员可以树立正确的理想，善于独立思考，拥有自己独到的、有创新性的观点，并能够轻松表达思想，为未来的工作服务。因此，培训目标应定位在培养学员应用能力上。讲座教师应重点培养和激发学员的学习兴趣，进而帮助不同基础的培训对象发现自身不足，并从方向上和方法上引导学员去查资料，补充

其参与实用技术培训活动所没有教授的知识。同时，还应鼓励学员积极参与活动、大胆地展示自己的才华和学习成果。

最后，在培训讲座中激发学员参与意识是促进学员能力逐步提升的关键。兴趣是最好的老师，讲座教师在知识学习过程中首先要培养学员参与活动的兴趣。因此，讲座教师应该以一个组织者和学员朋友的身份进入培训环节，减少学员的压力，鼓励学员大胆发表个人观点。不仅如此，讲座教师还应该运用多种知识学习手段和方法（如多媒体知识学习、案例知识学习、头脑风暴法等）尽可能多地为学员创造表达的机会，鼓励学员大胆地讲。在此基础上，讲座教师应该根据不同领域工作者所需的非技术能力特征及时发现典型和个别问题，在知识学习过程中进行分析、指导，以促进不同基础的学员在原有基础上迅速提高。这样，就可以抓住影响培训质量的关键环节，实现提高知识学习质量的目标。同时，讲座教师还可以要求学员自己设计活动情境，自己策划实施方案，自己记录模拟实施过程，在此基础上让学员总结成果。乡村人力资本开发工作组织者可以在讲座结束后开展研讨会、选择优秀案例进行中心发言，讲座教师进行点评。在此基础上，学员可以根据讲座教师点评并结合自身体会，修改方案并写出心得体会。这样，就能让学员眼、手、脑并用，看、想、写结合，达到消化、深化、优化、理解的目的，使学员由"粗"到"精"，获得独立分辨、逐步掌握、优化信息的方法，提高学员通过自学选择信息、表达思想和总结问题的能力。这样，就能够使学员获得顺畅地表达自己观点的机会，进一步提高知识学习效果。

如何能在知识学习中更好地保证学员学习到与未来工作相关的知识和能力？建立乡村振兴人才素质提升工作一体化讲座计划是关键，也是实现乡村振兴人才素质提升工作从"是什么"向"怎么做"有效途径。乡村振兴人才素质提升工作一体化讲座是培养乡村振兴所需人才非技术能力的系统方法。一般来说，乡村振兴人才素质提升工作一体化讲座计划应当具有以下重要特征。

首先，乡村振兴人才素质提升工作一体化讲座计划是围绕乡村振兴所需人才非技术能力知识体系进行组织的，但需要重新调整讲座计划，促使乡村振兴人才培养目标要求的各种能力之间有机联系和相互支持，而不是各自分离和独立。

其次，乡村振兴人才素质提升工作一体化讲座计划将乡村振兴人才素质提升工作中涉及的各种能力进行有机结合，使其形成相互支持的课程体系，减少职业技术知识培训与这些能力之间可能出现的矛盾。

5 乡村人才振兴工作体系建设

最后，在乡村振兴人才素质提升工作一体化讲座计划中每个讲座都应当明确规定关于乡村振兴人才素质提升工作人才能力的学习效果，以便为学员将来自我学习打下良好的基础。乡村振兴人才素质提升工作一体化讲座计划形成了一个总体效果大于各部分相加的教育系统。这个教育系统由相互联系的各种元素的协调构造而成，每一元素都有各自明确的功能，所有的元素共同作用以确保学员达到培训计划设计者所设定的预期学习效果。

乡村振兴人才素质提升工作是通过非实用技术一体化讲座计划与实用技术培训相结合，培养学员能力的系统性方法。当实用技术培训的有关内容和学习效果之间具有明确的联系时，非技术能力应是可以相互支撑的。一个明确的计划使我们知道如何将乡村振兴所需人才非技术能力培养工作进行整合。

构建乡村振兴人才素质提升工作一体化讲座计划有实践上和知识学习上两方面的原因。实际上，我们只能重新分配可用的时间和资源。在传统实用技术培训计划中，公共素质知识学习内容很难获得时间，特别是当预期学习效果超出培训核心内容，且学员参与的培训需要完成的是纯理论培训的学习任务时，知识学习计划难以拓展学员的经验。因此，在讲座中构建乡村振兴人才素质提升工作一体化讲座计划必须能够使能力和科学技术知识得到同时的发展，使培训计划对已有的时间和资源发挥双重作用。

乡村振兴所需人才的综合能力培养是与它们的知识学习背景环境有关的。通过学习有关的职业知识和技能，学员能够掌握更加深厚的本行业基本原理方面的知识。在讲座环境下学习非技术能力，能够加强学员对综合知识内容的理解。通过学习这些能力，使学员学会应用职业知识，并由此学会将具有抽象思维的科学技术知识转化为对具体工作的理解。因此，科学技术知识和非技术能力是相互支撑的。在讲座背景环境下学习这些能力使学员能够系统掌握实施乡村振兴战略涉及的基本原理方面的知识。

讲座教师要能够在这些重要的学习效果方面扮演重要的角色。如果讲座教师确信乡村振兴人才素质提升工作的能力培养是重要的，他们就会在讲座中将这些能力和讲座的学习效果结合起来。此时，当他们示范这些能力时，学员就可以在讲座结束后的实践活动中培养这些能力。关键是讲座教师要向学员说明非技术能力在未来工作中的重要性和合理性。

乡村振兴人才素质提升工作一体化讲座应具备以下特征。首先，讲座学习效果会系统地渗透到教育的每个环节的学习效果中。其次，教育系统的各个环节规定了它们如何相互支持乡村振兴所需的基础知识的学习，并具体说明了如何使个人非技术能力达到预期的水平。最后，乡村振兴人才素质提升工作一体化计划的设计是一个由全体参与讲座的教师认可并认真实施的明确的计划。这一点对乡村振兴人才素质提升工作一体化讲座计划的成功执行至关重要。因为教育是由整个知识学习领导层所主导，并且由各具体讲座教师去执行的。因此，各方面的全体讲座教师达成一致非常重要。

在对乡村振兴人才素质提升工作一体化讲座计划进行设计时，有一点很重要，就是要意识到每个讲座教师对某一能力作为乡村振兴人才素质提升工作一体化讲座计划一部分的作用和地位可能会有不同的理解。有些讲座教师认为这些能力是次要的，应该和讲座内容分开，所以他们可能不愿意将这些能力整合到他们的讲座计划中去。对能力和知识体系内容在认识上的关系将影响讲座教师对乡村振兴人才素质提升工作一体化讲座计划设计的看法。当讲座教师对基本能力的目的和地位有不同看法时，就需要通过对乡村振兴人才素质提升工作一体化讲座计划中的分歧进行讨论并提出建议方式来实现。这些讨论有利于在进行对乡村振兴人才素质提升工作一体化讲座设计的准备阶段便知道如何将乡村振兴人才素质提升工作目标与讲座知识进行有机地结合。因此，要努力实现讲座教师从关注与讲座计划无关或相关类别的判断转变为重视能力和科学技术知识的相互作用上了。

5.2.2.2　乡村振兴人才素质提升工作一体化讲座设计的具体内容

作为乡村振兴人才素质提升工作一体化讲座计划设计的出发点，可以通过比较方法来考察开展乡村振兴人才素质提升工作已有的培训计划，并与乡村振兴人才素质提升工作的预期学习效果进行比较。评估的范围包括以往培养学员的所有经验和教训。例如，在人文科学方面的要求可能包括批判性思维、沟通和道德规范。虽然，这些内容似乎超出了乡村振兴人才素质提升工作本身的计划范围，但这些要求体现了它是乡村振兴人才培训的一部分。一旦建立了明确的教学计划目标，了解已有的条件并对现有的讲座计划进行评估之后，即可正式开始设计乡村振兴人才素质提升工作一体化讲座计划。讲座计划的设计是由两个同时进行但具有潜在相互作用的步骤开始的，即讲座计划结构的设计和针对每个主题内容确定合适的教学次序。当这些结构和次序确定之后，设计的最后一步就是把次序反映到结构的各个环节当中，使得在一体化的、相互支持和协作的设计中，每个环节都对学员的学习具有明确的作用。讲座设计的持续改进和完善是由学员的学习评估结果所决定的，将随着以后预期的学习效果变化而变化。

乡村振兴人才素质提升工作一体化讲座计划设计过程的第一步需要反映

讲座计划的已有条件和联系。已有条件是指当前讲座计划的所有因素的总和。这些因素包括培训制度、教学计划的传统做法、本地和区域性以及国家环境变化等方面的要求。

常规的培训工作按其目的通常分为两类。一种是以培养学员使之能够在未来投身职业工作为目标的，另一种则是为学员提升学历水平为目标的。这些区别经常反映在教学计划和培训课程结构上。在进行课程计划的设计时必须认识到这一点，并在这些约束条件下进行设计。这一点在全日制大学中表现得更加明显。例如，所有大学都有一个文件说明本大学的学制、各学期或学年的持续时间或强度、教学的最小单元（即一门课程）。有些专业会出现比课程更小的单元，如模块或讨论会；也可能会有比课程更大的单元，如与实验课程相结合的课程。已有的学分和允许的学分总数都会限制课程计划的灵活性。对于一个具有全日制大学学历的乡村振兴所需高级人才来说，大多数已有的条件都会部分或全部在专业课程计划设计者的控制之外。因此，作为乡村振兴人才素质提升工作一体化讲座计划设计者必须考虑这些已有的条件，而且对讲座计划设计过程必须提供一个通用而灵活的方法，以便能适用于这些已有的条件。

一个被培训者需要掌握的知识内容及其所对应的范围是已有条件的另一种形式。了解主题内容之间的联系是非常重要的，也就是说，在讲座计划范围内的不同讲座主题内容是相互作用的，又是彼此独立的。

在确定讲座计划的内容和学习效果之后，讲座计划设计的主要内容包括讲座计划的结构、次序和对应关系。讲座计划的结构是基于所有知识和学习经验的组织构架，次序则规定了学习效果的适当进度，而对应关系则将预期学习效果落实到讲座和学习过程当中。下面我们分别介绍乡村振兴人才素质提升工作一体化讲座设计的三个关键问题。

首先，历史上对于非职业技术能力不重视使其可能成为乡村振兴人才素质提升工作的突破口。职业技术培训计划的结构就是将课程内容和相关的学习效果融入教学单元或课程中，从而促使课程之间产生知识性的联系。乡村振兴人才素质提升工作一体化讲座应当在建构知识体系的同时，更加重视实际应用能力。同时，因为很多大学都已经形成不同门类学科的组织形式，这样对于一些上过大学的被培训者有可能很难将按照已有的教学计划所学的知识完全转化为基于现代人才要求的各项实际能力的组织形式。所以，非职业能力培养这种容易被忽视，而在原有课程体系中所占比重不大的课程才可能成为乡村振兴人才素质提升工作一体化讲座设计的突破口。

其次，设计一个小型的总体计划是关键。任何一个优秀的设计都需要有一个总体计划，以便将行业技能内容和学习效果整合到讲座计划中。乡村人力资本开发工作组织者可以围绕乡村振兴人才素质提升工作，针对乡村振兴所需人才素质教育所涉及的能力，把学员一个或多个学期的一段学习过程通过讲座组织起来，将其中知识内容和能力培养目标有机结合起来。非职业能力特殊性决定了实践性学习活动的重要性，这类能力的培养过程不仅仅依靠课堂实现，而且还会出现在讲座计划以外，如讲座后活动等，这些没有被纳入教育体系，但也都能推动和加强学员综合能力提升。

最后，设计崭新的培训体系结构是实现目标的保障。在已完善的培训计划中，内容的次序很容易理解。大部分情况下，这些内容的次序是由讲授和编写本培训讲义的讲座教师的经验所决定的。实际上，当代所有的大学都把课程计划划分为模块的形式或方块课程结构。来自大学的讲座教师和培训的管理者都认为这是理所当然的。培训教学计划是由具有时间长度的教学单位或课程所组成的。通常培训课程之间唯一的联系是由预备知识的条件所决定的。也就是说，培训课程必须严格地按照次序来开设。对乡村振兴人才素质提升工作一体化讲座计划的设计，传统的培训教学计划结构存在两个主要缺点：第一，传统培训教学计划中的部分主题内容之间很难建立起联系或者很难确保行业技能之间的联系；第二，有时很难将对乡村振兴人才素质提升工作所涉及乡村振兴所需人才综合能力的培养整合到传统培训教学计划的结构中。对于能力方面的学习效果，很难明确合适的次序。教学大纲通过一个主题内容性的结构来说明教学内容，但无论是大纲还是相关的学习效果，都没有对乡村振兴所需人才综合能力掌握方面的次序给出指引，也没有指明掌握的程度所要求的重复次数。因此，简单的前导和后续课程关系就会使讲座教师陷入了一个困惑。以学员表达能力培养为例，如果设计思维、写作、口头表达对应的课程应当如何开设？一个显而易见的结论是思维是写作和口头表达的基础。但是，写作和口头表达两者是否一定存在前后次序就不好说。有的观点会说，写作是口头表达基础，所以写作课应当先行开设；然而，在很多活动中，即席发言的情况常常不可避免，难以说孰先孰后。这些问题，可以依靠乡村振兴人才素质提升工作开展系列讲座加以解决。

5.2.3 乡村振兴人才素质提升工作一体化讲座中的教与学环节

要实现乡村振兴人才素质提升工作目标，教、学、评估是实现教学目标的三大因素。因此，怎样对学员开展学习效果评估？如何处理好教与学的关系？这是开展乡村振兴人才素质提升工作一体化讲座必须面对的两个关键问题。

乡村振兴人才素质提升工作一体化讲座教学目标是使在学员学习行业知识的同时，学习并实践其他综合能力。前文已经分析了把能力融合到乡村振兴人才素质提升工作一体化讲座中的重要性。学员工作经验是乡村振兴人才素质提升工作一体化讲座教学的重要基础。结合以往经验形成的案例进行教学是实现讲座计划中所设定的培训目标的基础。这些方法的主要特点有：一体化学习计划要求有明确的关于乡村振兴所需人才综合能力的预期学习效果。一体化学习将讲座教师置于学员学习知识和能力的中心，并强调这两方面教育的价值和联系。经验学习使乡村振兴所需人才置身于未来工作将要面对的环境中。主动学习使学员能够实际参与模拟活动，这不仅可以应用于经验学习，而且可以应用于传统的行业技能课程和大班课程设置当中。教学实验表明，使用这些学习方法，学员更有可能达到预期的学习效果，而且对所受到的教育更加满意。因此，乡村振兴人才素质提升工作一体化讲座教学目标需要关注学员对教与学的认识、一体化学习、提高一体化学习的方法和资源、主动学习和经验学习四个方面的问题。下面将从学员对教与学的认识出发，逐步展开对乡村振兴人才素质提升工作一体化讲座教学相关问题的分析。

5.2.3.1 学员对教与学的认识

要实施乡村振兴人才素质提升工作一体化讲座教学，就要求广泛使用教学、学习和评估的方法。在开展教学之初，重要的一点就是要了解学员对现有学习方法的认识。针对这个问题，笔者开展了针对乡村振兴所需人才的访谈，收集学员对教与学的看法，努力发现学员在学习中的共性问题。根据对调研结果分析，笔者发现，许多学员的建议都与他们的学习评估和学习期望有关。实际上，学习和评估是相辅相成的。

在这个调查中，一个特别有趣的现象是许多学员表示出对理论知识的用处和实用性的关注。学员认为在自己的学生时代常常会觉得需要为考试去记忆理论，但他们并不知道理论知识与实践和解决问题之间的联系。当然，这种观点与讲座教师对理论的理解完全相反，讲座教师认为，这些理论是认识周围世界和解决问题的基础。

下面是依据学员面谈结果所总结的典型看法：老师关心学员是否已经学过这些理论。学员在自己的学生时代以及需要获得培训证书的培训活动中经常为考试而学习理论，然后就忘了。这是一种死记硬背的学习方法，学员并不清楚这些理论为什么是这样的，以及怎样去应用这些理论。学员应该更加重视应用，目的是掌握知识的所有内涵。但很多情况下，学员觉得自己不懂得如何应用所学的知识。学员想在学习理论之前去了解实际作用，因为这会激发自己对学习理论的兴趣。为了适应培训证书的培训活动提出的要求（为获得证书而死记硬背的理念学习），导致学员对学习内容理解肤浅，缺少长期学习的积极性，学习动力差。这表明许多学员采用了肤浅的学习方法，其学习目的只是应付考试。正如学员自己已经意识到的，从肤浅学习中得到的知识结构是混乱的，而且容易遗忘。反之，通过深入学习的方法，学员的目的之一是理解学习内容，学员所学的知识才能在头脑中结构清晰，并能长期记忆。

因此，在设计学员学习活动的时候，必须区分学习和深入学习两种情况。对大多数学员而言，学习和理解理论的动力就是应用理论并与实践相结合。通过乡村振兴人才素质提升工作创造实践学习机会，能激发乡村振兴所需人才更大的积极性，并使乡村振兴所需人才认识到所受的教育是有用的。学习积极性的提高使他们对所学的知识和能力更有信心。其结果是，学员觉得有能力胜任未来工作中需要承担的角色。

5.2.3.2 一体化学习

一体化学习是实现乡村振兴人才素质提升工作一体化讲座教学目标的一个主要手段。学员可在接近实际环境中学习知识和职业技能的同时，培养个人表达能力。根据一体化的学习经验，讲座教师能更有效地帮助学员把知识应用到未来实践活动中，并能更好地让学员满足乡村人才振兴目标的要求。一体化学习还可以带动乡村振兴所需人才对非职业技术知识和能力的学习，使学员的学习时间得到双重利用。乡村振兴人才素质提升工作一体化讲座强调把能力学习效果融合到培训教育计划中的系统性计划，关注培训需要解决的实现问题。一体化学习意味着学员在学习行业技能知识的同时，还要提高应用能力。双重目标的学习活动作为一种学习能力的手段，加深了学员对行业技能知识的理解。在讲座教学中，学员掌握了与本行业人士和非本行业人士进行无障碍沟通的能力，使他们有信心在其行业领域中表现自己。乡村振兴人才素质提升工作期望学员能够描述或表达意见，能对设想和解决方案表示支持或反对，并能通过协作策划形成对策。显然，这些能力与学员对行业知识的表达和应用密不可分。因此，应该对学习活动和学习评估进行调整，以强调与行业技能知识和能力有关的学习效果。学习和评估的交流在实际环境中更加有效，即在实践的模拟情况下更有效。

为使学习时间得到双重利用，学习活动和学习评估必须采用新的方法，必须特别注意把能力和学习效果融合到一门培训课程中，但这并不意味着要把大量新的理论内容加入已有许多内容的培训课程中。例如，在培养学员表达能力的工作中，不能把表达教学能力看成是语言学、心理学、哲学等理论知识体系的一个新目录，而应当列出一个现代人才需要掌握的重要的表达知识，这些知识包括多种能力，可以通过系统的教学和实践而获得。团队协作能力和交流能力等许多能力都可以在多种讲座中讲授和评估。在课程的设计中过程，决策者要着眼于将乡村振兴所需人才个人能力提升安排在已经排好序的讲座中，并逐步形成对一体化教与学活动进行策划的基本框架。

5.2.3.3 提高一体化学习的方法和资源

实现乡村振兴人才素质提升工作一体化讲座教学目标要从确定乡村振兴人才素质提升工作目标开始，通过指定的预期学习效果来完成。在讲座计划的设计过程中，要尽可能保证乡村振兴人才素质提升工作的目标效果在讲座中基本得到正确的反映。然而，学习效果的改进和详细的设计则是每一个讲座的任务。在讲座学习效果中明确地指定能力，有助于确保这些能力的教学和评估，否则当讲座教师对课程的目标存在异议时就会产生冲突。例如，表达中团队能力的培养可以认为是一种次生效应，这种效应在以团队的工作方式学习课程的情况下可能发生，也可能不发生。所以，也可以将团队能力看成是讲座教学的一个重要效果，此效果必须在乡村振兴人才素质提升工作任务的设计过程中适当地提出。例如在口才训练讲座之后通过模拟谈判和辩论赛等方式实现这一目标。

通过对预期学习效果进行明确定义并形成一致意见，为乡村振兴人才素质提升工作提供了一条解决问题和避免产生不必要冲突的途径。预期学习效果描述学员在参与讲座学习之后能做什么。这些学习效果应与可观察到的表现相一致，即能够通过学员的表现和讲座教师的判断去确定这些效果是否达到。预期学习效果还指出学员必须达到的理解水平和能力水平。比较通用的教育目标分类法列出了六种知识和能力掌握水平：了解、理解、应用、分析、综合以及评价。

许多学习效果最初是通过应用与实践表现学员的知识、能力和态度的，尤其是在综合能力训练过程，仅有理论知识是不够的，应该有意识地策划和教给学员能力方面的内容。例如，安排学员在团队中工作并不意味着他们就能自动地学习到有效的团队活动中所需的表达能力。因此，必须让学员明确理解许多问题，如怎样形成一个团队，怎样在团队中计划和分配工作，怎样解决团队内部的冲突等问题。当学员有机会进行实践、对其经验进行反思以及将理论概念在实践中予以应用时，就会获得卓有成效的学习效果。为了重新设计包含主动学习和经验学习的内容，要为讲座教师提供机会以提高他们的教学和评估能力。更多地使用新的教学和评估方法需要付出很大的努力。主动学习和经验学习的策划需要时间、资源和来自学习和评估专家的支持。要实现这一目标，就应当努力用讲座打破长期以来在培训教学过程中已经形成的根深蒂固的传统授课模式，这样学员的视野才会更加开阔。

5.2.3.4 主动学习和经验学习

所谓主动学习是基于主动经验学习方法的教与学。主动学习方法使学员直接参与思考和解决问题的活动。它很少让学员被动接收信息，更强调学员参与操作、应用、分析和评价其想法。让学员思考概念，特别是思考新的想法，并要求他们做出某些明确的反应。学员不但能学到更多的东西，而且明白自己学到了什么和怎样学习。这个过程有助于学员提高学习的动力，从而达到预期的学习效果，同时形成终身学习的习惯。主动学习提供了一种深化学习的方法。深化学习的方法意味着学员要去理解概念，这与以往考试中简单地重复记忆是完全相反的。主动学习和经验学习方法直接影响学员的学习方式。当学员在学习过程中扮演主动角色时，他们会学得更好，因为他们更愿意采用深化的学习方法。学员主动参加他们的学习，能使学过的知识和新的概念之间更好地联系起来。经验学习是让学员模拟行业角色和行业实践的环境中进行教学活动。经验学习方法包括基于具体表达活动的学习、仿真、案例分析和模拟实现经验，这些方法是建立在学员如何学习和提高认知能力的教育理论基础上的。

乡村振兴人才素质提升工作一体化讲座和实践活动是基于经验学习实现的。在乡村振兴人才素质提升工作一体化实践活动中，经验学习的循环是在不同的时间点开始的。因为学员都有共同的经验基础，所以，结合主动学习方法的授课课程要从思考观察出发去激励学习。讲座也可以从抽象概括开始，并对主动实践进行总结，例如演讲和模拟行业活动来实现。学员参加类似于实际行业活动实践的任务，思考从这些经验中学到的东西，总结他们的学习，提高对观点和原理的概括能力，并通过主动实践方法和其他问题的应用检验这些新想法。把经验学习贯穿于综合能力训计划中，为加强知识的理解提供了机会。

基于项目的学习是建立在真实工作所需的具体条件或问题的基础上的，并找出问题解决办法的过程。基于项目的学习提高了学员的积极性，并提高了学员应用所学知识的能力以及处理真实问题的能力。这一方法要求讲座教师改变角色,即从讲座教师到教练或顾问。与基于项目的学习类似,仿真是安排学员扮演行业活动的具体角色。仿真通常有具体的规则、指导原则和结构上的角色及关系等。在仿真环节中,课外活动指导讲座教师的任务是解释规则和条件,以告知学员要充当的角色,并监控仿真使其完整执行,以及引导学员思考他们的模拟表达实践效果,并得出结论。在教学的环境中,讲座教师应当在课程中把两个或更多的主动学习和经验学习方法结合起来。这样才能更好地实现教学目标。

5.2.4 乡村人才振兴环境建设及一体化讲座内容设计

在实施乡村振兴战略,以一体化讲座等手段推动乡村人才振兴,需要根据不同类型人才设计一体化讲座内容。下面根据不同类型人才特点提出一体化讲座内容方案。

5.2.4.1 乡村人才振兴环境建设

在实施乡村振兴战略,培养与引进人才是两个重要渠道,关键是要从"内""外"两个渠道培养与引进人才。早在2010年印发的《国家中长期人才发展规划纲要(2010—2020)》中就曾指出,要坚持自主培养开发与引进海外人才并举相结合培养人才。2020年1月,人力资源社会和保障部、财政部、农业农村部印发《关于进一步推动返乡入乡创业工作的意见》指出,要引进一批返乡入乡人才,返乡入乡创业企业招用的技术技能人才、经营管理人才,纳入当地人才引进政策支持范围。2020年11月,中共中央在谋划第十个五年计划和2035年远景目标时也指出,要"全方位培养、引进、用好人才"。因此,推进乡村人才振兴,要走自主培养人才与人才引进相结合的道路。

实施乡村振兴战略,在稳定本地人才队伍的基础上,引导外来人才服务"三农"。稳定本地人才队伍是第一要务。

要加强乡镇干部队伍建设。严格执行国家的干部任用、选拔、奖励政策,培养乡镇干部,巩固乡村振兴人才梯队,助力乡村振兴一线工作者进步。在具体的工作中要做好如下工作。第一,健全乡镇干部成长成才机制,贯彻国家的职级增长制度,建立通信、交通补贴,使基层干部在乡村振兴工作中有干劲、有目标、有活力。第二,按照编制及时补充新鲜血液,在公务员招考过程中,通过补充新招录人员实现结构优化,为保证偏远地区有人可用,在遵守国家规定的前提下,适当降低干部录用门槛。第三,优化基层领导班子,将政治素质过硬、业绩和能力突出、群众基础好、长期在一线工作的干部补充进领导班子,形成老中青结合的层次梯队。

结合本地区、本部门实际情况开展在职培训工作,为事业单位和乡村教师提供在职学习机会,提升业务素质。结合新时代职业农民培训项目,开展本区域内传统农民向新型职业农民转型培训,以留守本地务农创业的年轻劳动力为重点开展科学知识和实用技能培训。逐步在农业职业经理人、经纪人、乡村工匠、文化能人和非遗传承人等领域形成掌握过硬本领又具有本地特色农民人才队伍。

引入外部人力资源推动乡村振兴事业发展是实现乡村人才振兴目标的另一重要任务。根据调研发现,在农业生产作为主要业态的时代,要实现乡村振兴战略"产业兴旺、生态宜居、乡风文明、治理有效、生活富裕"的总要求,急需农业以外领域的人才参与。因此,要想更好开展工作,就需要引入人才柔性流动模式,实现人才队伍的有机整合,进而拓宽工作渠道。

人才柔性流动这一概念,较早出现于1998年人力资源管理学著名学者怀特和斯赖尔(Wright & Snell)的著作中,他们认为,处于高度动荡环境中的企业,为了实现员工和组织能力与变化的竞争优势相适应,柔性是非常必要的,是提高组织效率的重要方面。人才柔性流动属于人力资源战略管理的范畴,它是相对于传统的、固定的、公务员式人才刚性流动而言的,是在竞争激烈、高度多元化的社会里一种新的成本、招聘、选拔、培训、绩效考核的人力资源规划和开发方式。它有别于传统的人才流动模式的最突出的特征,通俗地说是"不求所有,但求所用"。这是人们面对全球化人才短缺和人才争夺加剧的挑战,形成的一种全新的人才流动理念。人才柔性流动是指摆脱传统的国籍、户籍、档案、身份等人事制度中的瓶颈约束,在不改变与其原单位隶属关系(不迁户口、不转关系)的前提下,以智力服务为核心,注重人、知识、创新成果等的有效开发与合理利用的流动方式;是突破工作地、工作单位和工作方式的限制,谋求科技创新的商品化及人才本身价值的最大化,充分体现个人工作与单位用人自主的一种来去自由的人才流动方式。这种新的人才流动方式是对人才的企业所有制、地区所有制、国家所有制的一种挑战,即,能从更广的角度、更高的效率配置人才资源,以实现人才与生产要素、工作岗位的最佳结合,做到人尽其才、才尽其用。同时,坚持对人才"不求所有,但求所用"的原则,盘活现有人才,广泛吸引外来人才。

乡村振兴人才柔性流动最大好处就是可以在全社会范围内,充分利用人才资源，实现人力资本的合理配置，促进社会进步。通过人才柔性流动，广大农村就能够以最低的成本获得最适合本身发展的人才，从而实现乡村振兴事业投入成本的优化。

乡村振兴人才柔性流动作为一种新的人才流动方式，一方面，促进了乡村振兴工作的创新与发展。由于在乡村振兴人才柔性流动的过程中，基层单位掌握着聘任的主动权，这样，就可以聘到水平较高、适合于本地区乡村振兴工作要求的工作人员。另一方面，乡村振兴人才柔性流动也引发了乡村振兴工作发展中的问题。基层乡镇聘任的参与乡村振兴的外来人员，多数来自高等院校和科研院所，虽然可能在学术水平、学历层次上高于农村基层工作者，但是由于其本职工作是教学或更高层次的科研工作，对农村基层工作的发展规律有一个适应过程，这必然会对其发挥才智产生一些影响。

通过前文的分析，不难发现，乡村振兴人才的柔性流动过程中，对乡村振兴工作的发展是有利有弊的。如何兴利除弊促进乡村振兴工作的可持续发展是一个重要问题。笔者认为，要通过开发柔性流动人才资源促进乡村振兴工作的可持续发展，首先应当从社会管理部门改革入手。

人才柔性流动是促进乡村振兴工作可持续发展的客观需要，是对刚性人才流动方式的有益补充。为了使这一模式更有效地发挥作用，社会管理部门应当做好如下几项工作。

第一，改革现行人事管理体制，积极创造科学的乡村振兴人才柔性管理环境。人才合理流动需要科学合理地使用人才，也就是针对科技人才的流动进行科学的柔性管理。因此，管理要具有强大的适应能力和应变能力。科学的柔性管理是提高人才效益的金钥匙，是人才柔性流动进入有序化的先决条件。

第二，加快培育和发展人才柔性流动空间，构建人才柔性流动平台。提高人才流动效率，必须建立一套与市场经济相适应的用人新体制。通过互联网，形成全方位开放的人才市场双向选择、国家宏观调控、立法监督、社会保障的人才资源供给与需求优化配置的机制。人才流动是根据市场机制和价值规律运作的，因此，符合市场运作机制和价值规律的社会环境是其运作的基本空间。在培育和发展人才流动空间方面，所做的主要工作应该是建立一种互利合作的人才柔性流动体制，也就是说，既要遵循市场规律创造公开、平等、竞争、择优的外部环境，又要依据价值规律，实现物化价值的最大化，同时，实现个体价值的最优化，实现知识价值的最大效用。这种互利合作机制需要有机构进行沟通和协调，以实现人才所在单位、基层乡镇村和科技传播等领域工作人员之间的"多赢"效果。

第三，政府制定和完善相关的法规政策，保障人才柔性流动的合理性、有序性、规范性。这项工作主要包括建立和完善有关就业培养、劳动报酬等法律法规。要加大人才使用的法律和舆论监督力度，建立监察网络，强化科技自我保护意识，克服用人不公、用人不当现象，保障用人单位和柔性流动的科技人才的权益。

要用好外部人力资源推动乡村振兴工作，必须进行相应的改革与探索，才能实现基层工作的新局面。在具体工作中要抓好如下工作。

第一，创造外部人力资源脚踏实地开展乡村振兴活动的环境。外部人力资源进入区县乡村振兴领域，必须要有保障其脚踏实地开展工作的环境。因此，区县有关部门要做好如下工作。

首先，帮助外来人员熟悉本地农村特点，提高工作效率。虽然外聘专家学术水平、学历层次较高，但是可能由于没有农村工作经验，有相当一部分外来科技人员在参与乡村振兴工作之初效果并不十分理想。要解决这个矛盾，基层单位的有关领导，尤其是主管乡村振兴工作的领导，应当在开展工作前积极与之沟通，介绍本地区发展的具体情况，并且以此为契机介绍农村工作的规律，并提出一些有益的建议，这样就可以有的放矢、有针对性地开展乡村振兴工作，提高工作效率。

其次，促进咨询式人才柔性流动，开拓乡村振兴工作视野。所谓咨询式流动，主要是通过建立专业指导委员会，并聘请知名科研院所的专家或教育专家以学术讲座、茶话会等方式与其进行交流的一种流动方式。一些专家、学者所从事的研究领域具有跨专业、研究领域覆盖面广、体现现代科学技术相互渗透与综合交叉的特点。因此，这些专家、学者是基层乡村振兴工作的重要知识库。通过聘请专家学者进入基层，既可以为领导的决策和规划乡村振兴工作提供根本性、长远性的思想基础和理论依据，又可以开阔和活跃其他本地工作人员的思路，还可以对本地区乡村振兴战略决策、发展计划提出建议，使乡村振兴工作发展目标更加适应社会要求。

最后，搭建支撑平台，促进"成果"推广。吸引外来人员参与乡村振兴工作可以促进乡村振兴工作可持续发展，因此，对乡村振兴工作成果进行推广就显得十分重要。基层单位可以通过资助适合在更大范围推广的介绍本地乡村振兴工作经验的著作出版等形式，吸引外来人员更多的参与到本地工作中来，推动乡村人才振兴工作发展。

第二，调整用人和经费使用思路，保障外部人力资源进入乡村振兴领域发挥作用。要解决实现乡村人才振兴工作创新，就要动员一切可动员的力量参与其中，概括地说主要有四类人群可以参与到乡村振兴工作中去：退休人员，所辖区内外各种单位及社会组织成员，以返乡大学生为主体的青年群体，以及其他乐于参与乡村振兴事业的志愿者。

上述四类人群是乡村振兴的主力军，但是由于历史原因，这四类人群的潜能激发还不够。所谓四轮驱动，又称全轮驱动，是指汽车前后轮都有动力。可按行驶路面状态不同而将发动机输出扭矩按不同比例分布在前后所有的轮子上，以提高汽车的行驶能力。要实现乡村振兴工作创新，就要引入"四轮驱动机制"，动员上述四种人群参与乡村振兴活动。

引入"四轮驱动机制"是实现乡村振兴工作队伍的整合，拓宽乡村振兴工作渠道的有效手段。要把这项工作落到实处，基层农村应当在"不求所有，但求所用"方针的指导下，做好如下几方面的工作。

首先，依托人才柔性流动模式，利用引入不占编制人员短期进入乡村振兴领域工作，解决人员的相对不足。建议开展学者进入乡村振兴工作领域挂职、借调工作制度。在具体操作环节，需要基层与有关人员所在工作单位协调，所在单位为挂职人员发放基本工资，不增加人才流入地区财政负担。基层单位为其安排具体工作，保证其学有所用。

其次，稳定原有"三农"志愿者队伍。在传统农村工作领域中，热心公益的离退休人员，涉农高校和来自农村的大学生均参与其中，只有稳定原有"三农"志愿者队伍，使其在乡村振兴工作中有所作为，才能使他们成为助力乡村振兴的稳定力量。

最后，实施能人发掘计划，稳定充实原有"三农"志愿者队伍。我国从1962年开始人口持续正增长，这也意味着从2022年起有一大批人员退休。在开展乡村振兴工作时，热心乡村振兴且即将退休的公民是一支不可忽视的力量，只有在稳定原有"三农"志愿者队伍基础上不断发现新的力量，使在乡村振兴工作中有所作为，才能实现乡村振兴工作不断进步。努力说服、引导其中有一技之长者参与到乡村振兴工作中来，壮大乡村振兴工作队伍，十分必要。

5.2.4.2 乡村振兴人才素质提升一体化讲座总体设计

实施乡村振兴战略，涉及的参与者，有基层机关干部、涉农领域事业单位工作人员，农村教师（含在编教师和特岗教师）、大学生村官、"三支一扶"等服务基层大学毕业生、返乡入乡创业者（大学毕业生和返乡农民工）、高校科研机构工作人员、入乡参与乡村振兴的企业员工和志愿者、本地户籍农民等。依托乡村振兴人才素质提升一体化讲座推动乡村人才振兴工作，就需要打破上述培训者身份的界限，以乡村振兴人才所需的能力为核心开展顶层设计，做好如下几方面的工作。

第一，开展党的政策理论培训，理解乡村振兴战略内涵。党和国家的文件、习近平总书记代表党中央发表的与乡村振兴工作相关的重要讲话、"三农"政策、"产业兴旺、生态宜居、乡风文明、治理有效、生活富裕"的乡村振兴战略总要求和具体措施，是需要所有乡村振兴实践参与者掌握的。

第二，针对基层干部应当强化的理论和应用知识设计讲座。马克思主义哲学思想、创造创新思维方法、中国传统文化、乡村干部应用写作等能力，是基层公务员和事业单位工作人员需要掌握的知识。同时，创造教育方法、农耕文化与农耕文化教育、劳动教育方法等是乡村教师在任课学科以外需要的知识，是他们做好基层教育、培养热爱家乡的劳动者的理论源泉。因此，可以根据上述内容开发有针对性的讲座。

第三，应当开展基层公务员和事业单位工作人员的培训，增加志愿服务与创业的培训讲座内容，针对在读大学生，还可以强化结合乡村振兴开展社会实践的能力。

第四，针对本地户籍农民开展劳动技能培训和微创业培训。结合实施乡村振兴战略过程中的新产业、新岗位开展新技术和新劳动技能培训，在此基础上开展电子商务、自主创办小微企业等微创业讲座培训。

第五，设计助力美丽乡村讲座。围绕农村产业规划、乡村旅游规划、乡村人居环境提升等相关主题设计讲座，为美丽乡村服务。在自媒体时代，开展自媒体直播和拍摄技术培训，培养移动互联网时代的自媒体传播达人，推动乡村振兴成果和经验宣传。

6 乡村振兴人才非技术能力开发对策

正如前文所分析，乡村振兴人才素质提升工作目标就是向人力资本开发对象传授知识的同时，帮助被培训者树立远大的理想、正确的"三观"，以及在广泛的领域培养人力资本开发对象的技术和非技术能力，提高其综合素质和能力。

开展乡村振兴人才素质提升工作终极目标是提高乡村振兴所需人才的素质，要实现这一目标需要众多的专兼职乡村振兴人才培训工作人员的共同努力。笔者认为完成这个任务的最佳方法是强调基础，而人力资本开发对象的非技术能力这项共性工作则是基础之基础。因此，关注这些共性能力的培养和提高乡村振兴人才非技术能力就显得十分重要。为了更好地开展乡村振兴工作，乡村振兴工作领域人才需要具备马克思主义哲学素养、政治理论水平、创新能力、综合表达能力、创业能力等典型非技术能力。由于马克思主义哲学素养、政治理论水平是进入乡村振兴工作队伍必备的素养。

本章将基于前文提出的一体化讲座模式的培训体系，分析乡村振兴人才创新能力、综合表达能力和创业能力提升对策。

6.1 乡村振兴人才创新能力提升对策

实施乡村振兴战略，是党和国家结合习近平新时代中国特色社会主义发展实际提出的一项新举措，该工作本身就是一项创新。因此，乡村人力资本开发工作组织者要做好乡村振兴人才素质提升工作，提高乡村振兴参与者创造创新能力十分必要。

6.1.1 创造创新能力概述

在学术界创造、创新是两个不同的含义。因此，必须首先分析创造、创新的区别。

英文的"创造"一词是由拉丁语"creare"一词派生而来。"creare"的大意是创造、创建、生产、造成。它与另一个拉丁词"cresere"（成长）的词义相近。因此，从词源上分析，创造的含义是在原先一无所有的情况下，创造出新东西。创造特别强调独创性。然而，任何创造都不是无中生有，而是在前人创造的基础上有所突破，所以要论"创造"二字的含义，中国语言中的创造更贴切实际。根据《词源》的解释，"创造"是由两个字组合的，"创"的主要意思是"破坏"和"开创"，"造"的主要含义是"建构"和"成为"。所以"创"和"造"组合在一起，就是突破旧的事物，创建新的事物。

创造是各式各样的，时时处处都可以有创造。如科学上有发现，艺术上有创作，方法上有创新，技术上有发明。"唯创必新"是创造的根本特点。

美国创造心理学家 I. 泰勒，曾提出划分"创造五层次"的著名观点。具体如下。①表露式（expressive）创造：意指即兴而发、但却具有某种创意的行为表现。例如，戏剧小品式的即兴表演、诗人触景生情时的有感而发等，其创造水平或程度一般即属于这一层次。儿童涂鸦式的画作有时很有创意，其水平亦属此层次。②技术性（technical）创造：意指运用一定科技原理和思维技巧以解决某些实际问题而进行的创造。如"把素材按新的形态组合产生出新事物"，或"某种旧的结合解体，新的结合重新产生"。③发明式（inventive）创造：意指在已有的事物基础上，产生出与以往曾有过的事物全然不同的新事物。例如，爱迪生发明的电灯，贝尔发明的电话。④革新式（innovative）创造：意指不仅在旧事物基础上产生出了新事物，而且是在否定旧事物或旧观念前提下造出新事物或提出新观念的"革旧出新"。例如，技术史上各种新工具的出现以代替旧工具，科学史上发现新定律以替代旧定律等。⑤突现式（emergentive）创造：意指那种与原有事物无直接联系，看似"从无到有"地突然产生出新观念的创造。我们可以说，各学科领域荣获诺贝尔奖的重大科学发现，即均应属于这一层次的创造。

第一个明确地阐述创新概念的是美籍奥地利经济学家熊彼特。他在1912年发表的《经济发展理论》一书中，提出创新是经济生活内部生产要素和生产条件的新组合，并指出创新有五种存在形式：①引入一种新产品或一种产品的新质量；②采用新的技术或新的生产方法；③开辟新的市场；④获得原材料或半成品的新供应来源；⑤实现企业新的组织形式。

在熊彼特的创新概念中，技术创新是其关注的重点，制度创新也只关注于企业内部组织结构。因此，熊彼特提出的创新只是创造的一部分。中国现代创造学研究是从陶行知创造教育研究开始的。1918年，陶行知在《试验主义教育方法》等论文中，提出了改革教育的创造教育思想。20世纪80年代初期，学术界开始在创造工程、创造技法等方面开展研究。20世纪90年代，国家开始推动创新工作。20世纪90年代中后期，技术创新概念替代原来使用的技术革新。而后，创新概念被技术、经济领域以外的领域使用，与熊彼特最初提出概念的外延已经区别很大。

因此，乡村人力资本开发工作组织者开展乡村振兴人才素质提升工作时，需要先提高人才的创造力，而后引导人才实现创新。

分析乡村振兴领域创新工作的类型就需要从乡村振兴人才领域工作的主体出发来探讨问题。根据依据乡村振兴领域工作主体之间的不同关系，乡村振兴领域工作创新可以分为自主创新、模仿创新和合作创新。

自主创新是指创新者依靠自己的知识和能力，在工作取得突破，提出或使用某种工作方法或开展某项活动。自主创新又可分为原始创新和一般自主创新。在乡村振兴活动中，具体的地区或部门仍然是主体的主要形式。每个地区的主要情况是不同的，新的乡村振兴工作经验扩散和普及一般都会有一段时间延续性，而且往往遭遇到因地区情况不同导致的"水土不服"。因此，乡村振兴工作创新在现有社会的条件下，不一定是原始创新，即原创的有自主知识产权的工作方法、理念创新，还包括一般自主创新。一般自主创新成果可能在全国范围内不属于原创，但是在一个省或市范围内是首先出现的。从严格意义上来说，一般自主创新不具有原创性，但是它在现有社会发展阶段，对于一个地区来说是有意义的，它可以根据本地区情况，提出适合自身类型的首创性方法。乡村振兴工作中的原始创新具有根本性和原创性，最能代表一个地区的实践水平。大批的原始创新成果的出现往往可以带来一个地区乡村振兴实践水平的飞跃式发展。

模仿创新是创新者在所引进的原始创新或一般自主创新成果基础上进行的一种创新。它不是简单的模仿，它需要对引进的新方法和理念进行消化和吸收，并在此基础上进行再创造，改进或重组原有方法，以达到突破性的效率和效果。模仿创新是迅速提高乡村振兴工作效果，实现工作进步的捷径，不但节约了时间，而且也节约了先期探索的人力和物力资源。因此，模仿创新是采用最多的乡村振兴工作创新方式。但是要想成为同层级地区乡村振兴工作领域真正的领先者，模仿创新就具有局限性。

合作创新，是创新者与乡村振兴工作系统内外各层次主体之间，以各种组合方式联合开展的创新。在全球化和知识经济的时代条件下，合作创新的必要性和优势越来越明显。随着地区交往增多，乡村振兴工作领域的实践水平不断提高，高等教育涉及的问题越来越复杂，单一主体很难应对这种局面。为了实现做好乡村振兴工作、提高乡村振兴所需人才素质的共同目标，不同的工作主体往往采取合作创新的战略。合作创新实现了资源共享、优势互补，节约了时间和投入，减少了失误和风险。在开展合作创新时，首先需要明确的合作目标、合作期限和合作规则，划清各自的权利义务，这样才能避免主体之间的利益矛盾，使合作行为顺利进行，达到预期效果。

通过上面的分析，不难发现创新对乡村振兴工作意义重大。如何提高人才创新能力就成为一项重要工作。笔者认为要实现这样一个目标，首先要破除传统观点中关于创造认识的几个误区。

第一，在传统的观点中有一种观点认为：创造是一种天赋，无法教授。这种观点的最大作用就是可以使人认为创造力开发是没有意义的。然而，中外的种种成功的例子证明了这种观点的局限性。但是，这种观点的支持者仍然会从一些在人类历史上做出卓越贡献的创造型天才，尤其是那些在自己擅长领域中作用突出成绩的成功者的例子中找到佐证。莫扎特、爱因斯坦或米开朗基罗都成为他们的好例子，进而说明对人类历史产生重大影响的天才们是无法制造的。数学能力、艺术表达能力乃至运动天赋都有各种有用的级别，即使在缺少天才的时候也是如此。就像一组人参加百米比赛。发令枪响后，比赛开始。必然有的人跑得最快，有的人跑得最慢。他们在比赛中的表现依赖于天生的奔跑能力。现在，假设有人发明了自行车，并让所有赛跑者进行训练。比赛改为自行车比赛再次开始。每个人都比以前运动得更快。但是，仍然有的人跑得最快，有的人跑得最慢。如果我们不为提高人类的创造力做任何努力，显然个体的创造能力只能依靠天赋。但如果我们为被训练者提供有效和系统的训练方法，我们就可以提高创新能力的总体水平。有的人仍然比其他人强，但每个人都可以学会创造技能，提高自己创造性解决问题的能力。"天赋"和"训练"之间根本不存在矛盾。每位教练员或讲座教师都会强调这一点。事实上，学习创造学理论与方法和学习其他知识之间没有什么区别。一方面，教学可以将人们培训成有创造能力的人，另一方面，受教育者已有的天赋可以通过训练来提高。因此可以认为"创造无法学会"的观点现在已经站不住脚了。创造力具有"可教性"和"不可教性"。天赋是无法训练的，但训练可以激发潜能。也许学习创造学理论不可能训练出天才，但是有很多有用的创造并不是天才的功劳，要提高全体乡村振兴活动参与者的能力，学习创造学理论工作必不可少。

第二，在传统的观点中另一种观点认为：创造来自与传统观点格格不入的思想。有许多创造是在打破旧有观点、观念基础上实现的，有的人就会产生上述观点，而且，这一观点也很容易在生活中找到佐证。有创造性贡献的人必然拥有与传统观点有差异的观点，但是，没有前人的积累，有创造价值的观点，又从哪里来呢？难道是从天上掉下来的吗？没有旧有的事物作基础，任何新事物都无法产生，创造本身就是一个辩证否定的过程。批判地继承绝不等于全面打倒，与传统观点差异更不等同于与传统观点格格不入。

第三，在传统的观点还有一种观点认为：有创造力的人往往在右脑或左脑的使用习惯和开发上有一种明显的倾向性。于是，就产生了左脑或右脑主动性的观点。这种观点进而认为，惯用右手的人的左脑是大脑中"受过教育的"部分，识别和处理语言、信号，按我们已知的事物应该存在的方式来看待事物。右脑是未受教育的"无知"的部分。因此，在与绘画、音乐之类有关的事中，右脑单纯无知地看待事物。你可以画出事物本来的、真实的面目，而不是按你臆想的来画。右脑可以允许你有更完整的视图，而不是一点一点地构造事物。于是，在提到创造性思维时，这种观点认为，创造只发生在右脑，为了具有创造性，我们所需要做的就是停止左脑思考，开始使用右脑。事实上，所有这些事都有其价值，但当我们涉及关于改变概念和认知的创造时，我们别无选择，只能也使用左脑，因为这是概念和认知形成和存放的地方。通过 PET（Positive Emission Tomography，正电子发射断层成像）扫描，有可能看出在任何给定的时刻，大脑的哪一部分在工作。在胶片上捕获到的放射线闪光表明了大脑的活动。可以很清楚地看到，当一个人在进行创造性的思考时，左右脑会同时处于兴奋状态。这正是人们所期望的。

在获得正确的认识基础上，乡村振兴活动参与者需要提高创造性思维能力、掌握相关的工作方法，这样才能创造性地解决乡村振兴工作中面临的问题。

创造并不是孤立的、凭空的，它要依赖于大量信息的积累，更受到人的思维习惯和方法的影响。要提高创造性思维能力，不仅要掌握那些带有创造性思维特点的思维形式，还要掌握基础性的思维形式。具体地说，要注重创造性思维能力的提升。首先，努力养成突破传统观念直接解决问题的习惯。其次，努力保障逻辑思维的严密性。最后，要善于变换思维角度。

下面将结合上述三个方面的原则对创造性思维的能力特点及提升对策进行介绍。

6.1.2 突破传统观念能力

在乡村振兴工作中,常常会遇到一些比较复杂的问题。人们似乎认为对于复杂问题的解决,必然是一件复杂的事。产生这种观点的重要原因之一,就是传统观念的影响。要解决这类问题,就要通过突破传统观念来简化问题,使问题得到解决。在具体的工作中,乡村振兴活动参与者可以借助三种思维方法突破传统观念。

第一,利用直觉思维直接突破传统观念。直觉思维法是一种未经有意识的逻辑思维而直接获得某种知识的思维方法。直觉思维是一种潜意识思维,也是突破传统观念的有效手段。人们有时对某一问题的理解、某种认识的产生并非经过严格的逻辑推理,而是由突然领悟而获得的。直觉是人们在认识过程中,头脑中的某些信息在无意识的状态下经过加工而突然沟通时所产生的认识的飞跃,表现为人们对某一问题的突然领悟,某一创造性观念和思想的突然降临(灵感),以及对某种难题的突然解决。

直觉思维是一种从材料直接达到思维结果的认识活动,是一种思考问题的特殊方法与状态。人们在思考问题时,借助直觉启示而对问题得到突如其来的领悟或理解被称为顿悟。顿悟属于潜意识思维,它的特征表现为,功能上的创造性、时间上的突发性、过程上的瞬时性和状态上的亢奋性。在现实生活中,人们往往遇到这种情况,某个问题已经研究很久了,成天苦苦思索,仍然没有解决问题的思路。而一个突然的外界刺激,使思考者头脑中突然出现了一种闪电式的高效率状态,顿时大彻大悟。一通皆通,问题便迎刃而解了。顿悟并非是某些科学家、艺术家、文学家所特有的,每个正常人的大脑都具有这种功能,差别仅在于顿悟出现次数的多少,功能的强弱,而不在其有无。顿悟并不是虚无缥缈的,它不会凭空发生,它只是垂青于那些知识渊博、刻苦钻研、经验丰富的人。勇于实践,积累广博而扎实的知识是灵感顿悟产生的基础。产生灵感顿悟的最基本条件是对问题和资料进行长时间的顽强思考,直至达到思想的"饱和",同时必须对问题抱有浓厚的兴趣,对问题的解决怀有强烈的愿望,要使头脑下意识考虑这一问题。

启迪是顿悟的关键诱因,它连接各种思维信息,是开启新思路的契机。当主体的灵感孕育达到一触即发的"饱和"状态时,只要有某一相关因素偶然启迪,顷刻就豁然开朗。因此要留心观察周围事物或现象,以便及时起到开窍作用。灵感顿悟来去倏忽,稍纵即逝,很难追忆,要掌握珍惜最佳时机的技巧,善于捕捉闪过脑际的有独创之见的思想。灵感顿悟大多是在思维长期紧张而暂时松弛时得到的，思考者要养成良好的学习、工作方法和习惯，注意张弛结合。要促进思考者产生顿悟，要创造相对安定的环境，否则不相关的信息太多，根本无法进入研究、探索的境界，也不可能造成灵感顿悟产生的境域。创造性思维的灵感、顿悟好像是刹那间从天而降，其实是人的潜意识活动在一定范围内得到显意识功能的合作，经历了一个孕育的过程，当孕育成熟时即突然沟通，涌现于意识，终于灵感顿发。正因为它有一个客观的发生过程，所以灵感顿悟并非是神秘莫测、不可捉摸的。在灵感产生以前的反复思考、高度集中的思想活动，已经把思维从显意识扩大到了潜意识。思维在潜意识里加工，偶然和显意识沟通，得到了答案，就表现为灵感。周恩来总理用八个字，很好地概括了灵感产生的认识论基础，这就是"长期积累，偶尔得之"。直觉、灵感的产生，都是创造者经过长期观察、实验、勤学、苦想的结果。没有这个基础，灵感是不会飞进你的大脑的。工作中的灵感、想象往往是模糊的，如果不重视这种模糊的思维，就可能让灵感白白溜掉。

必须指出的是，直觉思维不会凭空而来，而是与专业知识背景紧密相连的。因此，直觉、顿悟乃至在梦中产生的想法，都必须以一定理论知识背景为基础，那种认为直觉、顿悟可以解决一切的想法是十分不切合实际的。

第二，利用想象突破传统观念。人的创造性思维来自丰富的想象，创造想象是创造活动的先导和基础。好的创造成果无不起源于新颖、独特的创造想象。人们在思考问题时，除了运用概念进行判断、推理外，还依赖于想象。广义的想象包括联想、猜测、幻想等。想象把概念与形象、具体与抽象、现实与未来、科学与幻想巧妙结合起来。但值得注意的是，想象的东西在没有被实践证实之前，始终是想象而不是真理。要把想象变成现实，既要有一定的条件，也要有一定的过程。想象是带有某种程度的猜测性的，它至多是一种预测而已，而猜测或预测不一定都能实现。因此，我们在倡导想象，提倡培养自己丰富的想象力的同时，必须对想象保持清醒和不同程度的怀疑态度。

想象本身是以人类旧有的经验为基础，通过对这些经验的有意识重组，进而创造出一个崭新形象来的心理过程。人们在分析和解决问题时，可以通过一系列具有逻辑上因果关系的想象活动，来改善特定的思维空间，从而选择到解决问题手段的思维方法。

联想是想象的核心。联想是通过事物之间的关联、比较，扩展人脑的思维活动，从而获得更多创造设想的思维方法。联想可以通过对若干对象赋予一种巧妙的关系，从而获得新的形象。运用联想，可以使风马牛不相及的事物联系起来。联想是培养创造性心智机能的一种有效的方法，是通向新知识彼岸的桥梁。它可以在已知领域内建立联系，也可能从已知领域出发，向未知领域延伸，获得新的发现。不少成功的发明创造，往往是通过联想获得的。联想不是一般的思考，而是思考的深化，是由此及彼，由表及里的思考。一个人如果不学会联想，学一点就只知道一点，那他的知识不仅是零碎的，孤立的，而且是很有限的。如果善于运用联想，便会由一点扩展开去，使这点活化起来，举一反三，触类旁通，产生认识的飞跃，出现创造的灵感，开出智慧的花朵。联想能够克服两个概念在意义上的差距，把它们联结起来，从而发现某些事物的相同因素或某种联系，揭示出事物的本质。联想不是想入非非，而是在已有知识、经验的基础上产生的，是对输入到头脑中的各种信息进行编码、加工、换取、输出的活动，其中包含着积极的创造性想象的成分。联想能力是人脑特有的一种能力。不过，并不是每个人都能因联想而有所发明创造，要使联想导向创造，必须懂得联想的类别和规则。

按人脑反映事物之间的关系不同，可把联想分为接近联想、类似联想、对比联想、因果联想和自由联想等。接近联想，是由在空间和时间上接近的事物形成的联系，而由一种事物想到另一种事物。例如，由江河想到桥梁，由天安门想到天安门广场和人民大会堂，这是对在空间上接近的事物的联想，叫作空间联想。又如，由日落联想到黄昏，由"八一南昌起义"想到"秋收起义""广州起义"，这是对时间上相接近的事物的联想，叫时间联想。类比联想，也叫相似联想，是基于具有相似特征的事物之间形成的联系，而由一事物想到另一事物。例如，由春天想到新生，由冬天想到冷酷，由攀登高峰想到向科学现代化进军。文学作品中的比喻，仿生学中的类比，都是借助于类比联想。对比联想，由具有相反特征的事物之间的联系引起，由一种事物想到另一种事物。例如，由寒冷想到温暖，由黑暗想到光明，由物体"高温膨胀"想"深冷收缩"。因果联想，是基于事物之间的因果关系，由一种事物想到另一种事物。例如，由加压想到变形，由高质量想到高销售等。自由联想，是对事物不受限制的联想。例如，由宇宙飞船在太空航行想到建立空中城市，想到在其他星球上安家落户。

为了训练思维的流畅性，还可以运用急骤式联想法。这种方法要求人们像暴风骤雨那样，在规定的短时间内迅速地说出或写出一些观念来，不要迟疑不决，也不要考虑答得对不对、质量如何。评价是在训练结束后进行的。例如，要求说出砖头的各种用途，学员可以答出：砌房子、筑路、磨刀、填东西、敲捶物品……又如，哪些是圆形的东西？学员回答：皮球、纽扣、缺口、茶杯、锅盖、圆桌、车轮……答得愈快、愈多，表示流畅性愈高。

猜想是想象的重要形式。猜想是指人们发挥思维的能动性，对事物发展进程和未来关系进行预测、设想的一种思维方法。猜想法基于既有经验，又具有不受既有经验束缚的跳跃性。科学史上新的认识成果往往都首先来自科学家的某种大胆假说和猜想。乡村振兴活动参与者在工作中只有敢于大胆假设、小心求证，最后付之验证，才能获得真理性认识。

猜想的方式是多种多样的，它可以运用事物的相似、相反、相近关系做联想组合；可以用试错的方法将毫无关联的、不相同的知识要素组合起来；也可以运用创造性想象来补充缺少的事实，设想可能存在的联系。总之，在猜想这一过程中，人们可以尽情地猜测、假设、试错、修改，突破原有的知识圈，在既有的感性材料上起飞，把尽可能多的反映物质世界的思路、方案、模式建造起来，然后再加以对比，进行研究和论证，逐步淘汰错误的猜想，形成真理。

要更好地实现想象，就要冲破现存事物和观念的束缚，对现在尚没有但有可能产生的事物进行大胆设想。要进行大胆设想，首先，要破除迷信，摆脱束缚。要摆脱现有事物和观念的束缚，不能认为现有事物已能满足人们的需要，已经发展完善到完整无缺的顶峰，再无法提高和突破，更不能迷信权威和经典。其次，勤于思考，大胆怀疑。最后，创造想象的"原料"来自丰富的知识和经验，来源于广泛实践基础上的感性想象。要想发展自己的创造想象能力，就必须不断扩大知识范围，增加感性想象的储备。

第三，利用非逻辑思维突破传统观念。非逻辑思维是突破传统观念的有效途径。非逻辑思维是指在思维过程中有意识地突破形式逻辑的框架，采用直觉的、模糊的和整体的思维方法。非逻辑思维承认逻辑方法在认识过程中的作用的同时，突出了直觉思维的非逻辑性在认识过程中的重要意义。

非逻辑思维主要包括以下几种：第一种，模糊估量法。在面临一个问题时，先对其结果做一种大致的估量与猜测，而不是先动手进行实验设计或逻辑论证。这是一种直觉方法。这种方法的根据是先前的经验和自己的直觉判断能力。这种方法有时会帮助研究者形成一种总体的、战略性的眼光，有时会导致一种假说的提出。第二种，整体把握法。它要求人们暂时不注重对象系统某些构成元素的逻辑分析，而是重视元素之间的联系及系统的整体结构。

非逻辑思维的典型思维方式是超常思维。所谓超常思维是指遇到问题善于冲破常规和习惯势力的束缚，匠心独运、别出心裁地去思考、探索，寻求异乎寻常的解决途径，争取获得人们意想不到的效果的一种思维方法。应用超常思维方法，一般有以下几种典型情况：第一种情况，冲破束缚，另辟蹊径。当工作面对新情况、新问题时，敢于冲破旧有的各种束缚，开拓新思路，开辟新境界。第二种情况，匠心独具，超凡出众。要实现创造性解决问题，就需要匠心独具，超凡出众的思考。其在工作中要善于打破传统思维的一系列传统习惯，才能有所突破。第三种情况，处变不惊，化解难题。工作要经常面对突发问题，这个时候必须要冷静分析，才能做出正确判断。第四种情况，因果关联，纵深突破。第五种情况，巧施联想，出奇制胜。乡村振兴活动参与者在工作中根据事物与周围环境之间的相关性原理，进行全方位思考，这样才能保证解决问题的系统性。

6.1.3　保障逻辑思维的严密性

创造性思维是以非常规的思维为基础。但是，真正的创造性的人类成果最终必须是符合逻辑的。因此，要想提高个人的创造性思维能力，就要提高其逻辑思维能力。人们对事物的把握，由浅显到深入，由低级到高级，由现象到本质或从抽象逐渐到具体。因此，比较典型的逻辑思维方法就要由表及里、层层深入、抽丝剥茧。

掌握逻辑思维方法，不仅要学会层层深入，还要善于比较，善于应用比较思维。所谓比较思维是把各种事物和现象加以对比，来确定它们的异同点和关系的思维方法。任何事物性质的优劣、发展的快慢、数量的多少、规模的大小等，都是相比较而言的。没有比较，就没有鉴别。比较是一切理解和思维的基础。人们认识事物，把握事物的属性、特征和相互关系，都是通过比较来进行的。只有经过比较，区分事物间的异同点，才能识别事物，把它归到一定的类别中去。

比较，一般可分为两种类别：即同类事物之间的比较和不同类事物之间的比较。同类事物之间进行比较，找出其相同点，可以揭露事物的共性；找出其不同点，可以揭露事物的特殊性。不同类事物之间进行比较，找出相同点，可以揭示事物之间的联系；找出不同点，可以揭示事物之间的区别。比较，一般可采取顺序比较和对照比较。顺序比较是把现在研究的材料和过去的材料加以比较。这是一种继时性的纵向比较，如今与古比、新与旧比较等。这种比较，容易说明新事物的优越，新阶段比旧阶段进步等，同时还可以发现优越之特性，进步之表现，从中寻求规律、拓宽思路，预测未来事物的发展进程。对照比较是把同时研究的两种材料,交错地加以比较。这是一种同时性的横向比较。此种比较,可以对空间上同时并存的事物进行对照,以认识事物的异同和优劣。横向比较,必须在同类事物之间进行,如国家与国家比、人与人比、单位与单位比、地区与地区比。进行这种比较时,一定要注意它们的可比性。如在比较社会主义制度和资本主义制度时,只能比那些可比的因素,不可比的因素应当排除在外,这就是所谓"异类不比"。同时,应采取客观、公正的严肃态度。不论是纵向比较还是横向比较,都要明确为什么而比,并站在正确的立场上,运用正确的观点去比。通过比较做出科学的历史的具体分析。因此,比较中的纵向比较可能导致单纯地回头看,产生满足现状或今不如昔的偏向;比较中的横向比较则可能变成现象简单笼统地对照罗列,或者导致对自己、对别人、对事物的全盘否定或全盘肯定,得不出合理的科学结论。

要更好开展思维活动,进行有效的比较对照,就要关注如下几种形式的比较:首先,进行新知识与旧知识的比较。在比较中了解新旧知识的异同,把新旧知识联系起来,使新知识的掌握建立在旧知识的基础上,加深对新知识的理解。其次,进行新知识与新知识的比较。在比较中认识事物之间的共同性和特殊性,揭示事物之间的联系和区别,使学员所掌握的知识深刻化和精确化。再次,进行旧知识与旧知识的比较。在工作中,把已经拥有的知识相互比较,以加深理解,加强巩固,并把知识系统化起来,形成解决问题的方案。最后,进行理论与事实比较。使思考者根据事实了解理论,并检验理论的正确或错误,把理论和实际联系起来。

一般地说,确定事物之间的相异点比确定事物之间的相同点要容易一些。所以,在进行比较时,最好先从寻找相异点开始,再过渡到寻找相同点。最后,明确异同之所在,达到既能看出同中之异,又能看出异中之同。在对事物进行比较时,必须围绕着主题进行。当比较事物某一方面的特征时,不能把其他方面的因素掺杂到里面去。要经常注意找出哪些是事物的主要因素,哪些是事物的次要因素,不能将事物的次要因素当作主要因素。分清了事物的主要因素和次要因素,有利于把握事物的本质特征。逻辑上的层层深入和比较分析仅仅是创造性思维的基础,而提高理解力、判断力则是创造性解决问题的关键。

所谓"理解"就是对某个问题、某件事搞懂了、弄明白了。而"理解力"是衡量一个人对这个问题、这件事搞懂、弄明白所用的时间长短。用时短,相对来说这个人理解力强,反之则这个人理解力弱。一个人的理解力大小、强弱不是天生的，它是人类在从事各种社会实践中不断学习、不断处理与解决各种问题，不断总结正反两方面经验所取得的。在各种实践中，锻炼了人的智力，使人不断聪明起来，从而才有可能使人类的理解力不断提高。这里要指出的是，一个人应该养成坚持学习、热爱学习的良好习惯，坚持活到老、学到老，这样才能给一个人持久地保持敏捷的理解力提供良好的智力基础。所谓判断力是通过人类对某个问题或某些现象的观察、分析，然后进行综合和推理，得出正确与否的结论，或者通过观察、分析、综合和推理又延伸得到新的结论。人类发明创造的历史证明，一个人的理解力和判断力的强弱是人类取得创造成果或事业成功的重要先决条件。

要更好地运用逻辑思维就要加强对外界信息的收集，并充分利用这些信息进行分析，做出判断、预测、决策。这一过程，被称为反馈思维。反馈思维是指控制系统把信息输送出去，又把其作用结果运送回来，并对信息的再输出发生影响，起到控制调节作用，以达到预定目的的思维方法。

反馈是自然界的一种普遍现象。在自然现象中，人和动物必须呼吸，吸进新鲜氧气，呼出二氧化碳。如果没有绿色植物吸进二氧化碳、放出氧气这样一种"反馈"，生命运动就会停止。在人体运动中，大脑通过信息输出，指挥人的各种活动。同时，大脑又接受来自人体各部分与外界接触所发回的反馈信息，不断调节并发出新的指令。如果没有反馈信息不断输入大脑，人体运动就是不可设想的。

反馈思维方法被广泛应用于自然科学、社会科学等各个领域。任何一个系统，只有通过反馈信息，才能实现控制，达到预定的目标。没有反馈信息，要实现调节、控制是不可能的。例如，人类复杂的反射活动，都是通过神经系统的反馈而实现的。实现反射活动的神经通路，叫反射弧，它包括感受器、传入神经、神经中枢、传出神经和效应器（肌肉和腺体）五个环节。前三个环节（感受器、传入神经、神经中枢）的任务是接收信息，后两个环节（传出神经和效应器）是执行机构。但复杂的反射活动，并不是一次单向传导所能完成的，而是经过传入和传出部分来回就近传导，借助大脑多次反馈调节的结果。正是依靠这种反馈调节，才保证了人类对外界精确、完整、连续的反应和对自身活动的准确控制。人的任何有意识的活动，无不含有反馈。简而言之，没有反馈，就没有生命，更谈不上人类的智慧和创造。

人在学习知识时，首先是获取大量信息，然后由大脑对它们进行编码、改造，而后将思维的产物，利用各种途径输送出去，公之于众，收回外界对它的评价，从而检验学习效果和学习深度，进而在原有知识基础上，有针对性地进行再学习，再思考，再创造，使之更趋全面和成熟。这一过程也就是反馈思维过程。对一个学习者来说，通常存在两种反馈信息：一是由输入引起的感受器官的反应，称为"内反馈信息"；一是通过输出（即知识的运用），获得来自外界的反应，称为"外反馈信息"。无论哪一种反馈都具有调节学习和激发动机的功能。当反馈信息揭示了学习中的不足时，它就能为调节学习、重新制订学习计划、改进学习方法提供依据；当反馈揭示了学习的成效时，它便能激发学习的积极性，起到鼓舞和鞭策作用，使学习兴趣更浓，信心更足，也更大。

成功的创造者和发明者，都善于进行反馈思维。例如，他们在掌握知识的过程中，能向能者求教，交流探讨，并运用知识于实践，发现问题，总结经验；又能把别人对自己知识的评价，加以整理分析，提取有益成分，反馈至知识的输入端，实现对学习内容、方法和学习目标的选择和控制。由于他们能勤于输出信息，从中获取反馈，所以能获得成功。

总之，反馈思维可以使学习和创造者找到不足，弥补缺陷，改进方法。同时寻找良师益友，加以指导，少走弯路，找到捷径。所以，反馈思维法是加速学习成功的要诀，是人才创造活动的重要智力因素。在学习和创造中，为了取得成功，必须学会反馈思维，如主动质疑，寻师求教，不耻下问，运用知识、同学间相互切磋等，都是强化反馈信息的有效方法。

反馈思维按照思维方式可以分为前馈思维、后馈思维。

前馈思维指人们在工作过程中，注意在客观情况发生新的变化之前，争取时间，搜集信息，从中洞幽察微、见微知著，从而超前构思相应的对策，超前做好必要的调节控制准备的一种思维方法。也称超前反馈思维方法。前馈思维方法早就引起古人的注意。所谓"凡事预则立，不预则废"。我国春秋后期的范蠡就是善于预测市场供求和物价的变化而取得成功的。他发现"贵上极则反贱，贱下极则反贵"的价格摆动现象，进而提出了"夏则资皮，冬则资绨，旱则资舟，水则资车。"物以稀为贵，反向经营反而得大利，这就是事物变化的辩证法。受到当时的生产条件的影响，古人的前馈思维大多数是经验型的，现代的前馈思维必须与科学分析、推理相关联。

后馈思维就是用历史的联系、传统的力量和以前的原则来制约现在，使现在按照历史的样子继续重演的思维方法。后馈思维又可称为习惯性思维，是一种循轨思维。它面向历史，总是用过去怎么做、祖先怎么样、以前的经验怎么样来要求现在。

因此，后馈思维也是一种反馈式思维，它是思维的一种惯性运动，把思维方式固定化、绝对化。后馈思维总是要把"现在"反馈为"历史"的重复。所以，它也是一种"滞后型"的思维。它的向心力和惯性力的基础在历史。后馈思维的一般模式如图6-1所示。

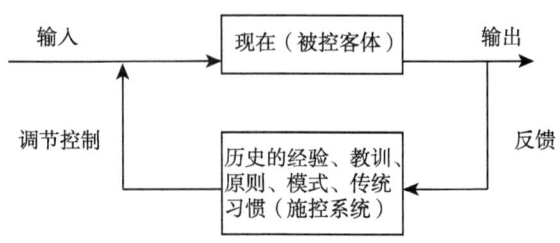

图6-1 后馈思维的一般模式

后馈思维具有的典型的特点是指向性。一般来说，思维都具有一定的指向性，所不同的是，后馈思维是把现在往历史上引导的指向性思维。它的"兴奋中心"总是历史上的某个阶段、某种情况，是一个通过"想当年""要恢复到某某时的情况"的思维过程。后馈思维的指向性产生两种结果：一种是对现在的缺陷、弊病感到不满，要以历史的成功经验和优良传统"改变"现在，这是积极的。因为，创造是必须以固有的事务为基础。后馈思维的另一种结果是对历史"理想化""厚古薄今"，其结果是以历史来"改变"现在，这是消极的。对此，要进行具体分析。当一件事情已经发生，而对于事情的某些细节不十分清楚，而又要求了解这些细节的时候，就需要以后馈思维对已有的现象进行分析。因为，在后馈思维的指导下，人们就可以进行适当的还原性模拟工作。

后馈思维既有消极因素，也含有一定的积极成分。我们要发挥它的积极作用，联系客观实际，正确对待传统的文化遗产，以实现思维的创造性。

6.1.4 善于变换思维角度

乡村振兴活动参与者要在工作中实现创造性思维，还要适当改变思维的方向、变换思维的角度。传统的思维是一种正向的思维方式，要变换思维角度，就要采用逆向思维、侧向思维、合向思维和水平思考法，增加思维形式，促进思维的多样化。下面就逐一分析上述几种思维方法。

6.1.4.1 逆向思维

逆向思维也叫反向思维，是一种创造性思维，它强调要从事物的反面或对立面来思考问题。逆向思维与正向思维相对应。正向思维是指人们运用过去的知识和经验，在已有理论指导下思考问题和解决问题的一种能力或方法。正向思维在人们日常思考和科学研究中起着巨大的作用。但是，由于人们受心理倾向、心理定势的影响，即在思考问题时，采取一次特定的思路，下一次采用同一种思路的可能性就越大。在一连串的思想中，一个个观念之间形成了联系，这种联系紧紧地建立起来，必然导致它们的联结很难破坏，这样就容易导致人们形成一种固定的思维模式，即习惯性思路或思维定势，如"守株待兔"的千古笑谈就是其中一例。

逆向思维则需要突破这种习惯性思路或思维定势。它是从事物常规的相反方面去探索思考问题和解决问题的一种思维方法。根据唯物辩证法的基本原理，事物都存在着正反两个对立面。所以，人们在对待事物的时候就需要既看到正面也要看到反面，既看到前面又看到后面，既看到外面又看到里面。这就是逆向思维得以成立的基础。

人们的思维，在主流上正向思维，即凭借以往的经验、知识、理论来分析和思考问题。这是人类文明得以源远流长和发扬光大的内在源泉，也是每一个体系得以逐步完善的根本所在。但是，其中的负效应也助长了人们思维定势或习惯思路的形成：知识越多，经验越丰富，思路也就越教条、越循规蹈矩。天才和聪明人正是心中藏着逆向思维才获得成功的。相反，一个知识或经验十分丰富的人，如果堵死了逆向思维的通道，遇到难题就只能一条思路走到底，最后会陷入死胡同而不能自拔。由此可见，逆向思维对于开阔人们的思路是非常重要的。

在人们的思维习惯中，逆向思维主要表现为如下几种形式。首先，在思维活动中，通过正视事物矛盾的对立认识和把握事物。事物都包含着对立的两方面，人们的认识和主观思维必须符合事物的实际，如果只注重一个方面而忽视了另一个方面，只看到矛盾的正面作用或正效应，而忽视了矛盾的反面作用或负效应，就会在实践中碰壁。只有看到事物矛盾着的两个方面，在事物对立的两极中思考，才能全面而正确地反映事物、认识事物，在实践中取得成功。爱因斯坦正是有意寻求对立双方同时存在和相互联结的情形，才能从对立事物中找到完美的统一，从表面上看来似乎不合逻辑的情况提出合乎逻辑的假说。其次，在思维过程中，通过从事物矛盾的反面来思考，以达到认识事物、表达思想、进行发明创造和实现科学决策的目的。事物都有正面和反面，相反的方面不仅相互排斥，而且可以互相联结，具有同一性。从事物的反面进行思考，比起从事物的正面进行思考来说，显得思考的角度更加广泛。认识事物不是只有一个角度，也不是只有两个角度，而是可以从多个侧面、多种不同的角度来揭示。各种事物、现象之间既有必然的联系，又有偶然的联系；一种原因可以产生多种结果，一个主攻方向上屡攻不克时，应研究悖逆以往的分析、解决问题的途径，把问题的重点从一个方面转向另一个方面，从而打开一条新的思路。也就是说，思维在一个方面受阻时，就可以从相反的方向试试；反向思考如果不能解决问题，还可以再改换一下角度，另找几个侧面去试探。就如打仗一样，正面攻击敌人不利，就可以从后面或侧面发动进攻。最后，凡做一件事情都从反面想想，可以弥补只从正面思考的不足。在分析问题、进行决策时，逆向思维的作用不可低估，人们常用"凡事预则立，不预则废"的古训来提醒自己，这里的"预"，也包括把事情反过来想一想。

运用逆向思维，既要在优越感中警惕危机的因素，又要在危机中看到优越的所在；在顺利的环境中要看到逆境的存在，在逆境中要看到顺利的可能；在成功中看到有失败的部分，在失败中更要看到成功的因素；富裕和贫乏，团结和分裂，前进与倒退等都是相互渗透、相互依存、相互交融的。

逆向思维好比开汽车需要学会倒车技术一样。如果不学会倒车技术，一旦你的汽车钻进了死胡同，就出不来了。思考问题时，人们有时也会钻进死胡同出不来，而逆向思考能够帮助人找到新的出路。正像我们用不着总开倒车来显示自己的倒车技术一样，我们也用不着总使用逆向思维方法，但是一旦需要时，如果不会使用它，就会陷入困境。

逆向思维主要表现为思维逻辑逆推、方向、位置、顺序等的逆向思考。在具体的应用过程中，主要有如下表现形式：第一种情况，思维逻辑逆推。所谓思维逻辑逆推，就是指从要解决问题的结果出发，从结果推向解决问题的方法。第二种情况，方向反向。所谓方向反向就是通过改变事物的方向，来解决问题。我国北宋名臣、史学家司马光在幼年时候砸碎水缸救人就是利用方向反向，从逆方向思考获得成功的典型实例。第三种情况，位置反向。所谓位置反向就是通过改变事物中组成部分所处的位置，来解决问题。第四种情况，顺序反向。所谓顺序反向就是通过改变事物顺序来解决问题。第五种情况，优缺点反向。中国有句古话，叫作"有则改之，无则加勉"。就是说，有了缺点和错误，一定要想办法改正；即使没有缺点和错误，也要时刻提醒自己，不要犯类似的错误。因此，一提到"缺点"，人们就习惯地抱以否定的态度。有谁会喜欢缺点呢？然而世界上没有十全十美的事物，因而事物的缺点在所难免。如果我们能化解对缺点认识的抵触情绪，想到巧用缺点的办法，不但能将损失降到最低点，而且有可能取得意想不到的效果。第六种情况，无用、有用反向。无用、有用反向就是把无用之物变成有用之物，生活中有很多物品往往由于为它寻找到新的适用位置而获得新价值。也可以说是变废为宝。目前不同层面的学校中经常组织的头脑奥林匹克竞赛（OM），有一项原则就是鼓励使用废弃物作为比赛用材料，这样做不仅可以培养学员节俭意识，也是创造性思维的体现，值得培训机构借鉴。

应用逆向思维要注意以下几方面问题。第一，逆向思维的运用有其限度，这个限度就是要符合逆向思维的方便性原则。即在正向思维能充分起作用的限度内，一般不动用逆向思维，只有在正向思维使用不灵便时才启用逆向思维。在数学的证明中就充分体现出这一点，只有当直接证明不能实现时才使用间接证明。正如反证法的运用，先假定需要证明的问题为假，然后由此推导出逻辑矛盾，从而得出原假设论题为假，即原命题为真。反证法是直接证明方法的有效补充，是逆向思维方法的典型应用。第二，逆向思维的作用方式有其规范性。虽然，逆向思维可以从事物矛盾的反面进行逆向思考，但是，其反面必须与事物矛盾的正面相关，否则这种逆向思考将不成立。对待不同的具体事物需要进行不同形式的逆向思维。第三，逆向思维的作用具有不扩散性。逆向思维并不要求对任何的小事都来一番思考，恰恰相反，在大量常规场合，都是正向思维在起作用。例如，一个培训机构在制定其规章制度之后，必须坚决地加以执行，这与逆向思维并不矛盾。总之，我们在使用逆向思维时，需要的是科学的怀疑态度和叛逆精神，而不是逆历史潮流而动；需要的是敏捷创新，而不是畏缩不前、左右摇摆。

6.1.4.2 侧向思维

所谓侧向思维是指从其他离得很远的事物中，通过联想，获得启示，从而产生新设想的一种创造性思维方法。侧向思维方法主要有直接定向强方法、无定向探试弱方法、趋势外推法和寻求诱因法。

直接定向强方法是在改变思维方向的过程中，思考者可以根据以往的知识和经验或某一指导原则，判断出解决某一问题方法所在的方向，于是撇开其他方向，敏锐地直接选择这一方向进行思考和研究。这种方法可以用公式 $A \rightarrow X \rightarrow F^a$ 来表示。其中 A 为已知材料，X 为新现象，F^a 为答案。由于新现象 X 与已知材料 A 之间有直接的联系，使思考者能够迅速地识别该新现象的模式，判定答案 F^a 直接蕴含在已知材料之中，从而瞄准这一方向寻求正确答案，而不必尝试用别的方法来解决问题。

无定向探试弱方法是在人类历史的早期或者人类刚刚涉足的领域，人们往往在没有经验指导或缺乏足够专业知识的条件下，不得不在多种可能性之间进行反复的比较、分析、试错、修正，最后筛选出解题所需信息的思维方法。这种方法也被称为试错方法。无定向探试弱方法，是与直接定向强方法相反的方法。可用公式 A→X→F^a→B、C、D……来表示。其中 X 为新现象，F^a 表示受阻，从已知材料 A 中得不到正确答案，只有跳出已知材料 A，才有可能借助与 A 不同的信息 B、C、D……不断探试选择，最后找到正确的答案。无定向探试弱方法以尝试和易变为特征，思维效率不一定高，有时还要冒几分风险，但选择信息的回旋余地大，运用得当，可有突破性的创造。无定向探试弱方法常用于那些久久徘徊于创造者脑海中非常规、高难度的创造性课题。面对这类课题，许多常规的、定向的思维方法难以奏效，不得不把它转让给无定向探试弱方法去解决，通过不断地摸索，取得突破性的创造。值得注意的是，无定向探试弱方法虽然是一种试探性的、自由度很高的思维方法，但使用该方法决不等于可以无根据地盲目冒险蛮干，否则将一事无成。

　　侧向思维方法的另一种有效方法是趋势外推法。趋势外推法又称趋势外括法或趋势分析法。是一种属于探索型预测的思维方法。趋势外推法的前提是：过去发生的某一事件，如果没有特殊的障碍，在将来仍会继续发生，它是依据事物从过去发展到现在再发展到未来的因果联系，认为人们只要认识了这种规律，就可以预见未来。正因为如此，在运用趋势外推法时，对于事物的未来环境并不作具体的规定，而是基于这样一种假说，即影响过去时期发展的主要因素和趋势，在推测时期中是基本不变的，或其变化的趋势和方向是可以认识的。因而未来仍将按从过去到现在的趋势发展下去，人们也就可以从现实的可能出发，从现在推向未来。趋势外推法是以普遍联系为其理论根据的。根据普遍联系的观点，客观世界的事物都是相互联系，彼此影响的。从横向看，每一事物都处于普遍联系的链条中，都是普遍联系的一个环节，认识和把握其中一个环节，可以认识到其他的事物；从纵向看，每一事物都有其自身发展的历程，即都有过去、现在和将来的发展过程。可见，趋势外推法有两个方面：一方面，趋势外推一般从横向联系来预测事物发展的趋势。另一方面，要更好地实现侧向思维，仅仅通过趋势外推是远远不够的，通过加强外界刺激来促进思维方向的转移则是更有效的策略，而要更好地加强外界刺激就要寻求诱因。寻求诱因是以某种信息为媒介，从而刺激、启发大脑而产生灵感的创造性思维方法。

　　寻求诱因法往往是以某个偶然事件（信息）为媒介，它通过刺激大脑而产生联想，豁然开朗，迸发出创造性的新设想而解决问题。当一个问题百思不得其解时，诱发因素是极其重要的，所谓"一触即发"，就包含了诱因的媒触作用。表面上看，有诱因就可以解决一切问题；事实上，诱因并不是引发侧向思维的关键。面对诱因，必须保持高度敏感，并且积极调动自己的固有知识。而侧向思维并非在任何情况下都能发挥作用，必须具备一定的条件。这个条件就是：所研究的问题必须成为研究者孜孜以求、坚定不移的研究目标，一直悬念在心。只有在这种情况下，人的大脑皮层才会建立起一个相应的优势灶。由于优势灶有两个基本特征，即神经细胞对刺激的敏感性大大提高和脑细胞长时间保持兴奋状态，因此，一旦当侧向思维受到某个偶然事件的刺激，就容易产生与思维相联系的反应，从而对所研究的问题形成新的设想，或者提出新的问题，使侧向思维在创造活动中发挥重要作用。

6.1.4.3 合向思维

所谓合向思维就是将思考对象有关部分的功能或特点汇集组合起来，从而产生新设想的一种创造思考方法，又称合并思维法、组合法。

合向思维法是一种简单实用的创造性构思法，在不同领域中的表现形式各不相同，常用的合向思维表现为两大类型。

第一类，"辏合显同"法。所谓，"辏合显同"法是通过把原来是杂乱零散的材料聚合在一起，再从中抽象出一种显示它们本质的新特征的创造性思维活动和方法。"辏"，原是指车轮聚集到中心上，后引申为聚集，"辏合显同"就是把所感知到的对象依据一定的标准聚合起来，显示出它们的共性和本质。"辏合显同"法主要有以下几种类型：第一种是审视法。这是"辏合显同"的先行方法，即对研究的对象用审视的眼光去分析，为能显同打下基础。世界上的事物尽管形形色色，各不相同，但只要我们对研究对象的形态、属性、结构、功能以及运动过程等进行抽象概括，就能找出同类事物的共同点，确定其共性。第二种是综合法。即通过把原来是杂乱的零散的材料聚合在一起，并进行综合考察，分析研究，从而得出创造性效果的方法。第三种是集注法。即集中力量贯注于研究对象的思考方法。在进行按"辏合显同"的思维活动时，必须对大量杂乱零散的材料进行"去粗取精、去伪存真、由此及彼、由表及里"的加工改造制作，即要选择材料、鉴别材料、联系材料和深化材料。只有这样，才能在异中显同，抓住事物的本质和规律。

第二类，添加法。所谓添加法指在现有的事物上增加某种东西，从而产生新设想的一种思维方法。添加法的基本内容就是，根据需要解决的问题，围绕中心词"添加",提出一连串相关的设问:假如扩大、附加、增加会怎么样?能否增加频率、尺寸、强度?能否加倍或扩大若干倍?在这种发问中,能扩大人们探索的领域,开拓人们的视野,启发人们的思路,从而产生新的设想,取得创造发明的成功。

合向思维看似简单,但是如能尽量把不同质的、意想不到的东西加以组合,这个想法便是前所未有的、崭新的了。合向思维的运用很广泛,不仅可以将物体与物体合并,创造出一系列新产品,也可以将某种科学技术同各种方法组合起来,从而形成一种新的解决问题的方法。

6.1.4.4 水平思考法

人们在思考问题,一般采用垂直的思维方法。而要创造出更大的成果,就要改变思维习惯,分析与待解问题相关的一切因素,建立一个新的思考体系。水平思考法与逆向思维、侧向思维、合向思维有许多相似之处,但从本质上说又是上述三种思维的综合。

水平思考法的提出人英国学者爱德华·德·波诺认为:"水平思维与认知联系紧密。在水平思维中,我们努力提出一些不同的观点。所有观点都是正确的,可以共存。不同的观点不是从彼此中衍生出来,而是独立产生的。从这个意义上来说,水平思维与探索有关,正如认知也与探索有关一样。你绕着一幢大楼行走,从不同的角度摄像。每个角度都同样真实。因此,水平思维这个术语可以以两种意义来运用,一个狭义,一个广义。狭义的水平思维是一套系统的方法,用来改变并产生新的概念和认知。广义的水平思维是探索多种可能性和方法,而不是追求单一的方法。"

水平思考是相对于以逻辑学和数学为代表的垂直思考而提出来的。垂直思考需要一步一步地分析,既不可逾越,也不可出现步骤错误。所谓水平思考法,就好比掘井碰到石头时,不再继续往下挖,而是换个地方再挖。水平思考法是一种既非逻辑性又非因果性,而属于超越性的思考方法。常规逻辑关心的是"事实"和"是什么"。水平思维和认知一样,关心的是"可能性"和"可能是什么"。当今,在信息产业界,这类信息处理被正式称作"模糊逻辑",因为不存在明确的对错界限。水平思维与改变概念和认知直接相关。在某些方面,改变概念和认知是与新想法有关的创造的基础。这和与艺术表达有关的创造不一定相同。水平思维是基于自我组织的信息系统的行为。因此,从广义上讲,水平思维与探索认知和概念有关,但是从狭义或创新的意义上讲,它与改变认知和概念有关。

水平思维方法一方面完全符合常规逻辑,另一方面水平思维方法与发散思维有许多相似之处。使用水平思维方法解决问题时，一般要思考者的思维中做出一个非常简短的有意识或无意识的停顿，来考虑是否可能有替换方案或其他的做事方法。在思考或讨论一般问题时，有许多事被认为理所当然。在创造性地解决问题过程中，停顿的实质是促使思考者稍做停顿去考虑某件事。在思考常规问题时，人们只会考虑被研究问题的现状和困难及其解决途径。要实现创造性地解决问题，就要关注其他人都忽略了的事情来获得思路。创造性的质疑是水平思维最基本的策略。创造性质疑的核心理念是："这是唯一可能的方法吗？"创造性的质疑，假定由于过去存在、现在可能存在也可能不存在的原因，我们以某种方式完成了某件事。但是，还可能存在更好的做事方法。创造性的质疑可以针对事情本身，也可以针对关于这件事的传统思维，还可以针对随时进行的思考。通过质疑，人们就可以发现原来被自己忽略的方面或者被遗忘的解决问题的办法。

使用水平思维方法解决问题时，另一种有效的方法是选择并启用替换方案，它是水平思维的精髓。选择并启用替换方案是指思考者在没有明显的需求时候，停下来寻找替换方案，甚至在下一步合理而有效时停下来寻找替换方案；做出努力寻找更多替换方案，而不是满足于已经找到的替换方案的做法（对于实际的事情，在搜索中需要有中断点）。通过改变状况而不是满足于"分析"给定的状况来"设计"新的替换方案，从而更好地解决问题。人们在过没有桥的河时，往往会选择一块可以用脚去踩踏的石头，这块石头就被称为垫脚石。使用水平思维方法解决问题时，要使用垫脚石，就是在思考问题时，一定要以旧有的方法为基础，因为根据否定之否定原理，任何新方法都是以原有的方法为基础，吸收原方法的优点，对原有方法的缺点和不足进行扬弃和改进。这样，就会产生新的有益的方法，并最终获得最佳的解决问题的方案。

6.2 乡村振兴人才综合表达能力提升对策

现代社会的发展对各行各业的工作人员的素质要求越来越高，乡村振兴工作需要的人才，是理想、道德、知识、智力与技能，以及体质、心理素质等诸多因素全面发展、相互协调的人才。正如前文分析，马克思主义哲学素养、政治理论水平、创新能力和综合表达能力是乡村振兴活动参与者的重要素质。

然而，根据笔者调查发现，当前乡村振兴活动参与者综合表达能力参差不齐。在开展乡村振兴人才素质提升工作中,提高乡村振兴活动参与者综合表达能力显得十分迫切。

6.2.1 乡村振兴活动参与者综合表达能力不高的原因分析

目前,国内乡村振兴活动参与者的专业背景比较复杂。因此,综合表达能力参差不齐的原因是他们以往能力培养的差异。而影响乡村振兴活动参与者综合表达关键因素是他们学生服时代所在学校的教育价值观、效益观。

由于直接或间接的功利性因素的影响,人类思考问题时会重点考虑眼前问题,人类的关心度也只能限于时间和空间上较近的区域(图6-2)。

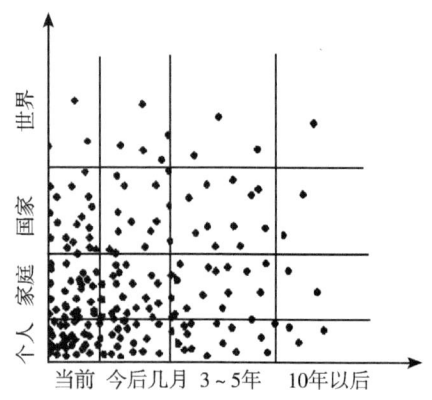

图6-2 人类关心度的时间和空间区域

这一点在人们的决策中显得更为明显。因此,就像大多数企业不会为没有把握的事情去冒险一样,在国家计划拨款背景下,学校经常去聆听市场对于某一领域人才的某一项能力的要求也变得比较难。因此,在乡村振兴活动参与者表达能力培养的过程中,社会和企业的需求与学校实际培养存在差异。而这种差异直接导致当前一部分学校在制定培养方案时,过多关注眼前利益,与社会需求脱节。不仅如此,现代中国市场经济发展迅猛,要提高人才培训水平,就要允许作为个别个体的普通教育工作者发表意见。然而,在许多学校中,关注当代发展变化的讲座教师大多是年轻教师,而即便在大学里,曾经在企业工作过并熟悉现代企业运行规律的教师教龄也较短,这些教师提出的设想往往会被一些决策者以年龄小、经验不足等理由被搁置。笔者在调研中发现,这也是农科高校中年龄较大、教龄较长的教师对教学改革热情不高的原因。这是乡村振兴活动参与者表达能力培养不被重视的最根本原因。

为了深入研究传统教育意识对乡村振兴活动参与者表达能力教育的影响，有必要对教育中的价值观念和效益观念进行分析。这两种观念虽不是教育观念的全部，但却从根本上影响着教育者的基本观念。

6.2.1.1 教育价值观对乡村振兴活动参与者表达能力培养影响分析

在哲学中，价值是一个含义广泛的关系范畴，凡是涉及客体对主体的意义关系，就包含人们常说的价值。具体地说，凡是对主体有用的东西，就叫有价值；无用或有害的东西，就叫无价值或负价值。所谓价值观念，即人们在实践中形成的对客观对象意义的看法或观点。在实践中，人们对客观对象的看法可分为两类：一类是关于客观对象的本质和规律的看法或观点，这在国外又称"事实真理"或"事实判断"。另一类即关于对客观事物有无意义、有无用处的看法或观点，这就是所谓"价值真理"或"价值判断"。价值观念同事实观念相比，后者侧重于对事物真理的客观性探讨，回答对象是"什么"以及"为什么"一类真理问题；前者侧重于对事物意义的主观评价，回答对象对我"好不好"以及"好在何处"之类的功用问题。人在实践中所形成的各种观念（包括世界观、自然观、历史观、人生观、教育观等各类观念），无一不是由这两类观念组成，如人们通常所说的哲学世界观，它既包括人们对世界本质和发展规律的客观探讨，表现为一个知识体系或说明体系。又包括人们对现存世界的主观认知和评价，对理想的未来世界的设计和追求。

教育价值观首先表现为教育者对教育环境的评价。教育系统存在于一定的社会环境中，教育要正常进行以维持并发展组织系统，就必须了解、适应环境，同环境进行物质、能量、信息、人员的交换。而在了解适应环境的过程中，教育者一方面必须搜集整理环境的信息，力求使自己的认识符合外在环境的本来面目；另一方面又要根据自身的目的和需要去筛选信息，并按自己的价值方式去整理信息和评价信息，从而对环境做出好或坏的价值判断。

任何时代的教育或现代任何一类教育，教育者首先要考虑的对象不是自身的组织系统而是系统所面临的组织环境。只有对环境有尽可能详尽的了解并对其进行评价之后，才可能进行别的思考。教育价值观还表现在组织目标的选择确立方面。当对组织环境有所了解并确认了它对组织有无意义之后，接下来教育者便要根据组织的需要和环境的可能，确立组织行为的目标。任何一类组织目标的确立既不是任意选定的，也不是自发产生的，而必须依赖可能和需要两个条件。

在培养乡村振兴所需人才表达能力过程中，首先，教育决策者要分析目的是否有实现的可能性。如果某种目的尽管很有意义但在现实中缺乏根据、无论如何都不可能实现，那么这种目的就是空洞无边的幻想，注定不能实现。其次，教育决策者要分析是否符合教育者或组织系统的需要。如果不适合需要，尽管在现实中有实现的根据，教育者因其对自身需要无关甚或有害，也是不会将其确立为目标的。可见，在确立教育目的的过程中，也有两种观念在同时起作用：分析目的有无可能、能否转化为现实，这依据事实观念；而确认目的有无意义、哪种目的符合组织的主观需要，这依据价值观念。很多决策虽然意识到提高人才表达能力的重要性，但是迫于师资不足，教学成本提高的困难就会选择放弃；在开设课程的培训机构，也有的因为自身条件不足而降低标准。

在传统的教育价值指导下，重知识传授轻能力培养。不仅如此，由于我国高等教育模式已经从"精英教育"转化为"大众教育"模式。外来社会压力和各种媒介的吸引，使得学员在课下自主学习的时间相对减少，这样依旧采取知识通过讲座由教师讲授、能力通过学员自己逐步锻炼的"师父领进门、修行在个人"的教育价值观，对于自律较差的学员是很难达到目标。这个时候，如果没有一个很好的外力作为导向，需要付出艰苦努力才能实现的表达能力提升就很难按计划开展并实现。

6.2.1.2 固有教育效益观对乡村振兴活动参与者表达能力培养影响分析

效益一词是我国学者的一个创造，要揭示这个概念的内涵，有必要比较它同效率、效果的关系。效益来源于效率。效率最早是一个物理学概念，它是指功能转换的比率，转换的比率越大，就意味着效率高，反之则低。效益与效率不同。效益既包括客观存在的效率（如行政工作效率）或经济效果，还包括人们按一定价值观对效率或效果的主观评价。某种效率如果对人有用，即是效益；如果无用或有害，就叫无效益或负效益。可见，效益既不等同于效果，不是一个纯粹的科学概念，但又离不开效果，不是一个纯价值概念。效益概念包括人们对客观结果的事实判断和价值判断。

教育作为一种特殊的社会实践，其最终目的就是追求教育的效益。而要提高教育效益，就应对效益观进行专门的研究。正确的教育效益观，首先应关注效率问题。教育作为一种特殊实践，其目的之一就是通过教育工作提高教育实践的效率。但是效率又不等于效益，效益是符合组织目的和社会目的的效用。因此，正确的教育效益观还包括对教育效率的肯定性评价，即对这种客观效率进行有益或无益的认定。不过问题也随之而来，究竟什么样的效率才称得上效益？因为抽象地说，凡是人们实践创造的结果，对人总是有益的。但具体分析便可以发现，因为人与人有不同的目的需要，存在着不同的价值标准，对同一客观效果必然会出现评价上的差异，在一部分人看来是有益的效率，另一部分人则可能认为无益甚或有害；反之亦然。这样，确立正确的评价标准就显得十分必要。

首先，评价一项教育活动效率有益或无益，不能以对个人或少部分人是否有益为标准，而应以对组织中的多数成员是否有益为标准。如果一项教育活动效率仅对少数人有利而对多数人有害，这就叫有效率而无效益。反之，只有对多数人有益的效率才可称为有效益。同样的道理，如果某效率对少数组织有益而对社会多数成员无益，也只能认为这是某组织的教育效益而不能称为社会效益。只有既对组织又对社会公众有益的组织效率，才可称为组织社会效益。在高等教育中，不应当仅仅考虑少数人的利益，而应当考虑社会的需求。我国当代专业的设置往往只关注进入机制，不关注退出机制，一般一个专业在设置以后被撤销的可能性较小。一个专业被确立后，一些实现起来难度较大的教学任务就会被逐步淡化，其结果必然是教育与社会需求脱节。

其次，评价的一项教育活动效率是否有益，不仅要从经济效益着眼，同时更应考虑它的政治效益、道德效益和精神效益。在我国乡村人才振兴培训工作主体中很多是公益，要实现政治效益、道德效益和精神效益，就不能仅仅关注培训经济成本。但是，培训机构作为一个经济上独立核算的单位，不可能不考虑办学成本。部分培训者扩大学员规模，只以讲授知识成为课堂的主要任务，能力培养被搁置一边。这是乡村振兴活动参与者表达能力训练在一些培训机构不被重视的经济原因。

最后，判断教育的效益不能着眼于眼前利益，同时还应考虑到未来利益。短期行为的教育方式，所得的只是眼前的高效益，而对于将来的社会和人类的发展却是十分不利的。教育的最终目的是为了人的发展，教育是否有效益，最终还要以是否有利于人的完善和发展为标准。马克思主义认为，一切实践活动，都是发展和完善人类自身的手段，人是一切活动的最终目的。这里的一切实践活动自然也包括教育。在没有外界评价的环境下，培训机构进行决策不考虑全局的现象时有发生。前文提到的"人类关心度的时间和空间区域"正说明了这类问题的成因。

6.2.2 乡村振兴活动参与者写作能力的提升对策

乡村振兴工作对乡村振兴活动参与者综合表达能力提出了较高的要求，面对当前乡村振兴活动参与者综合表达能力参差不齐的现状，提升他们的综合表达能力成为做好乡村振兴人才素质提升工作一项不可缺少的任务。要提升乡村振兴活动参与者综合表达能力，关键要抓好书面表达和口头表达两方面工作，如果没有写作能力做基础，口头表达也会变得空洞无物。因此，从这个意义上说，写作又是口才的基础。要提高乡村振兴活动参与者的写作能力，需要做好如下几方面的工作。

6.2.2.1 强化乡村振兴活动参与者框架构思能力，抓住提高文章质量的关键

写作，是人类传递信息、交流情感的一种重要方式，在人类历史发展中起到了十分重要的作用。写作可划分为文学写作和实用文写作两大类。实用文是激励社会进步、加速经济发展、强化行政管理、促进科技创新的重要文章形式，在写作研究中占据着十分重要的地位。实者，实践、实情、实质、实效、实益；用者，需用、运用。不言而喻，实用文、实用写作的突出特征是以实践为基础，经过实考、实证，反映实情、实质，具有积极作用与实用价值。

改革开放以来，社会各界经常提到的一个观点就是推动社会主义市场经济又好又快发展，其实在具体工作上对乡村振兴活动参与者写作相关文章的要求，也存在又好又快的问题。实践反复证明，要想又好又快地写好乡村振兴工作涉及的文章，关键要在框架结构优化上下功夫、求实效。框架构思好，文章质量就会高。框架构思是作者在下笔之前，对文章内容和形式的全面设想，是围绕达到写作目的和完成写作任务而进行的一系列思维活动。它是作者对尚未诞生文章的酝酿、思虑、构想、斟酌的过程。框架构思是文章写作过程中一个极为重要的阶段，框架构思成熟与否．对文章质量高低、撰写速度快慢具有决定性影响，因此，可以说，作者文章写作效果好坏的关键在于能否做好优化框架构思工作。

经常与文字打交道的人员大多都有这样一种感受：文章质量的好与坏、起草者写作水平的高与低，往往大致看一下文章的框架结构就可以判定。框架构思是未来文章的雏形，也是人们经常说的"打腹稿"。有人把框架构思比喻为胎儿的"孕育"、建筑的"设计"，可以说这种"孕育"和"设计"是人的特性，也是写作活动的特性。文章是客观事物在作者头脑中反映的产

物，好的文章在反映客观事物时，必然是有标准、有预见、有选择、有设想的，是经过深思熟虑的。也就是说，人们在写文章之前，关于文章的轮廓，在自己头脑里就已孕育成熟，虽然在写作过程中还会有所变化，但是，作者对自己的文章大体是一个什么样子，在框架构思阶段就已有了预见。如果在写作过程中急于成文而疏于构思，在行文之前，对于文章的主旨、题材、篇章、详略、表达手法等毫无设想，是绝对不能进入写作过程的。即使因为时间所迫，匆忙进入，很可能写作工作进行一段后就写不下去，或者半途而废，甚至被迫推倒重来。因此，写作中一个完整的、充裕的构思阶段是必不可少的。只有经过框架构思时周密的思考，动笔时才可以摆脱那种顾此失彼的窘况。确切地说，在相关文章写作过程中，在明确某项具体的写作目标，并且占有大量的材料之后，就需要经过一个酝酿文章写作什么、怎样写的过程。这就是根据写作意图，围绕写作中心进行一系列的构思活动。因此，优化框架构思是在工作中写好文章的首要前提。

毛泽东同志指出："有了正确的观点和正确的思想，还要有比较恰当的表达方式告诉别人。"这里说的用恰当方式告诉别人的能力，并不是简单的语言和文字的问题，而是多方面能力的体现。从一篇文章就可以看出作者的思想、见识、逻辑、文笔、语言等多种素质。文章写作能力，不是简单使用文字的问题，更不是仅靠找一下写作技巧、临时练练就能提高的问题，而往往取决于作者的工作经验、知识储备、战略思维等情况，是一种综合能力素质的反映。从写作过程分析，框架构思是写作文章一个不可逾越的阶段。在这个过程中，主体与客体进行着复杂的心智活动，都要求写作主体具备相应的能力，如思维能力、想象能力、采集信息能力、调查研究能力、辨体能力、炼意能力、文字表述能力，以及注意力、记忆力、社会经验、工作经验、百科知识等。不难看出，一个人的框架构思水平，是与写作密切相关的多种能力的综合体现。实践证明，只有那些善于构思框架的乡村振兴活动参与者，才能提高文章写作的效率和水平，写出高质量的文章，从而使乡村振兴人才素质提升工程的工作部署、决策措施、经验成果、问题处置等，对上有明明白白的交代，对下有科学周密的指导。因此，学会优化框架构思，应该是每一个乡村振兴活动参与者的基本功。对于农村人力资本开发工作的组织者和负责人来说，这项基本功必须更加过硬。因此，优化框架构思是提高写作水平的关键环节。

在具体工作中，许多文章的写作常常面临"应时""应事"和"立等取用"的现状。有时，乡村振兴活动参与者经常会遇到一些"十万火急"的特殊情况，或因上级机关领导前来视察、指导、调查研究，需要准备全面或专题情况汇报材料，或召开紧急的电话会议、通报会，需要为领导起草讲话稿，或因某项活动计划临时变动，需另外准备一些讲话稿等。有些稿件需要在一两天甚至三五个小时内完成。在这种情况下，一些有经验的"快手"乡村振兴活动参与者可以展示实力、大显身手，而有一些"出手"不快的乡村振兴活动参与者则往往会有文思不济、一筹莫展之感。

实践证明，乡村振兴活动参与者要学会应急快写，除了必须具备深厚哲学、政策理论修养以及文字写作功底以外，还得学会厘清思路、定准主旨、调动积累、借鉴参考，进而在优化框架构思上掌握一些"窍门"。否则，很难高效快速、保质保量地完成紧急写作任务。因此，优化框架构思是乡村振兴活动参与者在工作中，高效完成文章写作任务的有效途径。

6.2.2.2 强化材料处理能力，为乡村振兴活动参与者写作表达能力提升奠定基础

材料，是指作者为某一写作目的，从社会生活和工作实践中搜集、整理并且写入文章的一系列的事实或论据。材料是写好文章的前提和基础，是表现、深化主题的支柱。因而大量占有材料是撰写文章的必要条件。所谓材料的处理，就是指对占有的材料，根据文章主题的需求所做的取舍。

材料是构成文章的基础，是一切写作活动的前提。在具体工作中，乡村振兴活动参与者写作时必须以现实需求和写实为宗旨。"材料"来源于客观存在的事实，是对实物和现实的直接经历与感受，没有材料这个现实依托物，实用文写作也就成了"无米之炊"。

材料的分类方法很多，依据材料本身的特性，可以分为事实、理论、数据和各类文献资料四类。事实是指亲身观察、调查和经历的生活现象和对事实的记载与叙述。理论是指各种经典著作、学科权威观点、自然科学原理、公理、政策法规、得到普遍认同的生活道理、社会公认的规范。数据包括社会科学、自然科学、政府部门的统计数据、实验数据和调查研究结果的数字记录。文献资料包括各种记录、报刊文摘、史略、图表和图片。材料不仅要求充分、真实，而且要有典型性和完整性。大量地占有材料是动笔前的首要工作，而一篇好的文章还要求材料充分、真实、系统、完整，这样才可以为文章取得良好的效果打下坚实的基础。

在具体工作中，乡村振兴活动参与者面临的写作任务都是以现实工作需要为目的，具有较强的真实性和针对性。文章的主旨是通过全部文章内容的基本主张或中心思想表达出来的，不能凭空杜撰，只能是作者对各式各样的

材料进行分析提炼，综合加工而得以确定的。从写作程序上讲，材料是第一性的，是写作的根基和前提，是"实"；而主旨是第二性的，是在占有大量材料的根基上产生的观点、意念和感受，是"虚"。一篇文章的内容如何，首先要看文章使用的材料是否真实可信。真实是撰写文章的根本，也是权衡文章内容的标准。思想、观点和材料的有机统一，是对实用文章的又一个基本要求。主旨可以用一句话或一段简明扼要的句子来表述，但它在具体文章中，却不能孤立地片面地存在，而应该用典型、生动的人物、事件、定理、数据等有说服力的材料来表现、支持和证明。尽管有些文章也提出了观点和列举了若干材料，但观点不是从材料的科学研究中得出的结论，而是为适应观点拼凑得来的，这不是在实质上的统一。还有一些文章，观点是有的，但无法以材料佐证，阐述也流于泛泛的空谈。写作实践表明，主旨的提炼和深化是在大量占有材料的基础上得以实现的。材料是表现深化主旨的支柱，材料的取舍和组织受主旨的制约。

在具体工作中，写作的目的性、针对性都是较强的。而搜集材料也应根据文体特征、写作目的和意图，具有一定的原则性。具体有以下几点。

第一，客观性原则。实用文章写作是反映社会现实并为社会发展服务的，写作所用的材料和论据必须是客观的、真实的事物，只有尊重客观规律，充分了解事物或现象的本质，才能充分发挥人改造客观世界的主动性。

第二，广泛性原则。搜集材料多多益善，这是写作者的一种共识。实用文写作，对知识的深度和广度有很高的要求。因此，搜集材料的途径就显得更为重要。所谓广泛性，就是对各方面的材料均应全面搜集，既要搜集直接材料，又要搜集间接材料；既要搜集现实材料，又要搜集历史和发展材料；既要搜集主体材料，又要搜集背景材料；既要搜集具体材料，又要搜集抽象材料；既要搜集典型材料，又要搜集一般材料；既要搜集正面材料，又要搜集反面材料；既要搜集事实材料，又要搜集理论材料；既要搜集文字材料，又要搜集数据、图像等非文字材料等。在此基础上，对获得的材料进行鉴别、分析、选取有用的材料，互相印证、点面相援，才可以使文章有深度、有广度、内容充实、重点突出。

第三，典型性原则。典型性是指那些具有代表性和普遍性的事实现象和理论观点。典型性的材料能深刻地反映事物的本质属性，并能以个性反映共性，发挥以小见大的作用，具有较强的说服力。典型性同时要有针对性。实用文都具有较强的目的性和针对性，因而选材时应围绕写作意图和中心预论点搜集能表达、丰富、突出论点和主体的材料。

第四,辩证性原则。辩证性原则是指材料的客观性、多样性、条件性、随机性、偶然性等问题。客观事物的联系是普遍的,又是多样的,不同的联系对事物的存在和发展所起作用也是不一样的。同一事物由于条件的变化,可能是普遍的,也可能变成偶然事件。选择材料如果不能用辩证的观点来审视,即或材料具有客观性、典型性,也可能由于条件的变化而失去实际意义。比如"包产到户"在改革开放初期对经济发展起到了巨大的作用,然而用它作为现代化、机械化、集约化促进农业经济发展的论证依据势必造成事与愿违的效果。

具体工作中写作所涉及材料范围十分广泛,长期积累材料,既可提高写作质量,又可使写作能力得到锻炼和提高。材料的积累主要有以下几个方面。

第一,观点。乡村振兴活动参与者平时应当坚持多读思想政治教育领域相关理论著作、多看党报党刊的理论文章。这样就可以提高自己文章中所写观点的理论高度。

第二,事实。事实指的是事情的真实情况。事实是形成观点的源泉,是构成文章主体的基础,也是保证文章精确性、增强说服力最有效的佐证。实用文是以宣传观点、指导工作、解决问题为目的的。没有确切、可靠的事实材料就无法写出具有说服力的实用文来。事实材料是材料中数量最大、最常用的部分,积累的范围也较为宽广。事情发生发展的过程、状态,人物的言论行动,执行的政策、规章制度,计划的效果,调查,实验记录,统计数据,现场的摄录、显示、描述等,都属于事实材料的范畴。积累事实材料一定要实事求是,切忌掺杂主观因素,不可道听途说。

第三,知识。写作是一种复杂、精细、严肃的精神生产,乡村振兴工作中涉及的写作任务更有较强的政治性、科学性、专业性和实用性。乡村振兴活动参与者应在政治觉悟、思想水平、道德品质、基础理论、专业知识、生活阅历等方面的综合素质上打下良好的基础。这就要求作者应具备较宽的知识面,主要包括政策、法规、专业知识、写作与文字表达知识、哲学与系统科学知识、经典著作、日常生活阅历、实践经验等。同时作者还应广泛搜集资料,以丰富自己的头脑,这样才能提高自己的写作能力。

第四,语言。由事物具体形象引起的感情反映,经过语言抽象概括形成理性反映才是人类认识客观世界的本质。没有语言就没有思想认识,也就没有文章写作。书面语言用来总结经验、传达思想、抒发感情,准确、生动、深刻、逼真的语言,也需要搜集和积累。古语、文言、名人格言警句、文章的精彩片段和案例、群众形象传神的描述都是写作材料。好的语言可以使文章通俗易懂，恰到好处，还可以使文章增加生气，引人入胜，深入人心。

写作材料是一个外延非常广泛的概念，它既包括通过观察体验所感受捕捉的形象，也包括完整的调查、采访中了解搜集到的事实，还包括文献、报刊、书籍中获得的资料。社会生活中的一切事物（正面或反面）均可成为乡村振兴活动参与者写作的材料。如何对待浩如烟海的生活材料？首先应针对文种范围有目的地搜集，然后在写作选材过程中鉴别材料的真伪，分析材料的性质，严格甄选，深入挖掘，写好文章。

材料产生观点，即从搜集、整理、分析材料中产生观点，坚持物质第一性原则。当观点形成之后，根据观点的需要选择使用材料，使材料为观点服务，坚持观点是统帅、灵魂。两者任务不同，既不能混淆，又不能彼此截然分开。鉴别材料对于写好文章具有重要意义：首先，作者识别材料的能力和水平是能否获取有价值的题材和主题，撰写出有影响力的文章的重要前提和提高写作水平的有效途径。其次，材料鉴别直接关系到文章的说服力和社会效果。如果材料缺乏鉴别筛选，往往造成材料不能论证观点，或与观点相互矛盾，致使文章苍白无力，无法发挥应有的作用。材料产生观点，观点统帅材料，这是材料使用的基本原则。鉴别材料就是认识材料，通过比较、分析、理解、掌握事实材料。具体地说，要做到以下五方面工作。

第一，注意材料的真实性。选择论据，意味着用极其有限的具有严格意义上真实性（符合客观实际）的材料去证实某一个有普遍意义的观点，必须十分谨慎。哪怕论据只有一点点失真，都可能影响到论点的可信度，乃至不能成立。为了保证论据的真实性，坚持科学的工作态度，应尽量搜集和引用第一手资料，不可图省事随便使用第二手、第三手资料，更不可道听途说，添枝加叶，切忌事实残缺、数字错误。对于复杂的材料应细心核实，去伪存真，直接引文必须准确无误，引用理论著作必须尊重原作本意，不可断章取义，或掺进自己的观点，歪曲原意。引用数字必须认真核实。

第二，注意鉴别材料的质与量。任何事物都存在质与量的关系，两者是辩证统一的关系。鉴别材料主要是分析材料的性质，把握事物的内涵与外延，挖掘材料的深层意义，揭示事物的本质和规律，以便于获取有价值的题材和论点。对于材料还要识别现象与本质，区别其本质意义和旁属意义。可以根据同一材料具有的多方面意义来说明不同的问题。"量"是"事实的总和"，把对事物性质的判断建立在对事物的数量的总体分析基础上，以量的界限来界定质的特征，所得出的观点或论证的论点就更有说服力。对材料做量的分析鉴别时，必须注意其统计方法的性质和样本模型的确立。如抽样统计与概率统计方法的不同，其样本的集中与分散范围的变化应予以说明。"质"在这里可以理解为事、物及它们区别于其他事、物的内部固有属性（或特定性）。任何事物都是质与量的对立统一体，量变引起质变。一些实用文往往是用特殊的具体事例证明有普遍性意义的观点，因而广泛采用定性的分析方法。但值得注意的是，定性分析也不是随意使用的，如果论证中，论据不足或缺少典型性，就会使定性流于轻率，使论点产生偏颇或谬误，失去文章应有的价值。在实际生活中，事物的质和量之间既存在区别又彼此联系，量变是质变的前提。在一般情况下，只有量变达到某一界限，事物才会发生质变。在写作中，最好的方法是定性与定量分析结合起来使用。没有数量方面的基础，定性就难免轻率；如果完全依赖量的规定，单纯从比例看问题，又可能为事物的表象或假象所蒙蔽，无法看清事物本质的变化趋势。两种方法结合起来，优势互补，考察问题，就能敏锐地洞察事物的本质变化。因此，鉴别材料时，应在明确定性与定量材料的基础上，对材料合理地加以运用。

第三，鉴别材料的面与点。材料的面与点也是一对对立统一的矛盾。这里的点是指材料中的具体事例，而不是指某一事物或某项工作的全面情况。对事物所有因素进行认真考察，搜集、整理所得的全面材料，能系统地反映事物的整体性质，是最有说服力的。但是全面材料是反映事物的不同侧面性质的点的总和，因而在写作时如果不区分主要与次要，典型与一般，表象与本质，一味使用全面材料，反而会成为文章的累赘，使文章平淡无奇。更值得注意的是，有些全面材料在实际写作中很难得到。反映事物具体特性的"点"的材料，既有较强的针对性，也有一定的局限性。选择典型恰当的"点"的材料，可以通过个别、特殊的事例来说明和论证普遍性的观点；反之，在论述中不经辨识即以"点"代"面"或抓住一"点"不计其余地片面发挥，不但会削弱论域或论点的深度和广度，还可能会形成错误的结论。实施乡村振兴战略工作相关的写作任务涉及文种较多，对"点"和"面"的材料要求也有各自的特点，应当根据具体文体恰当地运用。比如规划性文件中较多采用全面性材料，进行周密分析，力求系统明确。对杂文和短评类文体，则应抓住材料深入分析，一事一议。在论说性文体中，可以在某个特定的对象上选择有代表性的典型材料，深入挖掘，层层剖析，起到论证和深化论点的作用。也可以把面与点的材料结合起来，以"面"上材料概括说明问题，展示宏观概念，以"点"上材料侧重具体分析，深化论点，增强说服力。

第四,鉴别材料的正面与反面。材料的正面与反面同样是一对对立统一的矛盾。正面与反面是事物本质在不同层面上的反映,这种反映随着事物内在条件和外部环境的变化而不断地发生、发展和转化。同一材料相对不同论点和人的主观认识具有明显的多重性。注意正反材料也是为了防止片面性的产生。如果在使用材料的过程中,不做深入分析,以点代面,说好即绝对好,说坏就绝对坏,这样会使论点产生偏颇。因此在选择材料时,既要注意正面材料也要注意反面材料,以求更全面更透彻地了解事物的本来面貌。

第五,逻辑分析与历史分析。对所搜集的材料进行真与伪、正面与反面、质与量和点与面的分析鉴别,基本上是把对象作为一个静态的、稳定的事物来看待,属于逻辑分析的范畴。然而客观事物总是处于互相联系、动态发展过程之中的,任何事物都不仅有其现状,而且有其历史和未来。因此,要真正全面地、透彻地理解材料和准确充分地运用材料,还应以系统的观点、运动的观点,对其发展和变化过程做必要的分析与鉴别。对材料进行逻辑分析与历史分析,就是尽可能地认识事物发展变化的过程、原因及转化条件与趋势,从而发现事物转化的契机、发展规律和本质特征,为观点创新提供可靠的依据,打下良好的基础。

在总体框架优化的基础上,处理好材料,就抓住了写作的关键,这样即便在遣词造句的能力上有所差距,文章总体差距也不会特别大。乡村振兴活动参与者在具体工作中,做好这两点工作就可以保证文章写作总体上立于不败之地。

6.2.3 乡村振兴活动参与者口头表达能力提升对策

语言作为三大表达方式之首,具有直观性、现实性、随机性、普遍性,在现实生活中具有重要作用。语言表达能力既是素质教育的重要组成部分,也是一个合格的人才必备的基本素质。提高驾驭语言能力的关键是语言表达能力与应变能力的培养,而要完成这一目标,首先要培养的就是人的口头表达能力,也就是口才。口才,顾名思义,就是说话过程中所体现出来的个人才能。口才就是指建构个人人格与智慧的各种储备,包括文化知识、社会知识、思想品德、理论修养、性格气质、兴趣爱好等,这是内在的。口头表达所涉及的能力,是指运用和发挥各种内在储备的能力,包括思维能力、记忆能力、观察能力、联想能力、想象能力、表达能力等,这是内在储备的外化。人人都能说话,但称得上具有良好口才的却不在多数。要称得上有口才，说话必须规范，有真知灼见，格调高雅，有创造性，甚至还具有技巧性和艺术性。

在具体工作中，乡村振兴活动参与者的口才十分重要。加强乡村振兴活动参与者口头表达能力训练，使乡村振兴活动参与者具备好口才，是做好乡村振兴工作的有力保障。乡村振兴活动参与者提高口头表达能力需要做好如下工作。

6.2.3.1 做好能力提升计划

要拥有好口才，就要加强口头表达能力的训练，要提高口头表达能力，就必须制订相应的训练计划。进行任何训练都应该制订计划对训练进行总体安排，只有这样训练才会有针对性。口头表达的两大基本能力主要包括口语表达基础能力、现场表达能力的提高，此外，怯场心理问题应对也是非常重要的。人才的口头表达能力训练就应当围绕上述内容展开。

好的训练计划是保证训练高质量、高标准地完成的基础，乡村振兴活动参与者在制定口头表达训练计划时应遵循如下原则：首先，制订训练计划要"弹性"与"刚性"相结合。口才训练是一项长期性的工作，在总体计划的制订上，应该有"弹性"，而制订具体的赛前专项训练计划"刚性"很强；在计划的细节设计上，长期计划也应该有"刚性"，因为在普通人日常生活中，口才训练不可能成为生活的主体，在这种情况下，如果没有相对稳定的"刚性"训练要求来保障训练效果、训练目标，训练是很难正常进行的。同时，要适当保证训练计划"弹性"，因为如果这时的计划没有"弹性"，被训练者就很可能会对繁重的训练任务感到厌烦，从而产生心理上的焦虑。其次，制订训练计划要实事求是、有针对性。制订训练计划时，要充分考虑被训练者的基础水平和状况，认真分析被训练者的知识结构状况、辩论技巧水平、反应能力、表达能力、思维想象能力、个人品德表现、群体意识等情况，确定训练的起点，从难处着眼，易处着手。在起点和目标之间，按照循序渐进的原则，将训练划分为若干个阶段，并制订明确的阶段目标，这样才能保证训练的针对性。最后，要利用训练阶段小结反馈信息调整训练计划。在大多数情况下，训练计划不是被训练者自己制订的。因此，训练过程中，一方面要促使被训练者主动、自觉地按计划要求进行训练；另一方面要鼓励被训练者认真做好训练阶段小结，找出训练计划的不足和可以改进的部分。这样就可以及时发现问题，尽早弥补不足，适时地对训练计划进行调整。与训练相关的情况是不断变化的，最初的计划未必适合变化了的新情况。调整、修订计划是常有的事。一般而言，每完成一个阶段的计划，在总结的基础上对下一阶段的计划做出调整或修改,使之更切合实际。

一个完整的训练计划对训练的顺利实施是十分重要的。具有一定时间长度、一定难度要求并有一定规模的训练本身就是一项系统工程,存在内部、外部各种关系,要保证计划的顺利实施,就必须解决好相应的矛盾与问题。在具体的训练中,要处理好以下三方面比较重要的关系:首先,要处理好口才训练与个人工作、学习的关系。口才训练虽然十分重要,但毕竟是一项素质训练。因此,每一个人都要处理好口才训练与个人工作、学习的关系。也就是说,长期的口才训练计划必须以不影响被训练者个人的工作、学习为前提。其次,要处理好"单项训练"与"综合训练"的关系。绝对的"单项训练"是不存在的,每一项训练都要求其他项目的配合。在训练中要努力把"单项训练"融入"综合训练"之中,这样就可以提高训练效果。最后,要处理好长期计划与短期计划的关系。为了提高口才,制定长期计划是必需的,在具体的实施过程中,就要把总目标分解为阶段目标,制订相应的阶段训练计划和具体某一时间段的具体计划;而对长期计划与短期计划有机结合的计划有效执行,就可以比较顺利地保证总的训练目标的实现。

6.2.3.2 口语表达基础能力训练

汉语是世界上最发达的语言之一,是世界上使用人数最多的语言,也是联合国的工作语言之一。普通话是汉民族的共同语,是规范化的现代汉语。共同的语言和规范化的语言是不可分割的,普通话的规范指的是现代汉语在语音、词汇、语法各方面的规范。学习普通话必须兼顾语音、词汇、语法三个方面。不过语法、词汇的学习和规范可以通过书面进行,而语音的学习和规范则必须通过口语的训练才能实现,这一训练也就构成了口才训练的基础。

口语表达基础能力训练包括与普通话发音有关的语流音变训练,以及发音过程中的呼吸方法、共鸣使用等训练。语调、语流训练是语流音变训练的基础。语调指的是汉语音节所固有的,是可以区别意义的声音高低和升降音调,一般的语调训练主要是区分好四声的发音。要保证在相对紧张的环境中语音、语调不出错,就要结合语流训练。进行语调、语流训练的综合方法是读绕口令和进行朗诵。所谓语流音变是指在语言表达过程中,由于受到相邻音节的相邻音素的影响,一些音节中的声母、韵母或声调发生的语音的变化。人的口头表达,是在一定的时间内把一连串的音组合起来连续说,用以表达一定意义和内容。人们在连续发音时,为了适应发音器官的运动,相邻的音常常因为相互影响而使得某个音发生一些变化,这就是语流音变产生的原因。连续讲话时就会产生语流音变,而强对抗性口才的表达速度要比正常的口头表达速度快,语流音变也就更多,因此,掌握好表达中的语流音变就成为训练的重点任务之一。要掌握语流音变,就要掌握好"轻声"和"儿化音"。

呼吸方法的选择对语音的训练十分重要。胸腹联合式呼吸法是一种非常有效的呼吸方法。胸腹联合式呼吸可分为吸气和呼气两个阶段。具体的吸气和呼气要领分别如下。

吸气要吸到肺底,两肋打开,腹壁"站定"。这是一种深吸气,而在生活中只有呼气结束以后才能有吸气的需求。在体会吸气要领时,应先将体内余气用叹气法全部呼出,再自然吸气,此时才容易体会到将气吸到肺底,两肋打开的感觉,否则易成为胸式呼吸。在自然吸气的过程中,腹肌的配合是不明显的(尤其是女性)。在胸腹联合式呼吸训练中,吸气时要求除膈肌、肋间外肌等吸气肌肉群紧张工作外,腹肌、肋间内肌等呼气肌要从自然吸气时的松弛、休息状态,进入"准备工作"的预备状态。腹壁"站定"状态是指随吸气运动,上腹随两肋打开,稍有凸起。腹壁"站定"即是上腹壁保持住的感觉。在吸气时,由于膈肌下降,腹腔压力增大。腹肌有意识地向中医经络的"气海"至"关元"穴集中,使腹肌与膈肌进入弱抗衡状态。特别需要注意的是,吸气时腹肌的收缩不可过于主动,收缩的紧张度不可过强,过强的腹肌收缩会阻碍膈肌下降而影响胸腔上下径的扩大,进而影响吸气量的增加。当吸气进行到比自然状态呼吸稍多又不至于失去控制能力时(初练者吸气至五六成满即可,不必贪多),即可转入呼气阶段。在训练时,吸气及呼气之间的屏气时间要尽量短而流畅,忌人为地扼喉,若吸气过满,超出了呼吸肌的抗衡控制能力,声门会自动地屏气、扼喉,这不利于控制呼出气流从而影响正常发声。

呼气的要领可分三步。第一步要掌握呼气的稳劲状态,其中应以快吸慢呼为训练重点;第二步是锻炼呼气的持久力,一般要求一口气的呼气发声可持续30~40秒;第三步训练呼气与发声"挂钩"。掌握发声时呼气的调节方法。

换气一般可分为两种情况。一种是两句话之间有较大的停顿时间,可以从容地正常换气,以满足下一句话发声表达的需要以及生理气体交换的需要。这时应注意在前句话的句尾将末一个音节发音时的气息状态稍作保持,而将进气的时机放在下一句的句首进行,吸进气以后马上接续发声,而不要憋一会儿再发声。憋住气不发声,不但由于生理需求而致使发声持续时间缩短，气不够用，严重时甚至会破坏正常的呼吸发声的生理、心理机制而形成发声障碍。另一种情况是由于思维和表达的需要，为维持较长时间的发声需要而超出了生理能力，需要补充气息又没有补充气息的时间。这时的换气的技巧我们通常叫"补气"或"偷气"。补气或偷气最基本的要求是不破坏语句的连贯，在受众不觉察的情况下少量、无声地补充气息，是为了表情达意的需要，而把生理需求放在第二位考虑的一种补充气息的手段。当然补气和偷气也要选准位置，找好气口。补气和偷气的基本动作是：保持住发声结束时的气息控制状态不变，两肋向外一张，即完成补气、偷气的过程，接续后面的发声。补气和偷气进气量很小，吸入程度感觉很浅，大约只是一口气，只吸到上胸部，甚至只吸到嗓子眼。换气的这种情况很复杂，补充气息的技巧也有很多种区别，如还有抢气、就气等，都需要和稿件表达的内容及情感变化的需要相结合来选择适当的补充气息办法。

共鸣控制在口头表达中很重要，尤其是在演讲等公开讲话的情况下意义更大。共鸣的作用主要有两方面：一方面可以扩大和美化声音，另一方面可以利用共鸣腔的调节，形成表情达意的不同色彩的声音。共鸣主要有如下几种：一是胸腔共鸣。由于胸腔容积大，对低频声波共鸣作用明显。胸腔共鸣不参与语音的制作，但可以扩大音量，增加低泛音，使声音听起来洪亮、浑厚、结实。二是口腔共鸣。口腔由于下颚的运动可以开合，又因舌的形状变化而改变容积，并可被划分为若干小的腔体。口腔共鸣对于言语发声至关重要。没有口腔的活动就不可能产生言语声；不适当发挥口腔共鸣的作用，就不可能使字音圆润动听；没有口腔共鸣，喉腔、咽腔以至鼻腔、胸腔就无从发挥其效用。三是鼻共鸣。鼻腔共鸣的作用主要由以下三种方式实现：第一种方式是在发鼻辅音时，软腭下垂，鼻腔通路打开，声波随气流通过鼻腔透出，产生鼻腔共鸣。第二种方式是在发鼻化元音时，软腭略下垂，声波随气流分两路，分别由口腔、鼻腔透出，取得鼻腔共鸣色彩。第三种方式是在发声过程中声波在口腔冲击硬腭，由骨传导而产生鼻腔共鸣。

共鸣的主要训练方法如下。一是胸腔共鸣练习：用较低的声音发 ha 音，声音不要过亮，这时的声音是浑厚的，感觉是从胸腔发出的，如感觉不明显可以逐渐降低音高，适当加大音量。也可以用手轻按胸部，用 a 做练习音。从高到低，从实声到虚声发长音，体会哪一段声音上胸腔振动强烈，然后在这一声音段做胸腔共鸣练习。一般来说，较低而又柔和的声音易于产生胸腔共鸣。二是口腔共鸣练习：首先，收紧双唇，使其贴近上下齿的方式来改善共鸣。先用单元音做练习，然后用小的句段进行练习，比较它与自己的习惯发音音色有何不同。其次,使嘴角略微上抬,声音色彩会有变化。先用单元音做练习,然后用小的句段进行练习,比较它与习惯发音的不同。最后,将唇齿靠近,减小突起,使音色得到改善。三是鼻腔共鸣练习:鼻腔共鸣过多会导致鼻音色彩过重,只有适当利用鼻腔共鸣才能美化声音。软腭抬起则减少鼻腔共鸣。可用 i 和 a 做练习。利用软腭下降将元音部分鼻化来体会鼻腔共鸣。练习时软腭不可下降过多,否则会使元音完全鼻化。可用 m、n 开头的音做练习,体会鼻腔共鸣,然后再发其他音。

在完成语音和发声的基本训练后,就要努力做到表达中的情声气结合。任何语言都是带着一定感情色彩的,一定的感情色彩赋予语言以情态意义,一定的情态意义靠一定的声音形式来表现。情态意义越丰富,声音形式的变化就越多。语言本身具有极大的灵活性。它可以在不同的环境下,在不同的气氛、心理状态、情绪和声调中,赋予不同的思想内容和感情色彩。在口头表达过程中,情是主导,气随情动,声随情出,气生于情而融于声。这就是情、气、声的关系。因此,表达过程中一定要以情带声,以声传情,而绝不能本末倒置以声造情。要获得情、声、气完美的结合,需要注意以下几个方面的问题:首先要控制好气息,运动的气息来源于不停变换的控制。其次,要用足、用够、用活声音色彩对比。最后,要注重与表达的环境相结合。在整个口头表达过程中,要不断地根据需要表达的事物所提供的线索,不断地挖掘新内容,找出新感受,以促进思想感情的运动。

6.2.3.3 现场表达能力提升

现场口头表达能力的提高关系到口头表达能力的提高。要想提高现场口头表达能力,就要提高口头表达技巧。而从口头表达的具体环境上看,要想提高口头表达能力这两种能力,首先要提高的就是概括能力。

概括能力是有多种内容的,有理论概括能力,也有形象概括能力。所谓理论概括能力,是指从个别对象的认识推及一类对象的抽象能力。在辩论中就是要从对方的具体论述中抽取它的主要观点、基本思路和论证的结构,然后有的放矢地驳斥。这是非常重要的能力。形象概括是将某一观点概括为一种生动鲜明的形象,使人一望便知,一听就懂。形象概括的作用有时比理论概括的作用更大,它的直观性使人一下子就明白了此种观点的内涵。

概括能力是可以训练培养的,主要的训练方法有如下几种。第一种,概括评价。首先读一篇文章。读一遍之后,马上用一句话概括此文章的主要观点,同时评价或驳斥这一观点。养成一种立即概括立即反应(包括分析和反驳)的习惯,对人才应变等能力的培养是十分有利的。第二种,听别人念一篇文章，然后做简要的概括、评价或驳斥。听文概括要比读文概括更困难一些，读文更容易集中精力，而听文有时会"走神儿"，漏掉文中最重要的东西。可是，听文比读文更有实用价值，因为口头表达的应用环境中是听文而不是读文。这种训练在练习概括能力时也锻炼人的聚精会神的能力，是非常重要的。第三种，在上述训练基础上，进行形象概括的训练。一般方法是要求对内容进行形象地概括，然后对这个形象概括予以评价或驳斥。这样就可以很好地锻炼被训练者设计形象、迅速反应和驾驭它们之间关系的能力。以上三种方式由浅入深，由易而难，因此应当依次递增，循序渐进，才能迅速提高被训练者的概括能力。

口头表达技巧训练的目标就是使被训练者在讲话时读音准确，音节清晰，声音洪亮，叙述流畅，断句清楚、分段明晰，语音、语调有变化，基本做到抑扬顿挫，有感情变化，有感染力。常用的口头表达技巧训练方法有如下几种。首先，朗读。选择合适的说理性的文章进行朗读，可以几个人读同样的段落，相互比较，也可以读不同的段落，相互评析。其次，朗诵。选择合适的诗歌、散文，一人或多人分别朗诵，比较评析。再次，演讲。限时命题演讲或不命题演讲，可一人一题、又可多人一题。可即兴的，又可限时准备的。演讲训练可以和书面表达训练结合进行。最后，问答辩论。可以选择一些相对简单的"小题目"，采取一对一辩论的方式，然后进行评析。

6.2.3.4 现场表达心理素质提升

公开场合的不仅是对表达者思想素质、知识水准、口头表达艺术提出了很高的要求，而且对表达者心理素质提出了很高的要求。一个优秀的人才，一个在不同的环境中都表现出色的人，应当具有较好的心理素质。可以说，表达者良好的心理素质，是他们的才华得以充分表现的基础。心理素质很好的人往往具备力挽狂澜、舍我其谁的自信心，处乱不惊的平常心，以及对于不同环境的适应性。周恩来总理在万隆会议中，面对复杂的环境，处变不惊，发表了著名的"万隆会议上的补充发言"演讲，正来自他过人的心理素质和表达能力。

心理素质中情绪的稳定性是首要的因素。可以说，情绪的稳定是语言与动作稳定的前提和基础。口头表达效果的好坏，往往要受到情绪条件的影响与制约。如果失去了情绪稳定这个前提和基础，再充分的准备都会前功尽弃。根据生理学理论，情绪的波动会引起人的有机体呼吸、循环、腺体、内脏、肌肉等一系列的变化，导致语言与动作的稳定性和协调性下降，甚至失去自控能力，使表达者在临场时处于十分尴尬的境地。

在"口头表达"过程中,表达者如果情绪紧张,就会带来心理和生理上变化,对口头表达的效果就会产生消极的影响。它的主要表现形式有如下几种。

首先,情绪的紧张可以引起呼吸系统的变化。正常人在安静时,呼吸次数每分钟为20次,情绪紧张时,可达40次。同时也可以引起呼与吸比率的变化,一般情况下为0.10。情绪紧张时可升高到2.00以上。在口头表达过程中,呼吸系统的这些变化,将会使表达者难以保持恒常的语言频率,使语言节奏产生变态,速度一味增加,难以自控。同时,声调中的重音、停顿等技巧都难以施展,使语言平淡乏味,以致丧失语言特有的音乐感。

其次,情绪的紧张可以引起循环系统的变化。因表达者的情绪紧张,血压会升高,心跳数可以明显增加。常人每分钟心跳为60~80次,而情绪紧张时可以高达100~130次。同时也常常会导致全身肌肉的紧张。在此时我们一般可以观察到情绪紧张者四肢肌肉伴有轻度的颤抖。由于循环系统的这些变化,表达者的手势、姿态,会失去与语言的协调性,本来不需要用手势辅助语言的地方,却做出了动作,需要手势的地方,却打不出手势。甚至两脚、两手会出现不知所措的现象。同时,因面部肌肉的紧张,能使目光显得呆滞,难以传神,面肌也难以表达喜悦、激昂、悲愤等特殊感情。

最后,情绪的紧张可以引起腺体与内脏器官的某些变化。表达者紧张时,唾液的分泌会减少,身上大量出汗,胃部停止蠕动,大脑皮层与高级中枢神经出现"瞬发式"失调,以及会出现尿频等现象。腺体与内脏器官的某些变化会使表达者的语言产生变态,因出汗较多,体内缺水,唾液分泌又少,因此导致声音干哑,响度减弱。同时,因脑神经的高度紧张,使得记忆的清晰度减低,致使本来记得很熟的内容,却在临场忘掉了。

由于情绪的紧张对表达者具都诸多消极的影响,因此,对口头表达过程中的紧张情绪适时地调节,就成了提高口头表达技巧不可缺少的工作了。要完成好这项工作,就要加强心理训练来提高自己的心理素质。常用的心理训练方法有如下几种。

第一种,暗示法。所谓暗示法,主要是指人们用语言不断在大脑中施加所希望的影响,使自己的行为达到某种目的。这种方法用得很普遍,而且实际作用也很大。如运动员在比赛之前暗示自己"沉着""冷静",学员考试时也用这种方法调整心态。暗示可以分为积极暗示和消极暗示两大类。积极暗示往往产生积极的作用,而消极暗示则起消极作用。若一位考生经常暗示自己不行,那么,他的学习成绩就不可能很好。因此,要努力用积极暗示来调整心态。

第二种，自我强化训练。自我强化的基本原理是：一种行为如果得到奖励，那么这种行为重复出现的频率就会增加；反之，得不到奖励的行为重复出现的频率就会降低。在生活中，人们自觉或不自觉地都在应用奖励或惩罚来影响自己的行为，这就是强化的方法。用自我强化的方法可以塑造想要建立的行为，当适当的行为出现时，立即给自己一个好的刺激，如完成作业后给自己一个赞扬，就能促使努力完成作业的行为重复出现并保持下来。当不好的行为出现时，立即告诉自己一个坏的刺激，如自责使自己停止这种行为。

第三种，自我放松训练。人在感到紧张、焦虑、恐惧时，生理上也会产生相应的变化，表现出与情绪紧张状态相反的变化。因此，人体的肌肉放松状态与人的情绪紧张状态是一对互相排斥的状态，当一种状态存在时，另一种状态就不能够同时存在，或被消减了。在此基础上，我们可以利用肌肉的放松来对抗情绪紧张，通过一定的自我训练，学会在短时间内放松全身所有的肌肉群，一旦处于使人紧张的情境，就主动达到全身肌肉的放松状态，这样可以帮助人镇静情绪、消除紧张、恢复体力。如遇到过度焦虑的情况时，就可以用这种方法。在使用时，可以按照下面的过程进行：首先，躺下或坐下，姿势自然轻松，不要用力，也不要勉强。然后，深呼吸数次，心里默数1，2，3，……如果有杂念，请不要理会，而将注意力集中在呼吸上。接下来，连续优质呼吸，将注意力转移到身体的各部分，要逐步进行，依序而来。在心里对自己说："我的脑袋越来越轻松。"同时，把注意力放在头上，会感觉到头越来越轻松。在两三次的深呼吸之后，再次在心里对自己说："我的脖子越来越轻松。"同时，把注意力放在脖子上，会感到脖子越来越轻松）。依此类推，到肩膀、双手、肚子、双腿、脚踝、脚趾……任何部位你要放松的皆可加上去。到最后整个人会觉得很放松。最后，感到放松完成之后，轻松地将眼睛张开，回到现实世界。上述过程，进行 10 分钟左右最好。

第四种，模仿榜样。模仿榜样方法是通过观察别人，让自己建立一种原来没有的行为，或者学会一种新的行为来取代以往不适当的行为。作为模仿对象的可以是人，如优秀的同学，也可以是电影、电视录像或录音甚至小说中描述的行为。通过对榜样的模仿，训练自己的良好行为。

6.3 乡村振兴人才创业能力提升对策

乡村振兴人才创业能力提升是一项系统工程，要提升培训质量，就要全方位做好工作。乡村振兴人才创业能力提升工作的终极目标是提高培训者的创业素质，要实现这一目标需要众多的教育工作者的共同努力。因此，提高创业者素质十分重要。除了一般创业训练培训常规的创立和经营企业所需的具体技能以外，创业者还需要具备创新能力、写作与表达能力、创业观念和创业决策能力等典型素质。由于前几种素质前文已经介绍，下面介绍创业观念和创业决策能力。

6.3.1 创业者创业观念培育

创业者创业观念培育是一个十分重要但却容易被人们忽视的话题，因为表面看起来这项工作与具体的创业活动无关。然而，如果一个创业者理想不坚定、创业意识混沌、创业三观不正，即便在经济指标上取得成功，也不一定会回馈社会。这样，就难说是创业教育的成功。因此，创业理想、创业意识、创业观念教育不容忽视。一个有社会责任感的创业教育工作者，在教学活动开始前要认真研究创业理想、创业意识、创业观念的本质及其相关问题。

6.3.1.1 创业理想

在创业教育工作中，最重要也最容易被忽视的是对学员进行理想的教育培养。如果说，鼓励等主要手段表现为创业教育者对学员外在"激励"的层次上，那么，理想教育就是将外在"激励"转化为内在的自我"激励"。学员的创业品德和素质可能因此得到普遍提高，团体精神也可能因此得到培育发扬，创业教育工作的理想目标也才可能得到实现。

理想作为人类特有的精神现象，是人们对社会发展趋势的一种超前反映和对未来世界的设计、向往和追求。人不同于动物的重要区别之一在于，动物没有理性更无理想，因而它们永远生活在现存的物质世界之中，人是理性动物，他们既生活在现实中，又企图超越现实；既生活在物质世界当中，同时又以理想的精神方式享受生活。自有人类以来。理想就是人们的一种生活方式，是构成人类精神生活的一个重要方面。如果做人而无理想，这就意味着人格的变质和人性的退化。

但是必须看到，理想并非古今一体、千人一面，而是形形色色、多种多样的。从理想的指向上分,有所谓社会理想、群体理想和个人理想;从理想同现实的距离分,有所谓长远理想、中期理想和近期理想;从理想形成的途径分,有个人或群体在生活中自发形成的理想和通过理性思考及系统学习形成的自觉理想;从个人理想、群体理想同社会理想的关系度分,理想又存在境界高下的区别。此外,假想、空想、幻想也是理想的不同表现形式,甚至宗教也充满虔诚的理想色彩,它们与科学的理想构成了两类不同的理想类型。由此可见,人人虽有理想,但理想各有不同。以为理想只有一种或认为理想一定高尚伟大,这是对理想的狭隘理解。只要是生理健康、有理智的人,都有各自不同的理想信念,而且都以不同方式追求着自己的理想目标。

创业教育工作和理想紧密不可分割,主要源于如下两个方面。第一方面,创业教育工作不能脱离理想。虽然,创业教育工作目标的确立立足于现实,是通过分析现实中的种种可能做出规划和计划,创业教育工作计划的表现为一个环环相扣的目标链。但是,创业教育工作最终达到的目标之一,就是帮助学员树立正确的理想,成为一个有理想、有责任感的创业者。因此,支撑创业最终目标实现、工作计划顺利实现,起关键作用的因素之一就是学生工作中的理想和境界。

正是由于创业教育工作和理想有着上述不可分割的内在联系,学员创业者理想的培育必然成为创业教育工作第一重要的任务。在创业教育工作中,理想培育对于学员创业者具有如下两方面的激励功能。

一方面,通过理想培育,可以将学员不自觉不系统的创业者理想上升为自觉、明晰和稳定的信念,收到持续激励学员主动性的心理效应。创业教育者在创业教育工作中,应当把对学员进行创业者理想教育作为首要工作,以便学生使自发的理想变成自觉的理想,使空谈、幻想变成切合实际的、科学的创业理想,使一时的冲动变成稳定的信念,将种种心理故障转化为理智支配的执着追求。当然,这个工作相当艰巨,它是一个比一般激励手段更复杂的工作,需要的是耐心、持久和科学的方法。只要不懈努力、方法得当,就能帮助当学员树立正确的理想,学生主观能动性就会被挖掘出来。被自觉理想所支配的学员就能激励自己,而且历久不衰、愈挫愈奋。这是其他精神激励无法与之相比的。

另一方面,创业教育工作理想培育的核心、实质和终极目标是社会理想教育,离开社会理想及其教育,理想培育就失去教育的价值坐标和理想的社会意义。社会理想包括内容和形式两个方面。从内容上说,社会理想就是超越现实社会的理想社会。农民的社会理想,是超越封建土地所有制而对

"耕者有其田"的小私有社会的向往；无产阶级的社会理想，是消灭私有和剥削、人人占有生产资料的共产主义公有制社会。在形式上，社会理想是某一社会大多数人对未来社会设想的共识，表现为各种理想的共同面和彼此之间的沟通点。由于受个人视野和团体利益的局限，个人在形成自己的理想和组织对其成员进行理想教育时，往往局限于个人和群体的将来，而容易忽视整个社会的前途命运，这样就造成个人理想，群体理想同社会理想的偏离，产生诸如个人奋斗和各种狭隘的集团意识，显然这是与社会理想冲突的。创业教育者在进行理想教育时，一定要超越团体界限，放眼社会未来，将社会同群体、环境和组织联系起来通盘考虑，帮助学员树立社会理想。只有当学员不仅热爱团体也热爱国家，既关心自己团体的前途更关注民族命运的时候，才可能有人投身公益创业、社会创业或在商业创业成功后热心公益、回馈社会；个人和团体的理想才能逐步融入社会理想。也只有这样的理想教育，才能有效克服团体的狭隘和短视，使理想激发学员内在心灵活力，实现创业教育工作的最高目标。

6.3.1.2 创业意识

创业意识是社会意识的一种，一切创业活动无一不是在创业意识的指导下进行的。创业意识正确与否，直接影响到创业的效率并关系到创业活动的成败。因此，研究创业意识是深入考察创业发生的关键，也是对历史唯物主义社会意识论必要的补充。

（1）意识和创业意识

意识是人脑对客观事物的主观反映。它在社会发展中又逐渐分化为诸如道德、艺术、宗教、政法思想、哲学、科学等各类社会意识形式，共同织造了历史唯物主义所描绘的社会意识理论。

但是，有没有创业意识呢？如果没有，如何解释创业活动中的意识现象？如果有，又应如何规定其内涵、区别它与其他意识形式的不同之点？

当下的马克思主义哲学原理著作，也没有将创业意识作为一种社会意识形式提出来加以研究。创业的相关著作虽然经常涉及创业中的各类意识现象和创业观念，也未明确地以创业意识相称和对之进行系统考察。

意识作为与物质相对应的哲学概念，涵盖了社会领域的一切精神现象。既然创业活动是一种有目的有计划的特殊实践活动，这就意味着有一种源于创业实践又反过来指导创业活动的社会意识形式。

那么，能不能认为源于创业实践又反过来影响、指导创业实践的意识就等于创业意识呢？不能。这是因为，第一，创业实践同人类大多数一般实践虽然在逻辑上可以区分开来，而在事实上却难以分开。所以，从根源上看，各种社会意识形式包括创业意识同出一源，这个源就是社会实践，它既包括改造自然、改造社会的实践，也包括以具体组织目标体现的创业实践。从起源来区分创业意识和别的社会意识形式，显然机械割裂了创业同实践的有机联系，并不科学。第二，同样的道理，也不能笼统认为凡是影响、指导创业实践的社会意识都是创业意识。固然，创业意识对创业实践有反作用，但哪种社会意识形式，又不对创业实践发生影响或反作用呢？作为世界观理论体系的哲学不对创业发生作用吗？离开了科学技术能进行创业吗？法律、道德不是作为人们的行为规范对创业发生作用吗？就是艺术，有时也可能参与到创业实践中去。可见，凡是社会意识都对创业实践发生不同方向和不同程度的反作用，都以其特定的方式影响创业实践。以是否影响、指导创业实践来区别创业意识和非创业意识，也是不科学的，这样做势必抹杀整个社会意识对创业实践的能动作用。

那么，究竟什么是创业意识呢？创业意识同别的社会意识应有哪些区别呢？要回答这些问题，必须从创业意识的形成、作用、特点三方面加以分析。

首先，创业意识作为社会意识的一种，固然离不开一般的社会实践，追本溯源，它也是人们在改造自然、改造社会的实践中产生的。但是，培植创业意识的基础不是一般的社会实践，而是人们的创业实践。创业意识只能在创业实践中形成而不能在一般性的改造自然、改造社会的实践中形成。这即是说，虽然创业实践离不开社会一般实践，创业意识同其他社会意识保持着紧密的联系，但创业实践毕竟有别于一般实践，创业意识也不同于其他社会意识。因此，创业意识是对创业实践的直接反映。脱离创业实践的人，是无法形成创业意识的。

其次，在创业实践中，各种社会意识都会发挥作用。离开了人类在各类实践中积累起来的社会意识形式，无论是改造自然、改造社会的实践，还是创业实践，都无法进行。但是不同形式的社会意识，其指向又各有侧重和区别。比如自然科学，它主要运用于指导改造自然的生产实践；政治法律思想，则主要运用来指导人们改造社会的社会实践；宗教、哲学，主要指向人们的思想，直接改造的是人的思想观念。创业意识不同，它不是直接指向上述各类社会实践活动，而是指向创业实践活动，用于指导、组织、调整各类创业实践活动。

最后，创业实践是创业主体对创业客体的对象性活动，是创业者的能动性活动。因此,创业意识主要是创业者的意识,不是或主要不是雇员的意识。人们只有作为一个创业者的角色进入现实的创业领域,才可能产生创业的冲动、形成各类创业意识。对于处在参与地位的大多数人来说,也可能形成自己若干关于如何创业的观念或想法,但因置身创业实践核心活动之外,这种创业意识是模糊不清、片段零散的。所以说创业意识不是一般社会实践参与者的其他社会意识,而主要是创业实践者所拥有的创业意识。

综上所述,我们可以把创业者在创业实践中直接形成并反过来直接影响、指导创业实践活动的创业心理、创业观念、创业理论、创业方法统称为创业意识。

创业意识作为一种相对独立的社会意识形式,具有不同于别的社会意识的若干特点。

一是普遍性。社会意识的各类形式,都具有一定的普遍性。而创业意识则与人类创业活动紧密相连,普遍存在于社会各类实践领域,具有普遍性。创业意识随着有组织的人类创业活动的出现而产生,随它的发展而发展,与社会相始终。从各种社会意识形式所反映的空间来看,哲学、道德、创业意识普遍作用于社会生活的各个领域;宗教、艺术、政治思想则只对某一特殊社会实践起作用。科学是个总概念,不同学科的科学技术也只适用于特定的实践活动,这四者都不如创业意识普遍。所以说,创业意识具有普遍性。

二是综合性。社会意识作为对社会存在的抽象把握和主观反映,都有一定的综合概括性,但各自的综合概括程度又有差别。其中,哲学是对各种知识的最高概括,具有最高的综合性。宗教虽也是一种世界观,但它是用信仰代替理性,谈不上科学的理性抽象和科学综合。道德作为人们行为关系的总规范,对涉及人与人利益关系的方面做出规定,显然这只是从社会特定方面进行某种综合。政治法律也是人们的行为规范,所综合规定的方面比道德还窄。艺术是通过形象、情感、语言来传达和表现作者的愿望,与概念综合离得较远,综合只是典型的塑造或人物性格的"综合"。各门科学对某一特定领域的特殊规律进行抽象反映,是一个方面的综合。创业意识则不然,它要对各类实践活动进行计划、组织和控制,就必须综合运用多学科知识。以生产型企业创业为例,创业者不仅要了解企业生产经营的一般过程,需要掌握有关的科学知识,还要了解人,需要一系列涉及人的生理、心理、伦理、信仰、价值观念、行为规律的种种知识。不仅需要运用哲学、政治学、法律学、审时度势、发现问题、及时做出战略决策,同时,为保证决策能顺利实施,还需要运用诸如数学、统计学、会计学、审计学等知识来制定计划和对计划实行控制。可见，创业需要综合运用尽可能多的各门知识，创业意识是各门知识的综合运用。在社会诸意识当中，如果说哲学是对各门科学知识最高的综合概括，创业意识则是对各门知识广泛的综合吸收和综合运用。

三是应用性。各种社会意识，既是对社会存在某一侧面的主观反映，表现为特定的知识体系，又反过来影响和指导人们的某类实践，具有不同程度的应用性。一般来说，综合概括性越高的意识形式，距离现实越远，其间的中介越多，应用性越弱。反之，综合概括性越低的意识形式，离现实越近，其中介越少，应用性越强。比如，哲学和宗教，二者距现实最远，其应用性最不直接，而科学特别是技术科学距现实最近，最易转化为生产力。创业意识作为一种特殊的社会意识，既具有较高的综合性，又同时具有直接的应用性。这是因为，创业意识是在创业实践中产生并直接服务于创业实践的意识形式，创业活动直接需要的不是远离现实的抽象理论，而是经过创业者加工过滤过的可以直接进入创业过程的具体意识。也就是说，创业过程一方面必须广泛吸收诸如哲学、科学、政治思想、道德以至艺术和宗教等意识形式，另一方面这些意识又不能直接适用于创业，而必须通过创业者的过滤加工、选择综合，转换成可以直接用于指导创业活动的创业意识，从而使创业意识具有鲜明的应用性。可以说，创业意识是由抽象层面的社会意识走向具体层面的社会意识的思想通道，在这里意识的抽象性和具体性得以对接。如果看不到这种特点，以为任何社会意识都可以直接运用于创业。其结果必然目标模糊、计划抽象，使创业者无所作为。同理，如果指令不清、控制随意，雇员也无所适从。

（2）创业意识的形式

对创业意识作纵向即从其发生形态分类，可以划分为创业心理、创业观念、创业理论和创业决策四种相互联系又彼此区别的表现形态。创业决策是创业意识中实际操作性最强的表现形式，创业理论与创业的教学内容密切相关，也不再次展开。下面重点分析前两种意识表现形式。

在创业实践中最初形成的创业意识是创业心理，它大致包括需要、动机、意向、情绪、情感、意志、信仰、习惯等形式。创业需要是由创业者的本能和职责引发的创业欲望，它同人的其他需要相类似，既具有强烈的内在冲动但又缺少明晰单一的目的指向。处在创业需要的心理阶段，创业者主要受在较长期思考过程中形成的潜化意识的支配，本能地生发出多种创业欲望。事实上，这种心理活动不能用生物学来加以解释，它与人们由生理本能产生的生存需要和安全需要不同。大量的创业经验也证明，长期参与商业活动、积累有大量创业实践经验的创业者,创业行为在不知不觉中已成为他的潜化意识,成为一种职业的习惯或"本能"的需要。可以说只要处在创业者地位(有时甚至不处在创业者地位)自然而然地就会有这种冲动。

创业需要的定向化是创业动机和创业意向。创业行为需要作为一种自发的内在冲动,是意向不明、不断转移的心理活动。如果没有外部环境起作用,那么创业者将永远停留在这种躁动不安的心理境地。但事实上这是不可能的,因为创业者不可能将自己封闭起来,而是要受到外部环境各类信息的刺激干扰。一旦某一信息反复刺激创业者而使他将注意力逐渐集中到解释这一信息的时候,这便出现人们常说的"问题"或心理学上所说的"情结"。问题是指现实和需要的差异,情结是指反映问题的矛盾心情。这时,为解决问题或解开情结,原有的变动不定的需要心理开始平静下来,交错出现的不明晰的目的指向逐渐转移到问题上,从而形成有明确指向的动机和变成为解决某问题的意向。当然,作为创业心理的动机和意向也还具有不稳定性。尽管如此,动机和意向又是创业意识形成的一个不可缺少的环节。没有它不可能产生出创业的其他意识。动机和意向引导创业者如何看问题,准备选择解决何种问题。如果在动机和意向上出了偏差,比如他所期望的目的根本不可能实现,创业者就会走偏方向而使创业实践成为不可能。

创业者作为人,还有情感和情绪。情感是在人与人交往中形成的心理定势,它表现为对某些人的偏爱、信任、同情、感激以至于崇拜信仰。

在创业实践活动中,无论是创业者或雇员,绝不可能没有情感;任何一类创业活动,也不可能完全摈弃情感。诚然,创业者如果仅凭情感而不用理性来处理创业活动中的人和事,或者将私人情感带到公共事务中,这对创业将是十分有害的。但是还应看到,情感对创业也有助益。在创业者之间,多一些情感就少一分摩擦,情感在这里是创业团队的黏合剂,具有无可取代的凝聚力。在创业者和雇员之间,情感是沟通上下级之间的心理通道,是了解下情、激励雇员必不可少的武器。大量创业实践也证明,凡是情感丰富并善于控制情感的创业者,他不仅能团结其他的创业人员,形成一个关系融洽、无话不谈的有战斗力的创业团队,还能在雇员中树立良好的形象、使他们乐于听从他的指挥。相反,一个缺乏情感的创业者必定是一个孤芳自赏的人,他既不可能赢得创业合作者的信任,更不会得到雇员的理解和支持。可见,情感是创业者不可或缺的心理,创业不在有无情感,而在如何培养情感和正确投入情感。

同情感相比较,情绪是另一类心理活动。情感是一种外显的心理倾向,是指人们在长期交往中形成的亲和力；情绪则是一种内隐的心理定势，是由内外环境刺激产生的某种心境或心绪，主要表现为喜、怒、哀、乐。在创业中，不论是创业者还是雇员常常受环境的刺激，很自然地引起情绪的变化。情绪不同于情感，它对创业弊大于利，特别是对于创业者，千万不能为情绪所左右，不宜带上浓重的情绪来进行创业。这是因为，情绪作为一种心理活动，是一种受环境左右的变动不定的无意识现象，它与理性不相容。尽管喜怒哀乐可能激起一时的激情，在创业中发挥出冷静时无法发挥的积极作用，但因它缺乏理智的支配而不可能持久并具有随意性，任其发展不加控制就会将创业者变成情绪的奴隶，使创业归于失败。可见，创业者不可无情，但这个情是指情感而非情绪，情绪型的人是不宜充当创业者的。作为一个创业者，应当尽量避免将个人情绪卷入创业工作，做到范仲淹说的"不以物喜、不以己悲"，学习林则徐的"制怒"。碰到困难不要消极气馁．取得成绩不可妄自尊大、目空一切。要做到这一层很不容易，它需要在创业实践中经历长期的修养磨炼，学会一整套现代心理自我调节方法。

属于创业心理的还有意志、信仰和习惯。所谓意志，是指向明确的行为目的的心理机制。所谓信仰，是对某人某事或某种最高存在的绝对信任和无条件服从。所谓习惯，最初是指人们思想行为的常规或定势，这里专指思维定势或习惯思维。

创业作为一种组织目的性活动，决定参与创业的人必然形成实现创业目的的创业意志。创业意志主要有三个特点：一是明确的目的性；二是判断是非的果敢性；三是迎战挫败的坚韧性。在创业实践中，创业意志的积极作用是非常明显的。这是因为，创业是一个步步逼近目标又常常遭受挫折的风险过程，为使创业能按预定目标继续下去而不致中断，创业者必须具有坚强的创业意志。如果意志薄弱，在挫折面前就可能观望退让，对事业丧失信心。只有具备坚强的意志，认准了的目标决不改变，才有希望达到胜利的彼岸。当然，由于意志是一种缺乏理性自觉的心理机制，单凭意志并不能保证目的正确。如果意志很坚定而拒绝理性的介入，那么即使当实践证明目的不对也会顽固地坚持下去。可见，意志在创业中虽很重要，不过应使它理性化。创业仅靠个人的坚强意志而不注意根据情况随时加以调整，那么顽强则变为顽固，果敢将流于武断。

信仰在本义上是相对于理性而言的宗教感情。这里的信仰不应解释为迷信和盲从，而应解释为对未来目标执着地追求和坚定的信念。从这种意义上看，大至一个民族，小至一个群众团体或企业组织，都应当有自己的信仰。

没有信仰这种牢固的心理惯性来约束人们多变的思想，就是离心离德、没有希望的组织。

习惯是人在多次实践基础上形成的行为定势和思维惯性，它以固定的经验为根据。当人们主要凭借经验而主要不是凭借理性来行动的时候，这就停留在习惯的心理水平上。所以，经验和习惯是难以区分的。创业者通过多次创业实践，不知不觉中就会形成一套自己的创业经验或创业习惯，其中所包含的难以言喻但又实际发生作用的意识形式为习惯心理。习惯心理在创业中的出现既具有必然性又具有诸多积极作用：首先，它作为一种感性经验，与创业实践最接近，反映创业实践的问题最快捷。创业中许多常规问题主要是通过创业者的经验习惯及时加以处理的。如果创业者缺乏经验而未形成创业的惯性思维，就不可能对纷至沓来的问题作出快速反映，必然事事请示或拖而不决。其次，习惯是理性的基础。大量事实表明，一切创业理论的产生，都不能脱离对创业经验的总结。创业者的创业经验越丰富，对他学习接受创业理论就越有利。一个没有创业经验的人，尽管他也可以从书本上学到创业理论，但不能真正理解这些理论，更不可能切实运用这些理论。所以，经验习惯对于创业者是十分必要的财富。不过，创业习惯毕竟是非理性的创业心理，它也有局限性：一方面，习惯心理是一种心理惯性，它对创业者的创造性思维有一种天然的抑制作用，如果固守经验，由习惯来支配创业，创业方式只能简单重复，组织也很难得到迅速发展；另一方面，经验习惯只是对过去创业实践的总结和重复，缺乏对创业发展新趋势的预见功能，如果因循经验习惯，就只能往后看而不会向前看，结果必然因目光短浅驾驭不了多变的创业环境。

上述各类创业心理的积淀就是创业观念。观念在广义上，本来泛指意识。这里所说的观念是狭义的，它是指在感性经验基础上形成的融入了若干理性因素的固定看法或根本观点。洛克认为，观念来自感觉和反省。莱布尼兹主张观念是人的一种倾向、禀赋、习性或潜能。在心理学上，观念即是表象。马克思主义所说的观念，是指反映实践并为指导实践所创造的体现目的计划的社会意识形态。创业观念作为创业意识的一种，是介于创业心理和创业理论之间的一系列关于创业的根本观点，主要包括创业价值观、创业决策观、创业人性观、创业组织观（团体意识）、创业效益观等。同上述各类创业心理相比较，创业观念不表现为纯感性而有一定的理性渗入，包含着对事物的深层理解；不是对客观对象的直接反映而是间接反映，表现为对过去的反思和对将来的向往；不是由刺激而引起的间发的、不稳定的心理活动，而是对根本问题持久稳定的心态或倾向。因此，创业观念在创业活动中的地位特别突出，它潜存于创业者和雇员的意识深层，从根本上左右或影响着他们的行为。

创业意识的第三类形态是创业理论，这是创业意识的理性表现或逻辑系列。同创业心理诸形式和创业观念比较，创业理论具有如下特点：第一，它反映的不再是创业活动的表象而是它的本质和规律，具有本质的深刻性；第二，它不像创业心理那样多变易逝，具有相对的稳定性和持久性；第三，它是对创业实践的抽象概括，具有抽象性和普遍性。可见，创业理论是更高级的创业意识。创业者如果仅凭创业心理或创业观念去指导创业活动，终生勤劳也不过是一个经验主义者，不可能达到高度的自觉以做出新的贡献。只有学习科学的创业理论，自觉地以有关的理论来武装自己的头脑、指导自己的创业行为，才有可能成为一名合格的现代创业者。当然，正像一切理论一样，创业理论也有它的局限性，这主要表现为任何创业理论只能是对创业实践一个方面本质或事物某一本质层次的抽象反映，它只能近似正确地反映对象。另外，由于创业理论是以纯概念的逻辑方式来反映创业实践的，二者之间横隔着层层中介，要运用它来指导创业实践，还必须将其转化为创业方法。

所谓创业方法，是各类创业意识的具体化、程序化，特别是应用创业理论的方式或模式。而按照方法的特性来区别，又可以划分为数学方法、系统方法、经济方法、行政方法、伦理方法、心理方法等。

综上所述，创业意识按其发生发展的时间作阶段划分，可以区别为最初的创业心理，其后的创业观念和再后的创业理论，最后是创业方法。

6.3.1.3 创业观念

要深入研究创业意识在创业中的主导作用，有必要对创业中的人性观念、价值观念和效益观念进行专门考察。这三种观念虽不是创业观念的全部，但却从根本上影响着创业者的基本观念。

（1）创业人性观

如前所述，创业的核心问题是人不是物。创业者着手创业时碰到的第一个问题便是，什么是人？由于对人的理解或对人性的看法各有不同，于是就形成形形色色的人性观念。而人性观念上的种种差异，又带来创业目的、创业方法和创业模式的区别。

中国古代学者就对人性问题进行了相当深入的专门研讨，形成了"性善论"和"性恶论"两大对立的派别。以孟子为代表的性善论者认为，人之异于禽兽，不在于"食、色"等生物本能，而在于先天具有与人为善的道德理念。培育弘扬人性中已有的各种"善端"，则扩充为"仁、义、礼、智、信"这五种道德。以荀子为代表的"性恶论"则认为，人的本性并不是善的，恰恰相反，饮食男女、趋利避害等才是人的本能。

与中国古代笃信人性本善、主张以仁义道德治国有所不同，中世纪的欧洲和古代阿拉伯国家却蔑视人而崇拜神，神性论是其进行社会创业的基本观念。神性论旨在于向人们说明神是世界的最高存在和万物的主宰，它具有超人的"全知""全能"。

随着西欧资产阶级的崛起，近代思想史上涌动着反对封建伦理和宗教神学的人性论思潮。早期的资产阶级人性论认为，人是理性的动物，生而平等自由，完全不应依赖上帝的恩赐。相反，人要自己主宰自己，使人成其为人，就必须冲破神学罗网，从传统的迷信、屈从、驯服、愚昧和无所作为中摆脱出来，建立平等、自由、博爱的人道社会。大致从 21 世纪初叶开始，随着劳资关系的激化，迫使一批学者重新考察人和认识人。由于对人性的理解不同，相应地出现了不同的创业理论。

泰罗、法约尔等古典创业学家认为，人是经济运动和物质利益的主体。这即是说，将若干不同成员联系起来的纽带不是强权也不是激情，不是宗教也不是伦理，而只是共同的经济目标和各人从中所获得一部分经济报酬。按照上述理论，创业活动中的人是经济化了的"经济人"，人人都为金钱而奔波，"金钱是刺激职工生产的唯一因素"，创业就在于如何通过合理的组织计划活动或最经济省时的操作程序谋求最大的经济效益。

所谓社会人的思想，历史本很久远，但形成理论，则始于美国梅奥等人的霍桑实验。霍桑是美国芝加哥西方电气公司的一个工厂，美国科学院组织一批研究人员围绕工作条件与生产效率的关系进行了长达 8 年（1924—1932 年）的实验，即霍桑实验。实验的结果表明，在正式组织中存在着以情感为纽带的非正式组织，决定工人积极性和提高生产率的主要因素不是金钱物质和生产条件，而是工人的意愿、情绪、受尊重信任和民主参与意识等社会心理因素。这个实验的意义在于用事实否定了传统"经济人"观点的片面性，开始将人理解为有多种欲望、有理想有追求、需要交往的社会动物。

行为学派对人性的看法，比较著名的是麻省理工学院教授麦格雷戈（1906—1964 年）的人性假说——"X—Y 理论"。麦格雷戈认为：如果按 X 理论，人的本性被设想为天性、愚蠢、不诚实、不爱承担责任、缺乏远大抱负、仅把自身安全放在第一位。如果按 Y 理论，人的本性刚好相反，他们并不厌恶工作而是乐于负责,不愿接受别人控制而愿进行自我控制。这样,有效的管理就不应当是强迫命令而应是激励他们的献身精神和创造才能。传统的管理实际上是按 X 理论设定人性的,因而注定不能发挥人的潜能。只有按 Y 理论来进行管理,才能摆脱人性偏见,走出传统人性观的误区。

对 X—Y 理论进行修正的是美国洛斯奇和摩尔斯在 20 世纪 70 年代提出的所谓超 Y 理论。这种理论指出,对人性不能进行假设而必须通过实验;对人性也不能作绝对恶或绝对善的分类,人性的善恶是依他们所处的环境为转移的。他们在工厂和研究所分别所做的实验证明,X 理论对工厂工人有效而 Y 理论对研究所有效,这说明工人同研究人员有不同的人性。另外,同一个人的责任感也并非永远如一,一成不变,当他们的目标达到之后也会由勤变懒。行为学派中成就最大、人数最多的是马斯洛五层次理论为代表的需要层次论。

通过以上当代管理学者对人性的研究可以看出,作为雇员的人绝不是仅仅为生存而奔波的"经济人",而是具有多种需要、多种个性、存在于复杂人际关系当中并富有主动创造性和反抗性的"社会人"。因此,要搞好创业,关键在于管好人。而要管好人,又必须深入了解人的心理活动和行为规律,激励他们的自觉性和创造性。

(2) 创业价值观

在哲学中,价值是一个含义广泛的关系范畴,凡是涉及客体对主体的意义关系,就包含人们常说的价值。具体地说,凡是对主体有用的东西,就叫有价值;无用或有害的东西,就叫无价值或负价值。

价值按其客体满足主体的属性,可划分为功用价值、道德价值和审美价值三类。功用价值相当于马克思说的物的使用价值;道德价值是指人的德行对于他人的精神感召和对社会的积极影响;审美价值是指主体所创造的对象反过来给予创造者的愉悦感,是人对人类自由本质的确证和审视。无论哪类价值,都反映了主体需要和客体功能的肯定关系,都是主体对他所创造的客体的认同或评价。

所谓价值观念,即人们在实践中形成的对客观对象意义的看法或观点。在实践中,人们对客观对象的看法可分为两类:一类是关于客观对象的本质和规律的看法或观点,这在国外又称"事实真理"或"事实判断。"另一类即关于对客观事物有无意义、有无用处的看法或观点,这即是所谓"价值真理"或"价值判断"。价值观念同事实观念相比,后者侧重于对事物真理的客观性探讨,回答对象是"什么"以及"为什么"一类真理问题;前者侧重于对事物意义的主观评价，回答对象"好不好"以及"好在何处"之类的功用问题。人在实践中所形成的各种观念（包括世界观、自然观、历史观、人生观、创业观等各类观念），无一不是由这两类观念组成，如人们通常所说的哲学世界观，它既包括人们对世界本质和发展规律的客观探讨，表现为一个知识体系或说明体系。又包括人们对现存世界的主观体认和评价，对理想的未来世界的设计和追求；人生观亦复如此：它既包括人生本质规律的理性探索，又饱含对现世的主观感受和对理想人生的追求。这就告诉我们，人们的观念既不可能是对客观事物的机械反映，其中必然渗透着人的意向目的、定向选择和主观评价；又不可能是纯粹主观任意的，它必以客观事物为对象，以事实为基础。因此，事实观念和价值观念是互为条件的辩证关系。人们为了研究问题的方便，可以而且必须将二者分开来看，但在事实上，二者是分不开的，任何具体的观念系统都是由二者有机组成的。

究竟什么是创业价值观？创业价值观同一般价值观又有什么区别、大致包括哪些内容和具有哪些基本功能？我们认为，所谓创业价值观是创业者关于价值取向和价值评价的观点的总称，它是在创业实践中形成的创业主体对创业环境、创业目标、创业客体、创业现状、创业结果以及创业未来的体认、选择、态度、倾向、评价和期待等各种观念的总和。说它是创业主体的价值观，并不意味创业系统中作为创业客体的人没有价值观，因为创业是创业主体作用于创业客体的特殊实践或主体性活动，因而创业价值观是指导创业主体的观念而有别于创业客体的价值观念。当然，在研究创业的价值观念时，不能也不应回避雇员的价值观念，因为凡是人都有自己特定的价值原则和价值判断。不过，创业过程实际上是用创业者的价值观同化雇员价值观的复杂思想过程，或者说是主体价值观和客体价值观之间的求同过程，因此，又可以将创业价值观规定为创业中占主导地位的创业主体的价值观念。

创业系统存在于一定的社会环境中，创业要正常进行以维持并发展组织系统，就必须了解、适应环境，同环境进行物质、能量、信息、人员的交换。而在了解适应环境的过程中，创业者一方面必须搜集整理环境的信息，力求使自己的认识符合外在环境的本来面目；另一方面又要根据自身的目的和需要去筛选信息，并按自己的价值方式去整理信息和评价信息，从而对环境做出好或坏的价值判断。创业者通过多次创业实践逐步形成对环境好坏的辨识能力和判断标准，而这种辨识能力和判断标准，即是创业价值观的一种表现。任何时代的创业或现代任何一类创业，创业者首先要考虑的对象不是自身的组织系统而是系统所面临的组织环境。只有对环境有尽可能详尽的了解并对之进行一番审时度势的价值判断之后,才可能进行别的思考。比如海外创业投资,第一步要了解研究的就是该国的投资环境,通过各种渠道掌握有关该国政治制度、法律制度、经济资源、人力状况、市场环境的情况,并根据自身利益进行分析和选择。这种对投资环境的分析和选择,就渗透着外国资本家的价值观念。如果觉得投资无利可图或利润不大,或者有利可图但要冒很大的风险,或者虽一时有利可图但对该国政局稳定等因素无信心,都可能会放弃投资计划。

创业价值观还表现在组织目标的选择确立方面。当对环境有所了解并确认了它对组织有无意义之后,接下来创业者便要根据组织的需要和环境的可能,确立组织行为的目标。任何一类组织目标的确立既不是任意选定的,也不是自发产生的,而必须依赖可能和需要两个条件。一是目的要有实现的可能性。如某种目的尽管很有意义但在现实中缺乏根据,无论如何都不可能实现,那么这种目的就是空洞无边的幻想,注定不能实现。二是目的要符合创业者或组织系统的需要。如果不适合需要,尽管在现实中有实现的根据,创业者因其对自身需要无关甚至有害,也是不会将其确立为目标的。可见,在确立创业目的的过程中,也有两种观念在同时起作用。分析目的有无可能、能否转化为现实,这依据事实观念;而确认目的有无意义、哪种目的符合组织的主观需要,这依据价值观念。总之,组织目的既然不是环境强加给组织系统的,而是组织的创业者在分析环境的多种可能性之后进行价值选择的结果。这样,在同一环境中,不同的组织因有不同的价值观念从而产生不同的组织目的,就是很自然的现象。

创业价值观不仅表现为对环境的确认和创业目的的选择,还表现为对组织内部创业客体的态度和创业现状的倾向。具体说来,这种态度或倾向又包括人才观、时间观、道义观等。

所谓人才观。是指创业者按照一定的人才价值标准来选择使用人才。高明而有作为的创业者,唯贤是举,择才而用,千方百计罗织英才并且用其所长、不求其全。创业者这样做的原因,不仅是他们深深懂得人才对创业成败的关键作用,而且他们本人就是人才,有一种惺惺相惜的人才价值观在自发起作用。

所谓时间观,是创业者对时间功用价值的估价。现代创业者不仅要认识到时间的机会价值,还要认识到单位时间的效率价值,从而表现出对时间的爱惜和对时机的准确把握。

所谓道义观,亦称道德观,是创业者对道德的总看法。在创业活动中,不同的创业者有其不同的道德观点，存在着不同的道德评价标准。根据一定的道德观念和道德标准，创业者不仅从观念上对别的组织成员进行着道德评价和引导，而且常常将这些标准转化为一定的道德规范或组织条例强制人们遵守。道德价值观在创业中的作用，主要表现为三点：一是对组织行为进行善恶评价，引导组织成员为实现组织目标自觉地多做贡献；二是转化为组织成员的行为规范，以纪律、制度、奖惩等方式强制人们执行；三是调节组织成员之间的利益关系，沟通他们之间的感情，以形成团体凝聚力。

　　创业价值观最后表现为对创业结果的评价和对组织未来的期望。创业过程的终结，必形成一定形式的创业结果（如产品、服务效果等）。结果是否符合预定的组织目的，创业者必须对之进行评价。一般说来，凡结果符合原先的目的，便做出肯定性评价；而不符合原先的目的则做出否定性评价。不过在实际创业过程中，参与评价的人存在价值观念上的差异，而创业结果一般又不可能与预期目的完全符合，所以评价创业结果并不像上面说的那样简单，必然充满不同意见和争议。评价创业结果的过程是不同价值观念相互斗争的复杂过程，如何使不同看法统一起来需要做相当多的工作。当某一创业过程结束而对未来创业进行设想的时候，因人们价值观念的差异和理想期望不同，人们对创业前景的设想和所期待的东西也必然不一致。这种不一致即人们常说的目光有远近之分、境界有高下之别。创业既然是一个不断深化的循环过程，这种价值观念对于预测未来、掌握创业的主动权比其他观念更具影响力，更需要引起创业者的高度重视。

　　通过以上分析不难看出，所谓创业价值观，绝不仅限于人们常说的某种观念（比如效益观，或者"企业文化""团体精神"等），而是贯穿在创业各方面和全过程的各类创业意图、创业目的、创业态度、创业倾向、创业评价和创业理想的总和。由于人们的出身经历、文化素质、道德修养、社会阶层地位、职责权限、利益关系、理想情趣各不相同，决定他们的价值观念是存在差异的。创业要能够有效进行，就必须设法使这些不同的价值观念大致统一起来。而要做到这一点，仅从个人的价值观念去思考显然是不够的，而应寻找一个组织都可以接受的价值标准，这个标准就是人们常说的效益观念。

　　（3）创业效益观

　　效益一词是我国学者的一个创造，要揭示这个概念的内涵，有必要比较它同效率、效果的关系。

　　效益一词产生源于效率。效率最早是一个物理学概念，它是指功能转换的比率。比如热效率，所指的是所消耗的热能和转换成有用的热功的比率，转换的比率越大，就意味着效率高；反之则低。

由效率引申出的概念是经济学中的经济效率或经济效果。经济一词含义丰富，而其中一个含义即投入小、产出多。所以，经济或经济效率的意思与物理当中的效率很相近。所指的是生产的使用价值和所耗费的劳力、物资之比率。耗费少产出多就说明经济效果大，而耗费大产出少意味着经济效果差。

无论是物理学所说的效率或是经济学上所说的效果，都是人们对物质转换过程中功用价值的客观描述。某台热机的功率是多大，某项生产活动的经济效果如何，是一个客观存在的事实。因此，效率或效果是自然科学或经济科学的概念，与人们对它的主观评价无关，效率的大小或效果的好坏绝不以人们的好恶为转移。

而效益则不同。效益既包括客观存在的效率（如行政工作效率）或经济效果，还包括人们按一定价值观对效率或效果的主观评价。某种效率如果对人有用，即是效益；如果无用或有害，就叫无效益或负效益。可见，效益既不等同于效果，不是一个纯粹的科学概念，但又离不开效果，不是一个纯价值概念。效益概念包括人们对客观结果的事实判断和价值判断，可谓集"真""善""美"于一身。

创业作为一种特殊的社会实践，其最终目的就是追求创业的效益。而要提高创业效益，就应对效益观进行专门的研究。

正确的创业效益观，首先应关注效率问题。创业作为一种特殊实践，其目的之一就是通过合理的计划、恰当的组织、有效的指挥和及时的调控，实现创业目标。

创业有无效益，首先要看我们所创业的实践活动的客观效用如何、效率怎样，或者说是否"经济""划算"。如果经济划算，投入少产出多，就叫有效或提高了效率；如果投入多产出少就意味着不经济不划算，或叫无效劳动。显然，无效是谈不上效益的，效益是以效率为前提的。如果脱离效率谈效益，我们的价值判断就失去了事实标准而流于主观。

但是效率又不等于效益，效益是符合组织目的和社会目的的效用。因此，正确的创业效益观还包括对创业效率的肯定性评价，即对这种客观效率进行有益或无益的认定。那么，究竟什么样的效率才称得上效益？抽象地说，凡是人们实践创造的结果，对人总是有益的。但具体分析便可以发现，因为人与人有不同的目的需要，存在着不同的价值标准，对同一客观效果必然会出现评价上的差异,在一部分人看来是有益的效率,另一部分人则可能认为无益甚或有害,反之亦然。这样,确立正确的评价标准就显得十分必要。

首先,评价某一创业实践活动效率有益或无益,不能以对个人或少部分人是否有益为标准,而应以对组织中的多数成员是否有益为标准。如果某一创业实践活动效率仅对少数人有利而对多数人有害,这就叫有效率而无效益。反之,只有对多数人有益的效率才可称为有效益。

其次,评价某一创业实践活动的效率是否有益,还不能单从经济效益着眼,同时还应考虑它的社会效益、道德效益和精神效益。所谓经济效益,是指对人们物质生活的有益性,它所满足的是人们的物质欲望。但人们除了这种基本的需要外,还有社会的、伦理的、精神的各种高层需要。如果某项创业使人们物欲横流、道德沦丧、精神生活极度空虚,也不能被认为有社会效益。这即是说,判断一个组织的创业实践活动是否有益,不仅要看它的效果是否有益于人们的生理健康,还要看它是否有利于人们的心理健康;不仅要考察人们的物质财富是否增加,还要看人们的道德水平、文化修养、社会责任感是否提高。

再次,判断创业的效益不能着眼于眼前利益,同时还应考虑到未来利益。这是因为,地球上的资源有限而非无限,人们对其开发利用不能只顾眼前而不顾子孙后代。掠夺式地开发和短期行为的创业方式,所得的只是眼前的高效益,而对于将来的社会和人类的发展却是一种犯罪。创业者如果缺乏这种效益观,即使他可能轰轰烈烈于一时,并受到一部分人的拥戴,但随着时光的流逝和交往范围的扩大,必将受到历史的裁判和民众的唾弃。

最后,创业的最终目的是为了人,创业实践活动是否有效益,最终还要看是否有利于人的完善和发展。马克思主义认为,一切实践活动,都是发展和完善人类自身的手段,人是一切活动的最终目的。因此,凡有利于人的全面发展的创业实践活动就具有最大的效益。反之,一切压制人、摧残人,不利于人的发展的创业实践活动,尽管它具有别的功用价值或政治效益,却不具有最高的社会价值或人道效益。因此,有责任感的创业者应以人为目的,不允许将人当作谋求某种其他效益的单纯的工具。这就要求创业者必须确立崭新的效益观。

可见,创业效益观是一种极其复杂又至关重要的创业观念,它涉及创业中真、善、美的统一问题。因此,创业者必须以人为目的,以人为中心,正确处理人与人的关系,提高人的创造性和积极性。

6.3.2 创业者决策能力培育

创业意识不仅表现为心理、观念和理论，在创业实践过程中还集中表现为创业决策。心理、观念和理论侧重探讨的是创业过程中从客观到主观的认识评价活动，创业决策则侧重表现为从主观到客观的各类创业意识的综合应用活动。创业决策作为一种特殊的创业意识，它主要不是创业者对创业实践的主观感受、心理体验、价值判断和理性抽象，而是围绕创业目的而展开的预测、决策、计划、控制等一系列更具体的思维过程。显然，要深刻把握创业意识的丰富内涵和功能，仅仅研究心理、观念和理论等问题远远不够的。只有进一步掌握创业决策过程及其功能，学员才可能真正跨过创业意识同创业实践飞跃的中间环节，使抽象的理论和观念转化为可操作的思想工具。

6.3.2.1 创业预测

决策作为创业的重要职能和创业过程的起点，是由一系列复杂的超前思维活动构成的。它首先表现为创业预测。只有在预测未来的基础上，创业者才可能确定创业的目的，制定、选择和计划实现某一目的的行动方案，从而使创业成为可能。研究预测是考察决策思维的起点。

所谓预测，是人们运用在以往实践基础上形成的经验、理论、方法对事物发展未来趋势的分析、论证、推测和预料。创业预测则是创业者运用自己过去的工作经验和理论，通过搜集有关信息，推测预料创业系统在未来将面临哪些问题，其发展前景如何，有哪些可能发生的情况，以及其中哪一种可能性最大，从而为决策提供依据。

预测作为人类的一种超前思维，是随同认识活动一起产生的。"凡事预则立，不预则废"。随着人类实践能力和认识水平的提高，预测在近代有了质的飞跃。近代科学所以有高速的发展，是同科学幻想和科学预测直接有关。门捷列夫利用元素周期表规律预测新元素，马克思、恩格思对未来社会主义社会必然出现的理论，列宁关于社会主义可以首先在一国胜利的论断，毛泽东关于抗日战争是持久战的论述，都是科学的预测。

预测作为人类认识世界的一种特殊形式，不仅与其他认识活动一起产生和发展，而且还具有与其他认识活动不同的特点。

首先，预测具有可靠性。预测同一般的认识活动不同之点在于，其他大量认识是人脑对客观事物的现场反映；而预测不是对现存事物的反映，而是对事物未来的种种发展趋势做出推断和猜测，是由已知到未知。任何事物的发展都要经历由可能到现实的过程，现存的事物中都蕴含着未来事物的根据或胚芽。如果人们不是从主观愿望或可能出发而是从现实根据出发，同时又不违背人们在为数众多的实践中所形成的逻辑规则而按严格逻辑程序对潜在的根据进行科学推导，那么，人们就一定可以从已知推导出未知、从今天预知明天。可见，科学的预测是合乎辩证唯物主义认识的，具有科学的可靠性。创业预测是以现实为根据、数据可靠、方法正确的科学预测，其推断的结果大致是可靠的。

其次，预测具有超前性。预测不同于别的认识活动，它表现为不是事后思维和当下思维，而是超前思维。所谓当下思维，是指人脑对当时刺激自己感官的客观对象的直接反映。所谓事后思维，是对已发生的感觉知觉进行回忆、联想和事后理性加工，包括表象、理性认识以及反思等间接反映。这两类思维都是从客观到主观，都以客观事物作为思维的基础。而预测在形式上刚好相反，它既不是对现存事物的现场直观，也不是对过去事物的回忆、整理和反思，而是根据已有的认识去分析现实中客观存在的"依据"，推断事物将来发展的各种可能，以建构现实中尚未出现的未来事物的轮廓，为人们的认识活动和实践活动提供先导。预测的超前性，充分反映了人类意识的能动性，使人类认识与动物的心理严格区别开来。预见的准确度和预见期的长短，又将人类不同时期的认识能力区别开来。预见的超前性并不违背唯物主义的反映论原则，也不意味着预见者可以脱离实践仅由主观去预言未来。在创业中，预测必须以现实为出发点，预见者用以预见的理论、逻辑，预见时所必须搜集的信息，都是实践的产物或是对现实的反映。

再次，预测具有试探性。预测既然是对本来多种可能性的分析推测，就不可能做到准确无误、十分具体，而只能是大致的估计，并带有试探性质。因为在创业实践中，创业主体不可能对未来的发展做出确凿无疑的认识，只能预测到总的趋向。同时预测的客体处在经常变化之中，尤其是人参与的社会，其变化的随机性更大，不可能使预测准确无误。这样，创业者为了在创业中居于主动，一方面不能不对未来进行预测，另一方面又受主客观的双重限制，不可能对未来预料得完全准确，只能"摸着石头过河"，依靠预测对未来作试探性地认识。因为创业预测带有试探性就断言预测完全不可靠的观点，固然不可取。同理，要求创业预测百分之百的可靠，也是不符合科学的。

最后，预测还具有概率性和不精确性。所谓概率性，是指正确的预测与预测方案总数的比率。所谓不精确性，是指预测正确的程度不可能是百分之百，或者说只能预测事物发展的总趋势或大致的轮廓，而不能正确估计到它发生的准确时间,发生的每一步骤和每一细节。预测的概率和精确度是随着人类认识能力的提高而增大的,但无论如何,既然是预测,必然具有不精确性,其概率不可能是1。预测这一特点决定它永远不可能像人类其他认识那样,最终可以用自然科学的精确眼光对之进行定量描述。

预测作为人类认识的一种特殊方式,不仅具有上述各类特点,而且在人们的认识特别是创业活动中发挥着独特的功能。在创业决策过程中,创业预测的作用主要表现为以下几点。

第一,分析创业环境的变化趋势,为创业者确定下一步的创业目标提供背景。创业实践活动是存在于一定的社会环境之中的,社会环境虽有相对稳定的一面,同时又处在经常的变化当中。这种变化在创业领域更为明显。创业者在制定新的决策以确立下一步工作目标时,不能从自身的主观需要出发,而应考虑外部环境提供了多大可能。这样,决策的第一步就要了解环境、预测环境变化的各类趋势,使决策能适应变化了的环境条件,以便提出可行的创业目标。每一个创业组织所处的环境都有所不同,如果不调研分析自身环境的变化,决策所需信息的客观性就很难保证。

第二,分析组织系统的结构功能变化趋势,为创业者制定和选择行动方案提供组织依据。创业系统既有稳定的一面,同样也处在经常的变动之中。为了确定工作的目标,决策者既要了解预测外部环境,还要了解预测内部动向。例如,在即将开展的项目中,"雇员怎样想,有多大的积极性?需要多少资源?人力和资金,组织有无能力达到新的目的?"等。因此,预测外部环境是不够的,同时还应预测组织系统的未来状况。如果只有对外部环境的了解而无对系统内部的了解,这种预测是片面的。只有充分了解内外因素,才能进行参照比较,从而进入决策。

第三,无论是对外部环境还是对创业系统内部未来发展趋势的预测,都需要全面占有材料、广泛搜集信息,对事物发展的多种可能性做出详尽的分析。首先,根据取得的信息,分析有无实现目标的可能性,如无可能,坚决放弃;其次,分析可能实现的目标有几个,并比较其利弊之大小和实现这些目标所需哪些条件,为决策者择优提供资料;最后,对有利的、成功把握大的可能性,还应进一步区分实现目标所需的时间,为决策者制定创业计划提供依据。

创业预测是一项十分艰巨的认识活动,创业预测的方法很多,有凭经验的预测和凭理论的预测,也有定性的预测和定量的预测。当内外环境变动不大,预测的目标时间又很短时,可以凭创业者的经验就可以进行预测。而如果内外环境变化明显,预测目标时间过程较长,就不能仅仅凭个人经验而应集中各方面力量的智慧,严格按科学方法进行。

6.3.2.2 创业决策

预测作为创业决策过程的起点,其功能在为创业者提供一幅创业系统未来发展的模糊前景,指出种种可以估计到的可能性。在此基础上创业者根据可能和需要制定和选择对策的活动过程,即狭义的创业决策。创业预测要解决的是创业的前景,向创业者展现创业组织将面临的种种问题。而创业决策则是针对某一与创业有关的问题制定和选择对策方案,并以此制定以后创业活动的方向和行动原则。

决策也是一种超前思维,同预测相比较,它有着如下几个鲜明的特点。

首先,决策具有鲜明的目的性。人的认识活动都有目的性,但不同的认识其目的性的明晰程度又有区别。预测的目的是猜想未来工作中的可能性,为决策服务。由于未来充满种种可能性;因而预测只能是模糊的不具体的,决策则不可能是模糊的。创业决策是针对与工作组织系统未来发展关系最紧密、意义最重大的某种可能的对策性思维活动。因此,决策的目的不是模糊的而是具体的,不是多元的而是单一的。所以,创业决策具有鲜明的目的性。如果进入决策阶段创业者还未确定具体的组织目的,或者说作为决策的目的还不清楚而处在模棱两可的思维状态,决策将是无法正常有效地进行的。

其次,决策具有选择性。预测要可靠,一条重要的原则是必须广泛收集信息、全面占有材料,尽量避免以创业者的个人好恶选取材料。决策必须进行选择。一方面,为了将来开展有成效的活动,创业者首先必须在预测提供的种种可能性中进行目的选择,即选择某一种与组织系统未来发展关系最大的可能性进行深入考察。没有这次选择就提不出问题,也无法确定组织目的;另一方面,为解决某个问题,实现某一目的,创业者还必须通过深入研究,制定各种对策方案,并在此基础上进行择优。没有择优也等于取消了决策,抹杀了创业决策存在的意义。

最后,决策具有思维的明晰性和行动的可行性。决策思维不同于预测思维之处,在于前者是一种模糊性的思维状态,不可能是很明晰的。决策与计划相比,它只是为达到某一目的行动方案,没有计划具体详细,但与预测相比又显得具体明确。预测是对组织环境和系统组织发展未来多种趋势的总体推测和预估,因此只能是大致的,没有必要对每种可能的细节做出十分具体明确的说明。决策是选取某一种可能性并设计如何解决某一问题、实现某一目标，停留在预测的模糊思维水平上是不行的，必须进一步使之具体化，尽可能考虑到创业活动的每一步骤和基本方法。决策思维是较预测思维具体的思维，不仅要选择确立某一目标，还要设想研究如何实现这一目标的多种办法或方案。这样的决策才能用于制订计划、指导创业实践。

决策是一个发现问题、分析问题、确立目标、研究对策的复杂思维过程。所谓发现问题，是在预测的基础上，找出哪类或哪个问题与系统组织的未来发展关系密切；所谓分析问题，是对某问题产生的原因和导致的后果进行分析和研究；所谓确定目标，是通过解释问题找到"实然"和"应然"之间的差距，确定创业组织今后向什么方向努力；所谓研究对策，是根据今后的工作目的研制多种实施方案，并在比较论证的基础上进行最佳选择。在发现问题时，需要创业者需要不被表面现象所迷惑，能准确敏锐地找出与创业目标关系最密切、实现的可能性最大的信息。分析问题则要求追本溯源，预想后果，切忌就事论事。确立目标必须比较利弊得失、分析有无可能和可能性的大小。至于制定各种对策和最后选择最佳方案，则需要以仔细的调查研究为基础。

创业决策可分为个人决策和集体决策、经验决策和科学决策、确定性决策和不确定决策以及风险决策等不同类型。

所谓个人决策，并不是只有一个人参加决策活动，而是指决策方案的选择权控制在一人的手中，由一个人做出最后决定。集体决策是由两人以上的集体共同讨论、协商各类备选方案，最后以多数人的一致意见决定某一方案。集体决策是一种民主决策，而个人决策不可能是民主决策。如果决策者个人不广泛吸取专家们的意见，决策方案由个人制定，这就是个人专断，当然谈不上民主决策；而如果是在智囊团独立研究基础上再由一人做出最后决断，也是一种民主决策。个人决策和集体决策各有优劣。个人决策的优点是决策程序简短快速、机动灵活，适用于环境变化快或环境相当稳定的两种情况，缺点是受个人的主观局限，稳妥性不够。集体决策的优点刚好是对个人决策短缺的补充，因为人员较多考虑问题自然就会更全面。在对创业中重大问题的决策最好采用创业组织核心层集体决策；集体决策的缺陷是决策周期长、环节多、个人责任不明确，容易导致议而不决、互相推诿延误时机的不良后果。无论个人决策还是集体决策，就选择决定某一工作方案而言，都只由少数人来承担，决策者只能是少数而不可能是多数，否则便无法决策。

经验决策和科学决策，是两种比较典型的决策思维模式。经验决策是创业者主要依赖于经验对多种方案进行比较判断和选择，具有直观性和非定量性等特点。科学决策是创业者以创业相关理论为基础，运用逻辑的思维方法，对各种方案进行系统全面的科学论证，严格按科学的程序办事。随着时代的发展，经验决策的主导地位正在逐步下降，科学决策越来越广泛地被采用。科学决策必须以掌握事物发展的客观规律为前提，以严格的思维逻辑为基础，并借助于数学模型进行定量判断。但是，无论科学如何进步，人类总有未知的领域、未发现的规律。即使掌握规律有时也不能达到定量把握的高度。因此，在创业中不能全凭科学决策而仍须借助经验决策。特别是对于情况多变的学员工作，科学决策是难以解决全部问题的。这时，充分发挥创业者的经验、直觉、灵感、知识和胆略的作用，对于做好决策意义重大。

根据创业主体掌握决策信息的多少和实现创业目标的难易程度，创业决策还可划分为确定性决策、不确定性决策和风险决策。所谓确定性决策是指信息占有充分、因果关系明朗、对工作目标有十足把握的决策，这种决策很稳妥、无风险。如果信息占有极不充分，因果关系不明朗，对工作目标结果把握不大但又不得不进行决策，就是不确定性决策。这种决策所冒风险极大，在创业中很少使用。介于上述两种决策之间的决策模式就是风险决策。这里的所谓风险，即指决策主体不可能准确预测到未来各种可能发生的情况。所谓风险决策就是分析各种可能性，拟出各关键变量的概率曲线，了解在选择多类行动方案所冒风险的性质和大小，然后根据风险的大小和所冒风险的价值做出最后决策。风险作为一种客观存在，决策者是无法完全回避的。对待风险可以采取以下四种对策：一是风险太大，加以回避，转而选择风险较小的方案；二是风险太大，收益也很大，值得一试，不惜铤而走险；三是转移风险；四是尽量减少风险。当风险既无法避免又无法转移时，决策者应尽量设法寻找减少风险的措施，在选择方案时应考虑某方案有无减少风险的可能。选择何种对策，不仅取决于决策者对风险的概率测算，还取决于决策者的胆略、魄力和权限。比如，某个决策方案成功的可能占60%，有的人敢于冒40%失败的风险选择它，而有的人则不愿冒此风险。这往往与不同创业者的性格有关。

通过对各种决策属性的分析不难看出，创业决策过程不仅是决策者对客观可能性的认知过程，同时也是根据效益原则优选最佳决策方案的价值判断过程。决策思维既要尽量做到主观符合客观，要对各种可能做出准确的事实判断，又要使客观可能符合主观需要，选择投入少、效益大、风险小的创业方案。

6.3.2.3 创业的计划控制

计划作为广义决策的一个环节,是决策方案的具体化和秩序化。通俗地说,计划就是决策者为实施具体决策方案而对组织成员的各种活动所做的统一部署和具体安排,其作用在于使决策落到实处,将决策转化为可实施可操作的行为依据,并以此对组织成员的行为进行定向控制。在创业实践中,决策和计划是两种基本职能。事实上,决策和计划是两个既有联系又有区别的范畴。一方面,决策中包含计划的因素,制订任何一种决策方案都离不开对如何实现组织未来目标的谋划和安排。如果没有一定程度的计划,决策就只停留在抽象的目标设定上,势必不成其决策;另一方面,计划本身就是被选定的决策方案,或者说计划是被具体化了的决策方案。当创业处于决策阶段,就需要通过多种决策方案或较抽象的行动计划来表现决策者的想法。而当某一方案被选定并使之具体化,就成为计划。决策是计划的根据和前提,或者说是偏重定性的计划;而计划则是决策的结果和升华,或者说是细密周详的定量化决策。这是两者的联系。

但是,计划与决策相比,又有质的区别。笔者认为其思维特征大致可以包括以下几点。

第一,具体性。决策思维与预测思维相比较虽有一定的具体性,但仍显得较抽象。决策方案对未来目标的设定和实现目标的方法步骤只能是大致的轮廓,计划则不同,计划是决策的实施方案,它不允许方案停留在一般的设想层面上,而必须对组织活动的全过程做出明确具体的规定。因此,计划所要求的不仅是关于组织未来目的和任务的说明,重要的还在于编制出实现目标所应采用的战略、策略、方法、步骤和时限。如果说被选中的决策方案仅仅勾画出组织未来活动的框架,那么计划则是在此框架内添加材料,使之成为可使用、可操作的行动模型。倘若计划停留在抽象的层面而不具体,就将无法指导创业组织成员的行为。

第二,程序性。计划既然是组织成员完成创业目标的指南和依据,它就必须具有可操作的程序性。所谓程序性,是指事物进行过程各类活动先后发生的顺序。计划的程序是指计划为组织成员和组织系统预先规定的各类工作顺序及其转换、前后衔接的原则。任何组织为实现某一工作目标,必须对组织行为在时间上加以合理分割并使之紧密衔接。如果不做阶段分割或分割不合理,或虽然分割合理但前后衔接不上,就将导致创业实践活动出现混乱局面。计划的一项重要任务,就是编制出合理可行、省工省时的工作程序,对先做什么,后做什么,各项工作花多少时间,投入多少人力物力,以及前后阶段的工作如何衔接过渡等细节，尽可能做出明确详尽的规定。

第三，可控性。计划的可控性主要又包括目标控制、预算控制、资源控制、时间控制和计划监督五项内容。所谓目标控制，就是根据计划确立的创业总目标层层确立各子系统的具体目标，制订创业组织各部门的分计划，使各部门处于具体计划的控制之下，从而保证总计划的落实和总目标的实现。预算控制是一种传统的、常用的计划的控制方法，是以数字形式将计划分解为各个部分，并通过制定与计划有关的预算表，限制执行计划中偏离计划的行为。资源既包括各类物质资源，也包括人力资源。资源控制就是按计划配给创业组织各部门必需的资源，防止资源分配不公造成的资源浪费和组织混乱。时间控制即对创业组织各部门的工作时间预先做出规定，并根据跟踪情况加以调整，使各部门协同工作，各阶段紧密衔接，从而保证计划在规定的时期内完成。计划监督是计划控制的重要方面，其主要做法是增大创业具体计划的公开性和透明度，树立计划的权威性，引导整个组织人人按计划执行、人人以计划相互督促的格局，使计划转化为一种自觉的组织意识。

计划作为指导具体创业实践活动的依据，具有定向、指导、控制、调整以至创新等多种功能。所谓定向，是指计划为创业实践确定了明确的工作方向，规定了一定的任务。所谓指导，是指计划为创业活动规定了基本的操作原则和工作程序。所谓控制，是指计划对组织系统各要素的活动幅度、活动节奏以至时机起着限制作用。所谓调节，是指通过计划的相应变化或部分修改，对组织各部门的关系、系统的总体结构加以调适，以协同系统和谐有序地运作。

综上所述，创业意识在指导创业实践的过程中，分别表现为预测、决策、计划三种思维形态。预测是对创业实践多种发展趋势的大致估计；决策是通过深入的比较分析、逻辑论证，并根据组织需要对多种可能性进行的判断和优选；计划则是将决策方案进一步具体化、程序化，使之成为可操作、可应用的活动规则及工作指令，以便引导组织成员的参与活动，这个过程既是思维由抽象而具体的升华进程，也是自主观而客观、从精神变物质的过程。

参考文献

爱德华·德·波诺，2003. 严肃的创造力——运用水平思考法获得创意 [M]. 北京：新华出版社.

常亚慧，李阳，2020. 农村教育"去农化"运作的实践逻辑 [J]. 济南大学学报（社会科学版）(2)：133-135.

陈建红，麻晓莉等，2005. 人才资源内涵及其指标体系研究 [J]. 浙江统计（10）：6.

陈世坤，2020. 教育人力资本对流动人口就业收入影响的研究 [D]. 长春：吉林大学.

陈雄文，2013. 管理学大辞典 [M]. 上海：上海辞书出版社.

戴安娜·莉，2018. 牛津学术英语词典 [M]. 北京：商务印书馆.

戴圣，2016. 礼记 [M]. 陈澔，注，金晓东，校点. 上海：上海古籍出版社.

邓小平，1994. 邓小平文选：第1-3卷 [M]. 北京：人民出版社.

丰子义，2006. 发展的反思与探索 [M]. 北京：中国人民大学出版社.

傅世侠，罗玲玲，2000. 科学创造方法论 [M]. 北京：中国经济出版社.

郭龙，付泳，2014. 人力资本理论问题研究 [M]. 西安：电子科技大学出版社.

国家统计局，2020. 2019农民工监测报告 [EB/OL]. https://data.cnki.net/StatNews/Index? fileid＝N202020200506181000934I5.

国家统计局农村社会经济调查司，2020. 中国农村统计年鉴2020 [M]. 北京：中国统计出版社.

国务院第三次全国农业普查领导小组办公室，中华人民共和国国家统计局，2017. 第三次全国农业普查主要数据公告 [EB/OL]. http://www.stats.gov.cn/tjsj/tjgb/nypcgb/qgnypcgb/201712/t20171215_1563599.html.

汉语大字典编纂处，2019. 50 000 词现代汉语词典［M］. 3 版. 成都：四川辞书出版社.

何萍，2010. 生态学马克思主义研究的多维视野［N］. 中国社会科学报，2010-1-28.

黑格尔，1961. 法哲学原理［M］. 北京：商务印书馆.

胡火金，2011. 协和的农业中国传统农业的生态思想［M］. 苏州：苏州大学出版社.

胡锦涛，2016. 胡锦涛文选：第1-3卷［M］. 北京：人民出版社.

黄河清，2010. 近现代词源［M］. 上海：上海辞书出版社.

黄石公，吕望，2000. 三略［M］. 北京：印刷工业出版社.

加里·贝克尔，2016. 人力资本［M］. 陈耿宣，等，译. 北京：机械工业出版社.

江泽民，2002. 论社会主义市场经济［M］. 北京：中央文献出版社.

江泽民，2002. 论有中国特色社会主义（专题摘编）［M］. 北京：中央文献出版社.

江泽民，2006. 江泽民文选：第1-3卷［M］. 北京：人民出版社.

江泽民，2010. 江泽民思想年编（1989—2008）［M］. 北京：中央文献出版社.

焦斌龙，2011. 人力资本差异与收入分配差距［M］. 北京：商务印书馆.

康德，2007. 道德形而上学基础［M］. 孙少伟，译. 北京：九州出版社.

李耳，2012. 老子［M］. 丹头野老，注释. 西安：三秦出版社.

李建民，1999. 人力资本通论［M］. 上海：上海三联书店.

李维平，2020. 对人才定义的理论思考［J］. 中国人才（12）：64-66.

李之亮，2010. 唐宋名家文集·王安石集［M］. 郑州：中州古籍出版社.

李志江，2007. 人才资源的经济学分析：中国欠发达地区人才资源开发与利用实证分析［M］. 北京：中国人民大学出版社.

郦道元，2016. 水经注［M］. 张伟国，译注. 北京：中信出版集团.

列宁，1995. 列宁选集：第2卷［M］. 北京：人民出版社.

刘向，2018. 说苑［M］. 程翔，评注. 北京：商务印书馆.

刘洋，2017. 人才体制机制的创新：以人才管理改革试验区为例［J］.

(10)：61-63.

刘召峰，孙大伟，2015. 历史性自觉与马克思主义人才理论的奠基和发展——马克思、列宁、毛泽东人才思想述论［J］. 贵州社会科学（11）：15.

罗玲玲，1998. 创造力理论与科技创造力［M］. 沈阳：东北大学出版社.

罗玲玲，2006. 创新能力开发与训练教程［M］. 沈阳：东北大学出版社.

［明］罗贯中著，范文章译注，2017. 三国演义［M］. 成都：四川人民出版社.

马克思，恩格斯，2006. 马克思恩格斯全集［M］. 北京：人民出版社.

马克思，恩格斯，2012. 马克思恩格斯选集［M］. 北京：人民出版社.

马克思，2018. 资本论［M］. 北京：人民出版社.

毛泽东，1991. 毛泽东选集［M］. 北京：人民出版社.

毛泽东，1994. 毛泽东百周年纪念——毛泽东生平和思想研讨会论文集（中册）［M］. 北京：中央文献出版社.

毛泽东，1999. 毛泽东文集［M］. 北京：人民出版社.

明赛尔，2001. 人力资本研究［M］. 张凤林，译. 北京：中国经济出版社.

墨翟，2014. 墨子［M］. 毕沅，校注，吴旭民，校点. 上海：上海古籍出版社.

农业农村部科技教育司，中央农业广播电视电视学校，2019. 2019 年全国高素质农民发展指数（摘编）［J］. 农民科技培训（12）：19-20.

潘天群，1996. 存在社会技术吗？［J］. 自然辩证法研究，12（10）：16-29.

蒲实，孙文营，2018. 实施乡村振兴战略背景下乡村人才建设政策研究［J］. 中国行政管理（11）：90-93。

全国科学素质纲要实施工作办公室，2018. 2018 年中国公民科学素质调查主要结果［Z］. 北京：中国科普研究所.

人民出版社，2014. 中共中央国务院关于"三农"工作的一号文件汇编［M］. 北京：人民出版社.

森谷正规，1984. 日美欧技术开发之战［M］. 吴水顺，等，译. 北京：科学技术文献出版社.

商鞅，等，2006. 商君书［M］. 张觉点，校. 长沙：岳麓书社.

舒尔茨，1990. 人力资本投资——教育和研究的作用［M］. 蒋斌，张蘅，译. 北京：商务印书馆.

司马光，2017. 资治通鉴［M］. 邬国义，校点. 上海：上海古籍出版社.

孙宇，2012. 人力资源和人才资源概念的异同分析［J］. 科学技术创新（33）：132.

谭金芳，等，2018. 乡村振兴战略背景下人才战略的理论内涵和制度构建［J］. 中国农业教育（6）：17-22、93.

谭培文，2002. 马克思主义的利益理论［M］. 北京：人民出版社.

王充，2017. 论衡上［M］. 张宗祥，校注. 杭州：浙江古籍出版社.

王德劲，2008. 人才及其相关概念辨析［J］. 西北人口（2）：41-42.

王通讯，1985. 人才学通论［M］. 天津：天津人民出版社.

王祯著，缪启愉，缪桂龙，2008. 东鲁王氏农书译注［M］. 上海：上海古籍出版社.

吴康零，吴畏，1988. 领导科学词典［M］. 成都：四川省社会科学院出版社.

习近平，1992. 摆脱贫困［M］. 福州：福建人民出版社.

习近平，2013. 共建丝绸之路经济带［N］. 人民日报（海外版），2013-9-9（1）.

习近平，2013. 加快国际旅游岛建设谱写美丽中国海南篇［N］. 人民日报，2013-4-11（1）.

习近平，2013. 坚持节约资源和保护环境基本国策努力走向社会主义生态文明新时代［N］. 人民日报，2013-5-25（1）.

习近平，2013. 携手共建生态良好的地球美好家园［N］. 人民日报，2013-7-21（1）.

习近平，2014. 绿水青山就是金山银山［N］. 人民日报，2014-7-12（12）.

习近平，2014. 习近平谈治国理政（第一卷）［M］. 北京：外文出版社.

习近平，2014. 心里更惦念贫困地区的人民群众［EB/OL］. http：//news.xinhuanet.com/politics/2014-03/07/c_119658991.htm.

习近平，2016. 摆脱贫困［M］. 福州：福建人民出版社.

习近平，2016. 习近平谈扶贫［N］. 人民日报（海外版），2016-9-1.

习近平，2016. 知之深爱之切［M］. 石家庄：河北人民出版社.

习近平，2017. 习近平谈治国理政（第二卷）［M］. 北京：外文出版社.

习近平，2018. 习近平扶贫论述摘编［M］. 北京：中央文献出版社.

夏建刚，邹海燕，2003. 人才概念内涵探析［J］. 中国人才（4）：24.

肖一垚，刘英基，2019. 乡村振兴战略实施中的人力资源风险及对策研究［J］. 长沙理工大学学报（2）：92-98.

许登孝，2003. 孟子导读［M］. 成都：四川辞书出版社.

亚里士多德，2003. 尼各马可伦理学［M］. 廖申白，译. 北京：商务印书馆.

颜之推，2017. 颜氏家训［M］. 赵敬夫，注，颜敏翔，校点. 上海：上海古籍出版社.

杨东梅，沈有禄，2019. 农民工职业技能培训供需状况调查研究［J］. 中国职业技术教育（21）：74.

杨天宇，2016. 周礼译注［M］. 上海：上海古籍出版社.

叶忠海，1983. 人才学概论［M］. 长沙：湖南人民出版社.

佚名，2005. 广泛动员社会力量加快扶贫开发进程［N］. 光明日报，2005-5-29.

佚名，2013. 建设一支宏大高素质干部队伍 确保党始终成为坚强领导核心［N］. 人民日报，2013-04-29（1）.

易杰雄，2000. 创新论［M］. 合肥：安徽文艺出版社.

于文杰、毛杰，2010. 论西方生态思想演进的历史形态［J］. 史学月刊（11）.

张世高，1997. 关于人才定义［J］. 党建与人才（2）：33.

张书岩，2017. 辞海版通用规范字典［M］. 上海：上海辞书出版社.

张子睿，2004. 实用文写作理论与方法［M］. 北京：清华大学出版社，北京交通大学出版社.

张子睿，2005. 创造性解决问题［M］. 北京：中国水利水电出版社.

张子睿，2005. 大学生竞技口才训练［M］. 北京：清华大学出版社，北京交通大学出版社.

张子睿，2008. 大学生创新与创业能力提升［M］. 北京：科学出版社.

张子睿，2008. 口才与演讲［M］. 北京：科学出版社.

张子睿，2015. 创造创新理论与实践［M］. 北京：光明日报出版社.

赵恒平，雷卫平，2009. 人才学概论［M］. 武汉：武汉理工大学出版社.

中共云南省委党校，1960. 毛泽东同志论农民问题［M］. 昆明：云南人民出版社.

中共中央文献研究室，2001. 十五大以来重要文献选编（中）［M］. 北京：中央文献出版社.

中共中央文献研究室，2004. 邓小平论教育［M］. 北京：人民出版社.

中共中央文献研究室，2005. 十六大以来重要文献选编（上）［M］. 北京：中央文献出版社.

中共中央文献研究室，2009. 十七大以来重要文献选编（上）［M］. 北京：中央文献出版社.

中共中央文献研究室，2010. 江泽民思想年编（1989—2008）［M］. 北京：中央文献出版社.

中共中央文献研究室，2011. 十七大以来重要文献选编（中）［M］. 北京：中央文献出版社.

中共中央宣传部，2016. 习近平总书记系列重要讲话读本［M］. 北京：学习出版社，人民出版社.

《中国扶贫开发年鉴》编辑部，2017. 中国扶贫开发年鉴2017［M］. 北京：团结出版社.

《中国扶贫开发年鉴》编辑部，2019. 中国扶贫开发年鉴2019［M］. 北京：中国农业出版社.

中国共产党第十九次全国代表大会文件汇编编写组，2017. 决胜全面建成小康社会夺取新时代中国特色社会主义伟大胜利——在中国共产党第十九次全国代表大会上的报告［M］//中国共产党第十九次全国代表大会文件汇编. 北京：人民出版社.

中国经济社会大数据研究平台. 新生代农民工工作生活特征分析——基于2019年北京农民工市民化监测调查［EB/OL］. https：//data.cnki.net/StatNews/Index? fileid＝N202020200528151000096000.

中华人民共和国国家统计局，2020. 中国统计年鉴2020［M］. 北京：中国统计出版社.

中华人民共和国民政部. 2019年民政事业发展统计公报［EB/OL］. http：//images3.mca.gov.cn/www2017/file/202009/1601261242921.pdf.

中央党校采访实录编辑室，2017. 习近平的七年知青岁月［M］. 北京：中央党校出版社.

中央人才工作协调小组办公室，中共中央组织部人才工作局，2010. 国家中长期人才发展规划纲要（2010—2020）学习辅导百问［M］. 北京：党建读物出版社.

中央文献研究室，2015. 习近平关于协调推进"四个全面"战略布局论述摘编［M］. 北京：中央文献出版社.

左丘明，2015. 国语［M］. 韦召，注，胡文波，校点. 上海：上海古籍出版社.

Taylor, I. A., 1975. An Emerging View of Creative Actions［M］// I. A. Taylor, J. W. Getzels. Perspectives in Creativity. Chicago：Aldine Publishing Co.